李嘉诚传
荣耀

LI
Ka-
shing

李忠海 著

国际文化出版公司
·北京·

图书在版编目（CIP）数据

李嘉诚传：荣耀／李忠海著．—北京：国际文化出版公司，2014.12

ISBN 978-7-5125-0280-2

I．①李… II．①李… III．①李嘉诚－传记 IV．① K825.38

中国版本图书馆 CIP 数据核字（2014）第 300131 号

著作权登记号图字：01-2014-2328 号

李嘉诚传：荣耀

作　　者　李忠海
责任编辑　潘建农
统筹监制　葛宏峰
策划编辑　刘　毅
美术编辑　秦　宇
出版发行　国际文化出版公司
经　　销　国文润华文化传媒（北京）有限责任公司
印　　刷　北京盛兰兄弟印刷装订有限公司
开　　本　710 毫米 ×1000 毫米　16 开
　　　　　　18.5 印张　306 千字
版　　次　2015 年 2 月第 1 版
　　　　　　2015 年 2 月第 1 次印刷
书　　号　ISBN 978-7-5125-0280-2
定　　价　38.60 元

国际文化出版公司
北京朝阳区东土城路乙 9 号　邮编：100013
总编室：（010）64271551　传真：（010）64271578
销售热线：（010）64271187
传真：（010）64271187-800
E-mail：icpc@95777.sina.net
http://www.sinoread.com

▲ 1986 年 6 月 20 日下午，邓小平会见李嘉诚，对其筹办汕头大学表示称赞及支持。

▶ 1990 年 2 月 8 日，李嘉诚出席汕头大学落成典礼。

◀1993年7月，朱镕基总理在中南海紫光阁会见李嘉诚。

▲1998年8月，李嘉诚向长江洪灾地区捐款五千万港元。右为中联办主任姜恩柱。

▲ 2001 年 2 月 20 日，李嘉诚参观甘肃省残疾人康复中心。一群聋哑儿童在老师悉心教导及先进仪器训练下，已能说话、唱歌。见到李先生，围上前拉着他的手，喊道："李爷爷，感谢您"。

▲ 2007 年 2 月 6 日，英国女王伊丽莎白亲自出席剑桥李嘉诚中心癌研所项目揭幕仪式。

◀2011年10月，纽约市长、上届得奖人布隆伯格恭贺李嘉诚荣获卡内基慈善奖。

目录 Contents

第三章　投资长江生命科技

第四章　加航试飞

第五章　一直以来靠意志克服逆境

第六章　打造奉献的文化

第七章　引领 3G 网络

第八章　成为一个有价值的人

“只有博大的胸襟，自己才不会那么骄傲，不会认为自己样样出众，承认其他人的长处，得到其他人的帮助，这便是古人所说的‘有容乃大’的道理。”

第一章

世纪风云人物

L i K a - s h i n g

◀李嘉诚认为内心的富贵才是真富贵。

▲偷得浮生半日闲，李嘉诚静心欣赏艺术。

1981 年，香港电台选举“风云人物”节目组专访李嘉诚时，曾直截了当地问过他这样一个问题：“李先生，你今天的成功，与运气有多大关系？”李嘉诚当时的回答是：“我不能否认时势造英雄……”

驰骋商海五十年的李嘉诚，半个世纪前以五万港元起家，经营塑胶业务，并以“长江”为公司命名，取其不择细流、汇聚百川之涵养。先是塑胶花大王，后来又是屋村大王、地产大王、电讯大王、超市大王、电器大王，再后来便是港口大王、石油大王、3G 大王。令人眼花缭乱的风云变幻，李嘉诚如台风激浪中的弄潮儿，潮涨潮落，浪起浪涌，得心应手，挥洒自如。

众多殊荣

一个为社会不断做出贡献的人，必定会得到社会的嘉许。李嘉诚获得接踵而来的众多殊荣，对于这些殊荣，李嘉诚可谓当之无愧。

1990 年 6 月，香港潮州商会第三十六届董事会，全体董事集体恭贺李嘉诚荣膺英女皇伊丽莎白二世颁授司令勋章（CBE），引此以为铭记：“李嘉诚博士，彬彬君子，竑竑人才，为蜚声寰宇之实业家也。比年对慈善事业之用款，动辄以亿元计。造福人类，贡献之巨。尤以独立创办汕头大学，迄支持逾六亿港元。

气量恢弘，罕与伦比。欲以求购困难而用财更难，若先生者，能以取诸社会用于适宜之地，可谓两得其道矣。广被舆论推崇，岂独为吾潮人之殊荣，亦就碟间出之典范也。”

1999 年 2 月 1 日，内地出版的权威杂志《中华英才》，罕有地以富豪李嘉诚作封面，打破了历来以国家领导人作封面的惯例。该期杂志还刊登了长达两万字的李嘉诚专访。李嘉诚在谈到未来世界大格局时，满怀信心地预言，21 世纪是太平洋的世纪，是亚洲的世纪，是中国人的世纪。李嘉诚在不断地努力工作，为人生目标奋斗，不断地为社会做出奉献，并自豪地宣称：“我相信 21 世纪将是我们中国人的世纪。”

1999 年 4 月，英国《泰晤士报》将李嘉诚评选为千禧年企业家。

1999 年 6 月 29 日，世界著名学府英国剑桥大学颁授李嘉诚名誉法学博士学位，剑桥高度赞扬李嘉诚为教育做出的无私贡献。仪式由英女皇皇夫、剑桥大学名誉校监爱丁堡公爵主持。当年获颁名誉博士学位者共九人，除李嘉诚外，还有诺贝尔和平奖得奖者、南非首都开普敦市退职主教图图、联合国高级难民专员公署女专员绪方贞子，及多位学术界杰出人物。

剑桥大学在颁授学位给李嘉诚之前，介绍了他刻苦奋斗的一生，称赞他以诚恳、忍耐和准确判断，终于在事业上得到回报。李嘉诚在建立其商业王国之际，亦不忘栽培下一代和贡献国家。除了捐款祖国发展教育，也资助剑桥大学做癌症医学研究。出席嘉宾对李嘉诚的慷慨义举，报以经久不息的热烈掌声。

剑桥大学自五百年前起，每年颁授名誉博士学位一次。曾经得到该项殊荣的世界名人，包括科学家爱因斯坦、前美国总统艾森豪威尔及英国第二次大战时统帅蒙哥马利等。获颁学位者，须经过大学方面的提名和投票选举决定。这是李嘉诚获得的第七个名誉博士学位。多年前，李嘉诚主动向剑桥攻克治疗癌症的专案提供支持，得到了社会的高度赞扬。其实，由李嘉诚旗下和黄集团经营的菲力斯杜港租用剑桥属下一个学院的土地起，李嘉诚和剑桥就结下了不解之缘。

对获授剑桥博士学位，他虽只淡淡地说“这是个意外”，但言语间流露出的笑意还是难掩内心的喜悦。毕竟，这是为中国人争得了国际荣誉。正是在这次颁授博士学位的盛典当中，细心的人们发现了新大陆：李嘉诚在和风细雨中款款走进了世人的视线。

香港、加拿大等多家大学感谢李嘉诚对社会的贡献，颁授荣誉博士学位给这位杰出的社会公益活动家，另有数十家西方著名大学争相要颁授荣誉学位给这位世纪商圣，但都被他委婉谢绝了。面对纷至沓来的荣誉，李嘉诚有个基本原则，再高的荣誉也不能超越原则：

> 这些大学必须对我有认识。我必须对那个地区、社会、教育事业有过贡献，才能受之无愧。

2000年5月，加拿大温尼伯（Winnipeg）的颁奖晚宴汇聚千多位社会名流、商界领袖，颁奖礼气氛庄严而隆重，入场票一早就被抢购一空。中国驻加拿大大使梅平夫妇也应邀出席。在嘉宾的掌声和欢快的乐声中，李嘉诚健步走上领奖台，接受“国际杰出企业家大奖”，并用普通话以“新同盟”为主题讲演。这个奖项整整等待了李嘉诚十年，而且是首次颁给杰出的华人企业家。

在香港，李嘉诚举手投足都成为港人生活的焦点，不过他怎么也想不到，正在他飞往加拿大参加“国际杰出企业家颁奖典礼”的途中，香港却传闻李嘉诚因心脏问题入住香港养和医院，可能接受心脏手术。大批传媒纷涌香港最著名的养和医院，更有媒体头版头条报道，令人啼笑皆非，更令国际同行汗颜。当李嘉诚飞赴加拿大，神采奕奕地出席“国际杰出企业家大奖”颁奖典礼时，抱恙的传言也就不攻自破了。

早在十年前，大奖提名委员会委员曾力邀李嘉诚接受这一奖项，但他婉言谢绝了。今天站在领奖台上，受之无愧的李嘉诚难掩激动地回忆说：

> 可惜那正是我生命中最伤心的一刻，除了应付日常的工作压力外，我实在难以收拾心情做其他事情。今天晚上，我来了，与朋友们共聚一起，令我深感荣幸。

“国际杰出企业家大奖”这个期待了十年的奖项，依然令他动容，令他激动。出发往加拿大前，李嘉诚犹如即将首次登台领奖的学童一样兴奋和认真，讲演内容数易其稿，一字一句都细细斟酌推敲再三。讲题很简单，只有“新同盟”三个字，却使人感到这是李嘉诚的真情表露，也是他一生的心愿及人生理念，更是一个恰如其分的国际话题，是他对全球未来的翘首企盼：

> 以往的高速发展给我们制造了很多严峻的环保问题及贫富悬殊问题，有待我们解决。我们要同心协力，建立一个新的大同世界，协助缓解痛苦与知识贫乏等问题，以我们的技术及资金，参与建立一个较平等及富有同情心的社会，亦为经济、教育及医疗做出贡献。

2002年10月20日，广州市穗港青少年研究所与香港小童群益会联合进行了一次关于“穗港两地青年的理想”的比较研究。本次调查研究了两地青年心目中所崇拜的偶像，有趣的是，李嘉诚、比尔·盖茨等“企业家、总裁、CEO”成为近三成广州青年心目中的楷模人物；而香港青年崇拜明星偶像的风气仍然盛行，近两成的香港青年把贝克汉姆、陈慧琳等“球星、歌星、影星”视作自己人生的第一偶像。

在大众心目中，李嘉诚是对社会发展与进步做出重大贡献的人物。他的成功凝聚和代表了中国人奋斗不息的精神。美国颇负盛名的《华尔街日报》曾赞扬李嘉诚是“华人中真正的男子汉。”内地的报刊杂志则称誉李嘉诚是“龙的传人”“华夏骄子”“中华英才”等。李嘉诚的风骨若隐若现，李嘉诚的影响无处不在。

2005年1月24日，李嘉诚在法国巴黎总统府爱丽舍宫接受希拉克总统亲自颁授法国荣誉军团司令勋章（Commandeur de la Légion d'Honneur）①。法国政府授勋予李嘉诚，主要是表彰他多年来对社会的慷慨无私奉献、对人道精神的承担以及对中国与法国文化交流的支持。法国总统希拉克在仪式上亲自致辞赞扬李嘉诚能克服少年时的艰苦，创出商业上的空前成就，并在成功之余，致力推动医疗教育及文化等公益事业，是难能可贵的榜样。

希拉克总统说：“你在中国抗日战争时期逃难到香港，生活非常贫困，凭着你的毅力、努力和无比的勇气，以及不断进取、不畏困难的精神，展开了你灿烂的人生旅途。令尊在你很年轻时便因病辞世，自此你便需要面对不少考验

---

① 法国荣誉军团司令勋章（Commandeur de la Légion d'Honneur）：法国荣誉军团勋章于1802年由拿破仑创立，其中的司令勋章是法国颁予外国人的最高荣誉的勋章，颁授予有卓越成就及对法国有贡献的人士。

与苦困。令尊对你有深远的影响，培养出你慈善为怀、生活简朴与慷慨助人的性格。你的慷慨是举世公认的，对法国也不例外。年前你送出了一批珍贵的中国古代青铜器予巴黎居美博物馆（Musee Guimet），我对这批青铜器印象深刻，因为它们可以说是稀世奇珍，能让两国人民加深对双方文化与艺术的了解。此外，你创办的汕头大学与巴斯德研究所（Pasteur Institute）合作，共同研究对抗新发现的疾病，你的支持对这个关乎公众利益的项目有很大的贡献，我在此表示谢意。”

随后，希拉克总统与李嘉诚交谈达一个多小时，话题十分广泛。李嘉诚表示：“法兰西民族塑造了灿烂辉煌的欧洲文明，并在当今世界剧变中，引领现代文明的风气，成为文明文化特别是艺术的圣地，并绵绵不绝地辐射全球。我本人对法兰西文化有着浓厚的兴趣，希望以己绵薄之力将之传播到世界各个角落。”希拉克颔首称道：“李先生不仅拥有令人羡慕的财富，更拥有令人敬仰的胸怀与视野。法国人民非常感谢你对法兰西文明的推崇，并期待将这一文明的精髓发扬光大。法国人民尤其感谢李先生多年来不遗余力地致力推广法中文化文明交流。”

李嘉诚接过话题说：“能够置身巴黎，感受法国伟大文明的绚丽多彩，我感到非常荣幸，如果有生之年，能够成为法兰西文化使者，传播文明，启迪社会，这将是一件非常愉快的历史使命。”希拉克马上答道：“相信借助超人的法力，可以使得法兰西民族的爱传遍世界各地。”

除了这次获授的法国荣誉军团司令勋章外，李嘉诚亦曾先后获授巴拿马国 Grand Officer of the Vasco Nunez de Balboa 勋衔、比利时 The Commander of the Order of the Crown 勋衔、比利时 The Commander in the Leopold Order 勋衔、英帝国爵级司令勋章（KBE）和香港特别行政区大紫荆勋章。

2005 年 8 月，美国《时代》周刊亚洲版以一期名为“塑造现代亚洲”（The Making of Modern Asia）的封面专题报道，指长实集团主席李嘉诚和已故武打影星李小龙均对塑造现代亚洲做出贡献。报道指李嘉诚由一名身无分文的潮州人，发展至与市民日常生活息息相关的富商，被称为“李超人”。

2005 年 8 月 8 日，时任马来西亚副首相拿督斯里纳吉公开呼吁大马企业家，学习香港首富李嘉诚讲到做到的经营手法。他说：“李嘉诚的经商手法，完全讲求一个‘信’字，很多时候他和其他人进行生意交易时，没有签署任何合约。虽然他明白这样做，有时会使他在生意上吃亏，但是李嘉诚始终讲到做到，并遵守承诺，继而成为成功的大企业家。李嘉诚不单赢得世人的赞扬，还获得银行信任，因为对于守信和承诺的商家，银行往往很乐意在发放贷款时给予利息优惠。”纳吉当日晚上是为大马《一千最佳企业指南》书籍主持推介，以及颁发国内最佳表现公司的奖项，在致辞时引用了李嘉诚创业的故事与来宾分享。

李嘉诚认为，一个好的企业管理，将是决定一家公司商业好坏的重要关键。他个人相信企业管理在今天的全球竞争环境中是非常重要的。他表示，尽管如此，企业管理近年也备受争议。“这个原则经常影响一家企业公司的方向和目标，同时也影响股东、管理层和公司董事。”他指出，一个好的企业管理的主要关键包含诚实和廉正、开放、定位表现、负责任、可信赖、互相尊重、守承诺等。

2005 年 10 月 9 日，英国《金融时报》评出年度最具影响力的二十五名全球富豪，大量 IT 巨头和传媒业大亨占据了这份榜单，其中，微软主席比尔 · 盖茨蝉联冠军，Google 创办人布林和佩奇跻身前五，李嘉诚排名第二十五位。

《金融时报》为“最具影响力”富豪开出了多种条件，除了要拥有大量财富外，这二十五名富豪的行为、思想及工作方式，还必须深刻影响到人们的生活并得到人们一如既往的敬仰。也就是李嘉诚所倡导的那样，不单要富，更要贵。因此，作为上世纪末以来传奇性变革的代表人物，互联网造就的大量富豪在榜单上占据多个席位，然后是拥有电视、报纸等传统媒体影响力的传媒业掌门人。此外，像宜家家私的创办人坎普拉德和股神巴菲特等也因为对人们生活不同方面的影响而上榜。

早在香港中环新建的长江集团中心启用前夕，李嘉诚在他的主席办公室对集团同事们郑重地表示，长江的日常工作已经有了年轻一代接任，今后他可以有更多时间考虑公司的大方针大方向，包括做出更多对民族有利的事情，那就是支持社会的医疗和教育，而他的办公室今后会配备专门负责关注医疗和教育方面的人员。

> 教育是民族的根基，而我们的国家过去由于贫穷，没能够很好地发展医疗，所以我对这两个方面特别关注。

实在也是毫不容易的历程

1998 年 11 月 26 日，李嘉诚跟随众人缓缓步上香港城市大学的台阶，就座前轻轻转身，朝台下微笑挥手打招呼，台前第一排是与他一起分享喜悦的长子李泽钜和媳妇王富信，笑容可掬。他也知道，身为城市大学校董之一的次子李泽楷正规规矩矩而又坐立难安地坐在身后数排。当宣布他获颁荣誉社会科学博士的时候，他以惯常的谦逊姿态向台下点头微笑。很明显，连日来城大决定颁发荣誉学位程序的风波，丝毫没有影响他的心情。

早前，城大一位校董质疑校董会执行委员会没征得校董会同意，擅自决定荣誉学位得主名单，不符合大学条例的程序。虽然，这位校董一再声明绝对无意针对李嘉诚，其目的只是提醒校董事会应该依足程序。校方则反驳说校董会早已授权处理，对有关校董的意见表示遗憾。之后，校董会开会再次肯定执行委员会的决定。

“都不是针对我……即使是，都没有问题。”李嘉诚取得名誉博士学位当日非常豁达地对记者说：

> 很坦白说，世界很多所大学……很大规模……因我认为他们可能对我认识不深，我先后在这一生中已多谢人家许多次，不去取。

他称赞城大是家好大学，所以获该校颁授荣誉学位，他很高兴。“香港任何大学（颁）给我，我一定接受。”一位读硕士课程的女生说：“没有太多同学关注此事，她自己也不甚了解，但不管怎么样颁授博士学位给李嘉诚，既是李嘉诚的光荣，也是城大自己的光荣。”

李嘉诚说：

> 如今花在自己身上的钱比年轻时少多了。经年累月的辛苦，一般人当然有累的感觉。但能够令我维持热忱、思维清晰的原因，是我对名利得失有个人看法，不会刻意经营。
>
> 在事业上我当然要令公司有足够的资金去扩充，维持竞争力。成

功之后，利用多余的资金做我内心想做的事情，心安理得，方寸间自有天地。

或许是对做生意和赚钱的热情使李嘉诚奋斗不息。我们也可以说，李嘉诚并不是因为有钱才受人尊敬，而是因为受人尊敬才有钱。当然，这种尊敬不是一言一行，也不是一时一刻，而是天长地久，日积月累。正是这种令人仰慕的品格，造就了一个空前绝后的李嘉诚时代，这种影响绝不限于香港，也不限于中国，更不限于华人。在长达半个多世纪的奋斗生涯中，李嘉诚以顽强的意志，不屈不挠的拼搏精神，度过了创业中一个又一个漩流险滩，创造了一个又一个的辉煌成就，开辟了一条又一条的成功之路。

李嘉诚指出，要保持发展持续的动力，“教育的力量”和“品格的力量”是不容忽视的，因为人是奠定一切发展的基石，所以一定要重视人的培养和强调知识的积累。

在一次与记者聚餐时，李嘉诚先生特意称赞一家报纸报道很及时也做得很好，接着很婉转的指出其中一个地方记者有笔误。原来，文章摘录李嘉诚与学生对话时引用的一句话写错了，记者文章中所说的“知此不败”，应该是“知止不殆”。李嘉诚还拿过一张纸，在上面很认真的写下这四个字，并解释这是出自老子的话。李嘉诚接着很谦虚的笑着说：“这不能怪你们，主要是因为我的发音不够标准。”

李嘉诚走后，饭桌上的多位人士，包括多位记者同行、汕头大学的教授学者马上热烈讨论起来，大家都说把握不准。最后，经汕头大学长江新闻与传播学院院长陈婉莹教授的牵线，记者马上电话采访了该学院这方面的专家吴兴荣教授，吴教授的博士论文主题就是研究老子的。据吴教授解释，这句话老子的全文是“知足不辱，知止不殆”，翻译成现代汉语就是“知道满足就不会受屈辱，知道停止就不会有危险。”

接着记者在餐厅立刻上网搜索，得知原文出自老子《道德经》第四十四章，全文为“名与身孰亲，身与货孰多，得与亡孰病。是故甚爱必大费，多藏必厚亡。知足不辱，知止不殆。可以长久。”意思就是：“名声和生命哪一个更可爱？生命本身和钱财哪个更贵重？得到名和利，和失去生命相比哪个更有害？所以说太爱名声，必定有大耗费；积累太多的财产，必然有大损失。如果知道满足，就不会受到屈辱；如果适可而止，就不会遭到危险。就可以得到长久。”吃此一堑，记者深深体会到，虽然新闻报道大量使用的是现代汉语，但古汉语文学功夫一点也马虎不得。尤其是跟李嘉诚线的记者，之乎者也更是少不了。

李嘉诚不厌其详地说：

> 如果单以金钱来算，我在香港第六、七名还排不上，我这样说是有根据的。但我认为，富有的人要看他是怎么做。照我现在的做法，我自己内心感到富足，这是肯定的。

事业上的成功，个人品德的高尚，使李嘉诚逐渐成为香港和内地人所敬仰的风云人物。在集团同仁眼中，李嘉诚是一位集胆识才华于一身，有着远见卓识、讲究信誉、沉着冷静、善于应变的企业家。

李嘉诚曾这样剖析自己：

> 我没有说过自己完美，我也有缺点，例如我很骄傲，我的内心很孤傲，但不表露出来。
>
> 一般来说，我对那些默默无闻，但做一些对人类有实际贡献的事情的人，都心存敬仰，我很喜欢看关于那些人物的书。无论医疗、政治、教育、福利，有广阔的胸襟，对全人类有所帮助的人，我都很佩服。

2000 年 5 月 1 日，在人生旅途中不断创下奇迹的李嘉诚，平淡地度过了商战五十周年纪念日，没有庆祝盛宴，也没有鲜花掌声。甚至，连一句平淡无味的祝词都没有。那天，李嘉诚如常早起打球、和孙女玩乐、看书。所不同的是因为休息日，没有更多的工作，多一些闲情，比平时略微早些休息。

李嘉诚从不为自己的纪念日兴师动众，甚至自己的生日也十分低调，没有任何纪念活动。未曾炫耀辉煌，更注重现实和未来，这是他的生命理念。一生中创下无数奇迹的李嘉诚，把自己写下的奇迹看得如此平淡，是因为他还需要为下一个奇迹努力。

> 人的一生，就是不断挑战自我，超越自我的一生。一个企业领导

人如果要获得成功，必须在一定程度上具备以下十种素质：

其一，有长期良好的财务业绩；

其二，显示出远见卓识的战略眼光；

其三，表现出战胜挑战并乐意超越自我的能力；

其四，具有出色的组织管理才能与人际交往能力；

其五，具备正直、刚毅、执着的品格；

其六，具有开拓、发展、创新、求真的精神；

其七，对社会具有意识的相当强势的影响力与自觉承担；

其八，拥有兼容并蓄、包容豁达的进取心态与气量；

其九，坚持以市场及顾客为中心，并能随机应变；

其十，显示出对社会多样化、多元化与社会责任感的高度认同。

风雨飘摇数十年，李嘉诚历经沧桑。这一切历历在目，犹如昨天，更在眼前，套用李嘉诚自己的话说："实在也是毫不容易的历程。"

年近九十的李嘉诚，清晨六点起床，打打高尔夫球或者游泳，然后便投身忙碌的工作之中；坚持身着深蓝色传统西服，佩带价值仅 26 美元的手表；跟家人的聚餐通常是简简单单的四菜一汤；喜欢看各种各样的书籍，主要是哲学、政治、经济、中国文化以及新技术方面的书。这就是华人首富李嘉诚的简单平凡的日常生活。

如果单看这些，与常人并无多大差别。曾有一次，长江集团一位以见多识广著称的高层拿着一篇有关李嘉诚王国的翻译文章介绍给李嘉诚看，李嘉诚接过一看即说："这不是某期《经济学人》刊登的文章吗？"原来，李嘉诚一早已经看过原文。原来，李嘉诚博览群书，绝非浪得虚名。

知识不仅是指课本上的内容，还包括社会经验、文明文化、时代精神等整体要素，这样才有竞争力。知识是新时代的资本，五六十年代的人靠勤劳可以成事，今天的香港要抢知识，要以知识取胜。

在李嘉诚的身上似乎存在着一个显著的矛盾：他的事业与经历拥有典型的好莱坞电影式的离奇情节——财富、权力、荣耀、名声与时代风云变幻的轰轰烈烈，但他却以罕见的低调方式行事，过着简单朴素的常人生活。虽然在对社会捐赠方面李嘉诚始终都是大手笔，但在他的日常生活中，却是十分平淡、克勤克俭。直到今天，穿的仍旧是十年前的西装，居住的仍是三十年前的房子。

2000 年 6 月 20 日早上 7 时 45 分，精神奕奕的李嘉诚在长江集团中心门外出现。心情极佳的李嘉诚，原来刚获英女皇颁发的 KBE 勋衔。李嘉诚友善地邀请记者进入长江集团中心的大堂内，一起坐在玻璃幕墙的窗台上聊天。李嘉诚说："一直以来，英国是我投资的重点国家，而当地的业务发展亦很顺利，在那里工作的同事亦很满意。此次获颁勋衔我好高兴，多谢那些颁发这个勋衔给我的人。"

较早时有报道称那一日是李嘉诚的 72 岁生日，但李嘉诚澄清，他确实即将踏入人生的第 72 个年头，但那日不是他的生日，他也不准备为即将来临的快乐生辰"大搞"庆祝，连生日蛋糕也不会买来吃。他说：

由"细细个"到出来社会做事，我每年生日都不会怎样提起，即使我妈妈在世的时候也不会提起。不过，在我每一年生日的早上，她都会给我准备一碗面，算是庆祝吧。

在母亲去世以后，他仍然坚持在每年生日的早上吃一碗面，多年来从未有间断。这碗长寿面的味道，不单是生日的面，更多的是一份对母亲的久久不能忘怀的回忆追思。至于这一年的生日愿望，他说：

我基本上没有什么生日愿望，仅仅希望可以做到自己心里面想做的事情。

在访问结束的时候，李嘉诚拜托记者："记得帮我写一句'多谢所有记得我生日的人'。"

必须不断学习

“假如你如今才二十岁，你会怎样做？”

我仍然会争取搞企业，这对整个国家和民族都有好处。但是，我会首先追求学识，获得高学位，我一定先这么做。

这是全球华人首富之一，香港长实集团主席李嘉诚 1999 年 6 月在伦敦对记者的答话，语气是那样地坦诚肯定。

一个人地位的高低，要看行为而定。

对于这位事业成功、闻名遐迩的华人企业家李嘉诚来说，他还想追求什么呢？

不错，我完全可以怡暇地享受人生。但是，我叫自己今后除了集团业务之外，将精力放到支持社会的医疗和教育发展上，这将是我有生之年要做的事情，我绝不会松懈。

回首人生，李嘉诚经营心得之中最重要的一点便是：必须不断学习，追求知识。而当今企业发展最要紧的是运用科技，否则无论你有多少钱，也难以办好企业。

因为，在历史的长河中，知识和经济的关系从来不曾像今天这么密切过。

李嘉诚感慨地说：

所以，假如我现在只有二十岁，我就是再穷，也会读学位，即使花上70%的时间去打工，也要用其余的30%时间去上大学，念硕士、念研究生、再读博士，我一定会这样。

下一个世纪的企业家将和我完全不同，因为新世纪企业家的成功取决于科技和知识，而不是钱。

知识可以助人成功，可以改变人的命运。李嘉诚还认为，他的这个信念，对一个人，对一个社会，对一个国家，对一个民族都适用。

香港政府要致力建设香港成为科技港，这是相当好的定向。知识和科技不但直接关系到国家的经济，还会和国防建设、国家地位、人民生活、文化发展、民族的进步息息相关。

公司是我最大的资产，集团业务我继续参与，企业要为股东争利益为重，这是责任。我自己则生活简单，如今一无所求，也没有畏怕，就是希望今后利用生命有限的时间，致力支持医疗教育事业，造福国家人类。

在点击率甚高的李嘉诚基金会网站，有很多李嘉诚从未公开过的照片及发言，亦有详细介绍基金会的各个功能及工作报告，还有李嘉诚向社会各界推荐的名著。网站中有一集“知识改变命运”的励志纪录片，其中一个李嘉诚专辑是从未公开播放过的。纪录片是由国际级摄影人顾长卫导演所负责摄制的，内容由李嘉诚用普通话讲出自己的出身及人生奋斗哲理。李嘉诚说：

我是李嘉诚，十二岁就开始做学徒，还不到十五岁便挑起一家人的生活担子，再没有受到正规的教育。当时知识非常新潮，只有努力工作和寻求知识才是我唯一的出路。

我有一点钱就会去买书，记在脑里面才去再看另一本。直到现在每个晚上我在睡觉之前还是一定会看书。知识并不决定你一生的财富增加多少，帮你增加多少机会。你创造机会才是最好的东西。

李嘉诚深深体会到健康和知识的重要，同时认为对无助的人给予帮助是世上最有意义的事情，教育及医疗两者更是国家富强之本，他也认识到个人力量有限，唯有事业成功，才能对社会和国家作更大的贡献。

2005 年 9 月，在长江商学院 EMBA/MBA 毕业典礼暨学位授予仪式上，来去匆匆的李嘉诚，把握每分每秒，与在座嘉宾、师生分享他的人生理念。不仅发表了《强者的有为》专题演讲，更细心聆听商学院师生的心声。

众人以为超人已经“讲话完毕”，再上讲台的机会不多，哪知忽见超人主动走向典礼主持人齐大庆处，表达了再说几句的愿望，在场所有人当然喜出望外，立刻报以热烈掌声。超人激动地说：“我刚刚只恭喜了毕业生们，却忘记恭喜项院长和全体教师，你们尽心尽力地希望创造一个奇迹，你们是成功的，谢谢大家的支持。”

话音刚落，掌声立起，经久不衰。可以说，华商在全球遍地开花，华人更是在世界各地创造着惊人的商业奇迹。但是，华人企业中大规模的具有国际竞争力的企业却不多，如李嘉诚般能够左右环球市场的企业家更是寥若晨星。

早在 2002 年 4 月，尚在北师大攻读心理学博士学位的谷传华，在研究中就曾发现：“如果总是习惯性地将学生的创造性作为研究重点，范围狭窄，结论也欠缺代表性。而目标锁定在社会名人身上很可能会带给人们更大的启发。”他先从多部中国近现代社会名人大辞典中搜集到三百位社会名人，然后请三位历史学专业人员从中精选三十名历史资料相对充分、比较典型的具有创造性的人物作为研究对象，其中包括著名的政治家、军事家、社会活动家。他们的共同特点是在中国近现代社会的政治、军事或外交等领域，曾以高度的创造性解决社会问题，做出了历史所公认的杰出贡献。

这些社会名人在青少年时期的表现非常明显：“他们喜欢探索外部世界，热情乐观，主动面对和解决各种社会问题，尤其是能主动地与人交往，表现出合群、自信、坦率等行为倾向。对社会交往的敏感性促进了随后的‘社交性’性格的进一步发展。这些性格特征包括合群、勇敢、激进、上进、友好、坦诚、泼辣、力行、勤奋、精力充沛、理想主义等。”

很久以来，国人把游走各地做生意的商人称为行商，行商有两条铁打的规矩：一是诚信，一是不欺。中国商人把诚信与不欺视为天道，认为这是商者最重要的品行。

中西文化中都具有诚信的素质，但两种诚信文化的内涵却存在差异。中国的诚信文化主要是一种超越现实的内在于心的道德规则，是靠内心的力量去约束遵循；而西方的诚信文化主要是一种外在的现实的商品交易规则，而这种商品交易规则已经上升到国法的层次，更多的是靠外在的社会力量制约束缚。

中国古人的诚信着眼于人与人之间的伦理关系，属于“正心、诚意、格物、致知、修身、齐家、治国、平天下”的道德体系中的一环；西方的诚信文化主要是一种商品交易规则，着重强调诚信对人们商品交换活动的制约，要求人们在签订合同时不欺不诈，在履行合同时不折不扣，西方诚信文化逐步上升为一种制度，超越血缘、超越民族、超越地缘、超越国别，凝聚为全球通用的一些规则（如 WTO 规则），在现实生活中发挥着具体而刚性的约束性作用，使人感到一生必将罩于诚信天地之网内。

今天，当人们仰慕并感叹李嘉诚的成功与辉煌之时，他的成功从另一个层面上说，应该是中国传统文化的成功，因为李嘉诚把儒家文化的精髓运用到企业的每一个环节当中，糅合到香港多元文化的价值体系中。

《远东经济评论》说：“有三样东西对长江实业至关重要，它们是名声、名声、名声。”“重信诺、重诚意、讲义气、宽待人。”这是李嘉诚成功的秘诀，恰恰是中国文化的诚信魅力。于是，我们在树立现代诚信的巨大工程中面临着两种选择：一是重在拿来别人的有形的制度；二是弘扬自己传统中无形的道德素质。其实，这两者绝非是非此即彼的关系，按照李嘉诚的经验，就是你中有我，我中有你，彼此相融兼容相允。

在香港，在世界，像李兆基、王永庆这样巨头的身家财富或许不比李嘉诚少，但李嘉诚却是他们之中当之无愧的具有全球影响力的世界级企业家。中国五千年文明史，能够以自己的辉煌、自己的言行、自己的所思所想而影响到全中国、全亚洲乃至全世界者，屈指可数。数风流人物，还看今朝。商场每一天如严酷的战争，负责任的管理层天天精疲力竭，为了捍卫企业和股东的利益，被迫永无止境的开源节流。

2005 年 10 月 1 日，亚洲首富李嘉诚刚被选为全球最具影响力的华商，未几又再添一份荣誉，以高票当选为宁波市荣誉市民。自 1993 年起宁波市开始授予境外人士荣誉市民称号，先后已有 102 名港澳台同胞获此殊荣，2005 年决定授予 11 人。而李嘉诚旗下和黄，已斥 1.18 亿美元在北仑港投资集装箱码头，其吞吐量的增幅已连续六年居全国之首。

虽然已经成为华人富豪，但李嘉诚仍在冥思苦想：“经济的作用是为了什么？”在李嘉诚看来，科技及投资增长，未必能够创造就业机会，甚至更加残酷无情地剥夺了许多人的工作就业机会，剥夺了许多人的发财致富机会，市场竞争和社会责任每每两难兼顾。然而若不能增进福祉，经济的作用又是为了什么？

李嘉诚承认，全球化已是不可逆转的现实，我们每天生活其中，但经济的融合只能是其中一个层面，全球化更重要的问题是人类如何消除歧见、和谐共进。李嘉诚提倡进行思想的耕耘，对各种信念要有更深入的理解，兼容并蓄，凝聚共识。他说，社会最重要的动力就是安定和信心。

身为潮州人，李嘉诚为潮汕的历史、乡情和潮汕人独有的性格感到自豪，并保有着童年时在家乡的快乐记忆与痛苦追忆。但李嘉诚坦言假如世界全部只有潮州人，将不是一个富有趣味的世界。李嘉诚强调，文明社会的发展精髓在于多元汇聚，历代各国的交往为世界发展带来创意和动力。在李嘉诚的个人经验里，恒心与关怀是没有年龄和区域限制的。

李嘉诚表示现在的自己，还是努力去克服面对的困难和做到想做的事情。而时刻对自己保持高度要求，不单是为了自己本身、为了下一代，也是为了故土和彼此共存的世界做出贡献和创造更光辉的未来。

英国历史学家汤因比和科学家李约瑟都在他们的著作里对中国传统文化寄予厚望，大力推崇其对未来全球社会的积极作用。澳洲学者李瑞智、黎华伦在《儒学的复兴》一书中更明确指出，西方文化的出路在于孔夫子。儒家文明作为举世公认的古老而有价值的中国传统文明主体，对于逐渐进入后资本主义社会的西方世界来说，能够显现出某种帮助西方反省现时文明之弊、启发人们寻求精神新境界的后现代文明核心价值。

二十年前，事业如日中天的李嘉诚为了工作方便，买了一只日本精工电子表，替代了旧有的机械表。虽然二十多年过去了，当年的香港富商已经成为世界级的富翁，但李嘉诚始终对这只电子表“情不移，爱不变。”可谓天长地久。由于超人对这只表爱不释手，所以引来了许多记者的疑问：“李先生，为什么见你总是戴这块精工表，是否情人送的不舍得丢掉呀？”面对记者的玩笑，李嘉诚只有笑答：“哈哈！如果是情人送的就不会这么便宜啦。”据报道，由于太多中外记者问起他这只手表，也为了纪念这只表戴了二十多年，以至超人决定由精工表厂重新为他开设生产线，制造一千只跟他戴的一模一样的精工表赠送友好。点点滴滴，看出李嘉诚的真性情；分分秒秒，走出李嘉诚的商圣路；时时刻刻，跳出李嘉诚的超人心。

在与国内企业家的交流中，李嘉诚发现他们中的大多数都有一种孤立无援的时代焦虑，而这种焦虑恰恰是因为缺少真正产生于中国文化背景下的企业管理与经世致用的文化底蕴。如果企业家可以按照熊彼特的理论被重新定位为“从事创新的人”，那么在文化传统边缘从事创新的人就可以叫做文化企业家。问题的实质是，文化是否需要创新，其创新的含义是否与当代科学技术创新雷同？

如果将企业文化分为技术创新、制度创新和文化创新三个层次，则中国企业家的职能应该从技术创新扩展为文化创新的层面上来，并最终过渡提升到制度创新层面上来。因为，企业发展到一定阶段，它所奉行的文化理念将成为影响其发展前景和未来方向的决定性因素。这也是李嘉诚长江商学院所推崇的核心理念。

李嘉诚讲，如今他平均花 20% 的时间在慈善事业上，将来他要为慈善事业投入更多的精力与资金。李嘉诚已经捐出超过百亿港元，用于在中国香港、内地以及美国和英国修建各类学校、医院，以及开展医疗研究活动。

影响力

2005 年 10 月，一期财富杂志选出当年度亚洲商界最具权势的二十五人：韩国三星电子首席执行长尹钟龙居首；香港长实集团主席李嘉诚居次；台湾台积电董事长张忠谋排第十五名。财富杂志以赚钱能力、企业影响力及在亚洲地区的地位等，选出亚洲二十五位最具权势的商界人士，李嘉诚由上一年第三位升至第二位；上一年排第五的尹钟龙当年升上榜首。尹钟龙勇夺最具权势的商界领袖，主因是他为三星集团带来逾 720 多亿美元的利润，以盈利计算，更成功击败日本家电王国新力。位居第二位的李嘉诚为其企业建立 130 多亿美元的资产，且能在欧洲等地拓展 3G 业务，是中国最具实力的企业家。

在一次难得的采访中，李嘉诚精神奕奕，对公司业务的每一个细节都了如指掌，甚至连 2G 与 3G 移动电话不同的传输速度也了解得一清二楚（一个是每秒 8.4 兆比特，另一个是每秒 384 兆比特）。

李嘉诚向他的管理人员传授并强调四条重要法则：第一，大胆买进没有人要的有潜质的资产；第二，决不要对某一项业务情有独钟，这样才能在时机成熟时随时售出，按照李嘉诚的话说，不要和你喜欢的业务谈恋爱；第三，一定要让合作伙伴分享足够的利润，这样他们会给你更多的回报；第四，拓展一项业务必须要有长远的战略眼光与毅力，要看到十年二十年的发展方向，以及在此期间全球可能产生的变化。

以下是李嘉诚与《财富》杂志记者路易斯·克拉尔（Louis Kraar）的谈话：

好景时，我们决不过分乐观；不好景时，我们也不过度悲观。这一直是我们集团经营的原则。在衰退期间，我们总会大量投资。

我们主要的衡量标准是：从长远角度看该项资产是否有赢利潜力，而不是该项资产当时是否便宜，或者是否有人对它感兴趣。

我们历来只做长线投资，如果出售一部分业务可以改善我们的战略地位，我们会考虑这一步骤。除了考虑获取合理的利润以外，更重要的是在取得利润之后，能否在相同的经营领域中让我们的投资更上一层楼。

例如，1999 年和黄以 317 亿美元的价格售出 Orange 公司的 2G 业务。当时，李嘉诚预计全球3G 业务的总成本不会超过144 亿美元，其中包括牌照费、设备费、利息以及创建消费者群体的费用。李嘉诚认为，假设这两项业务拥有相同数量的客户群，如果要让我在二者间做出选择，我会选择 3G，因为它的发展潜力更大。

我个人对全球电讯业务很有兴趣，而且时刻都在寻找新的发展机遇。我同样坚信，无线音讯图像资料传输将成为推动未来经济发展的重要驱动力量之一。

而从三十岁那年起，李嘉诚就再没有仔细数过自己的财富。

1957 年、1958 年初次赚到很多钱，人生是否有钱便真的会快乐？

那时候开始感到迷惘，觉得不一定。后来终于想通了，事业上应该多赚钱，有机会便用钱，这样一生赚钱才有意义。

当我最初打工的时候，有很大的压力，尤其是最初两年，要求知，又要交学费，自己俭到不得了，还要供弟妹读中小学以至大学，颇为辛苦。

开始做生意的最初几年，只有极少的资金，的确要面对很多问题、很多艰辛。但慢慢地，你想通了，以这样的勤力，肯去求知，肯常常去想创新的意念，节俭自己，对人慷慨。

交朋友，有义气、又肯帮人。自己做得到的，尽力去做。如果从这条路走，迟早一定有某一程度的成就，应该生活无忧。当生意更上一层楼的时候，绝不贪心，更不会贪得无厌。

时至今日，社会环境已与多年前李嘉诚奋斗时有很大不同，有人为了成功可以不择手段，李嘉诚却说：

绝不同意为了成功而不择手段，即使侥幸略有所得，亦必不能长久，如俗语说“刻薄成家，理无久享。”

2004年9月4日，李嘉诚基金会捐一亿新元（约5.12亿港元）给新加坡国立大学李光耀公共政策学院。为了感谢李嘉诚的慷慨捐赠，国大也决定把校区一栋建筑物命名为“李嘉诚楼”。李嘉诚应邀出席该院典礼时讲到了领袖之道。

你们毅然选择作为人民最忠诚的朋友和公仆，是一项最崇高和自发的抉择，需要你们全心全意的付出。

李嘉诚更引用了古希腊政治家伯里克利（Pericles）的名言：

贤智伟大的领袖不仅具有自己的愿景，更知道如何去实践，他们更有廉耻风节。你流传后世的不应是刻在有形的石碑上，而是你所植根于人们的心灵中。

李嘉诚向大家指出：

作为一位领袖，你们一生的时间和精力都在奉献他人，这实在是一件不容易的事，会令你谦卑，令你疲累，但你们所得到的回报是你们所建立的功业足以对后世产生长远的影响。

那你们的影响力会是什么？你们会否因忠诚而贤满天下？会否因坚守公义而受人尊敬？会否因在促进和平与营造机遇方面所做出的努力而为人所知？会否在点燃希望方面带来影响力？会否成为自由的捍卫者、沉默社群的声音？会否具有捍卫真实和公正观点的勇气，有“虽千万人而吾往矣”的精神？会否志洁行廉，足以摒绝野心及不义之财的诱惑？

若能穷一生精力循自己的理想而努力，那你们生命的丰碑将见证你们的宏愿，史不绝书。

李嘉诚讲到，香港多年来的成功，是我们代代人在不同层次上努力的成果，我们的成就举世公认。今天面对全球在经济和知识领域的竞争，令我们必须步上新的循环。经济全球化迫使我们与不同国家、不同地区竞争；和发达国家在教育水平、贸易、税制上市场竞争；面对发展中国家，须与其低廉的劳动力竞争。

在这瞬息万变的环境，大家共同与时间竞争。以往的成功既定，与今天也许毫不相关，当今已不能局限于资本密集、天然资源，要加上高新科技才有发展的突破。

以往十年焦点在于信息的革命，往后十年可能是生命科技、纳米技术。在这不断转动进步、浩瀚无际的领域里，唯一可令我们与时共进的是一颗恒久好学的心。

谈论未来

一位追随李嘉诚多年的助手说，李先生投资的关键是他能否全身而退。也就是说，进退自如，想进时全力以赴，想退时轻松自在。但与巴菲特对高科技保持距离不同，李嘉诚喜欢谈论未来，喜欢跟踪科学技术的日新月异。他对潮流变迁的感知力是他获得今天地位的最重要的原因之一。

2006年2月24日，李嘉诚在新加坡管理大学出席由李嘉诚基金会捐建的图书馆落成典礼时发表演讲，题为《在形与实之间》，谈及其对未来发展自由与民主的看法时，他说：

> 自由和民主是普世认同的价值观。我热爱自由，也支持民主，然而自由和民主必须建基于法律和秩序，这是国家持续发展最重要的基石。民主是我们必需及重要的目标，怎能轻率的仅聚焦于建立机制便视为达致目标？要知道，差不多的真相并不等同真相，它依然是虚的；形态固然重要，但更重要的是事情的本质；结构也许是维系大家的机制，而本质才是我们持续推进及超越的亮光。在发展民主的漫漫长路中，不能轻率地仅聚焦于建立机制，更重要的是培育有责任感的公民，以建立公民社会。
>
> 如果我们想享有其他成功民主国家所有的多元自由和无穷的抉择机会，必须更有效地掌握其持续的动力和灵活弹性的精华，只着眼于研究提供公民权利的参与机制，那是不足够的。一个生机蓬勃的民主制度，要同步建立能共融人类智慧及灵性、责任及理性的文明生态环境。

李嘉诚捐款兴建的新加坡管理大学“李嘉诚图书馆”当日正式启用，李嘉诚联同新加坡内阁资政李光耀担任开幕典礼主礼人，李嘉诚在演讲中，强调“良好公民”的重要性。

> 今天我们面对的最主要挑战是如何培育有责任感的公民，怎样在具备前瞻进取思维的年轻人心中，培植意志与能力，来传承每个民族未来真正的希望。

李嘉诚指出，若说政治结构的改革像灵丹妙药，一剂便能解除贯透充斥民族历史的痛苦及迷雾，是颇为武断及过分简单的说法。他指出，必须要建基于法治、可靠和公正的政治体制，而这样的一个公民社会必须先植根于每一个国民的心中，一个公民社会的人民做出的承诺，是远远超越平等参与、个人权益及经济机会，大家要对社会有共同承担的承诺。

李嘉诚喜欢谈论全球化的影响，他相信无线资料传输将成为推动未来经济发展的重要驱动力量之一。在过去的二十年间，这位亚洲最富裕的人，正积极致力于使自己成为亚洲最伟大的慈善家。他不仅创办了汕头大学与长江商学院，他的李嘉诚基金会正在日益深远地推动中国的教育与医疗进步。李嘉诚在医疗与教育方面的卓越贡献，已无人能望其项背，在谈起他探望过的那些患者时，他情绪激动，眼眶泛红。由此，李嘉诚的率性率真可见一斑。

李嘉诚的讲演和缓平稳，鲜有抑扬顿挫、声情并茂，却充满朝气、充满智慧、充满灵感、充满思想。当然，你可能觉得唯一的遗憾是，缺少那么一点点儿吸引眼球的华丽辞藻。但是，在那些质朴、简明、清晰的表述中，人们可以听到、感悟到李嘉诚可能随时随地散发出来的人性光辉和真知灼见。

他是一个伟大的投资者，还是一个运气总是不错的杰出的幸运者。对于一个喜欢用长远眼光来看待问题的人来说，对他的衡量也最好采用更纵深的坐标系，特定的年代与对应的历史背景已经说明一切。紧接着，日益加速的全球化潮流，又将他推向世界商业舞台的最中心，他打破了关于华人资本家的种种定论、定式以及框架，他致力于使世界相信，我们在任何时候都遵循着与你们同样的游戏规则。

遗憾的是，许多人，特别是很多港人，都是透过自己的口袋审视李嘉诚，甚至疑惑，他肥得连袜子都穿不上，为何不索性将那双看似多余的袜子送给我穿？甚至为此还虎视眈眈、骂骂咧咧。更因为不能达到偏狭自私的目的，而唠唠叨叨，发泄不满。

1995 年，学者彼得 · 德鲁克（Peter Drucker）在走访了东南亚之后问自己，到了 2005 年，华人管理的秘密是否会成为管理学畅销书的题目呢？如果这个命题成立的话，李嘉诚肯定是其中的第一主角。毋庸置疑，在未来漫长的时间中，对于李嘉诚的商业哲学的探讨仍会继续。但比这更重要的是，我们必须开始着手对于作为历史人物的李嘉诚的探讨——几乎没人比他的经历更能折射出华人社会与亚洲重新兴起的过程，他是 20 世纪后半叶亚洲最重要的代表人物之一。

他所处的背景，让他获得的每一项成功背后所蕴涵的复杂性及其所产生的历史标签效应，远远超出了他的美国或者欧洲同辈。毕竟他的身后是二十亿华人，全球最大的人种，全球最多关注他一举一动的人群。也因此，李嘉诚的故事，不仅是一个投亲靠友屡遭白眼而穷途末路的弱冠少年如何获得财富的故事，更是一个年轻人如何在血雨腥风的时空变幻之中成长，并获得智慧与内心平静的真实传奇演绎。

求诚立信

在中国传统的商帮“晋商”中，曾广泛流传一个诚信故事：当年，一位货主在晋商店铺中寄存了一批货物，因种种原因而多年未取走——按照现代企业管理法律合同条款而言，此事如果就此结束，既不存在欺诈问题，也不存在诚信的问题。但是，这位晋商却认为这是不诚信的行为。他千方百计地寻找这位货主的后代，若干年后，终于找到了这批货物主人的儿子，并把这批货物亲手交给了他。直到这时，中国传统商人所认为的诚信才真正得以实现。从这个故事中，我们发现，中国传统商业的诚信为本原则，并非是遵循纯粹意义上的商业契约原则，而是遵守人际关系交往中的社会道德原则。

自韩愈谪贬潮汕以后，潮汕的文化教育事业迅速发展，出现了一批批享有盛名的文人仕子。前有唐宋时期以赵德为代表的“潮州前八贤”；后有林光祖等“明代前七贤”；继而有郭之奇为代表的“明清后七贤”；以及林大钦等“明清十杰。”赵德等潮汕名人仕子何以为贤？何能称杰？最主要的原因就在于他们的清正廉明。

先后担任过贵州和江西巡抚的萧端蒙，采取处粮饷、定额等措施，清理、整治克扣士兵薪贴等不正之风；担任过浙江提学的林大春，“守正执法，不避权贵”，被罢官回乡时，只带回数箧书籍，门生说他“家居仅立四壁”；先后在江西万年、泰和任知县的唐伯元以民为重，清廉公正，恪尽职守，施政有方，调离时，百姓都为他立了生祠。古代潮汕名人仕子以其清正廉明而赢得世人的崇敬，为潮汕人争了光，潮汕人民也为有这样的清官而感到自豪。

清正廉明诚信的潮汕贤仕杰人是古代潮汕人的代表，他们身上反映了古代潮汕民风的淳朴，体现了古代潮汕人民诚实、忠正的人文精神。明朝著名潮汕理学家薛侃对潮汕人“尚实”理念的形成有着重大的影响，他去官回家讲学十余年，其宣扬实践之理学，在潮汕影响很大，是潮汕“尚实”观念的一个理论指引。因此，明朝中期以来，潮汕人“大至当朝廷的尚书，中状元的大人物，小至普通的种田农民和抽纱姑娘，几乎个个都是充满务实精神的实干家。”

潮商讲信用还有一个实例，当年，在潮汕商界内部曾出现了独立的金融信用体系，叫“七兑票制度”，也就是在潮商内部中通行潮商银庄发行的一种兑票，每票可兑七钱银。以此票为纽带，在潮商中凝结起强大的信用力量。1924 年至 1925 年间，内地金融市场币值波动不止，而潮商却未受到大的冲击，这其中，基于诚信的潮商内部信用体系起了关键作用。

早期潮商经营的企业大多是资本薄，现金少，这就难免发生互相借贷和赊欠的情况，有的靠写个欠条，有的仅靠口头协定，但他们全靠信用来维持。潮学大师饶宗颐先生曾指出：“潮州稍具信誉之商人既有金融界之信用放款，又得买卖货物之赊账，故往往有极大之经营，而赖乎信用者十之六七，赖乎资本者十仅二三。所谓潮人能以小资本经营大商业者，实其于此。至赊账之风，大概于抗战发生，地方失陷之时起，反日溯而上，逐年加盛，不特批发可赊，即零售也多可赊，不同一地方也可赊。甚至汕头至香港、上海购办以及海外各港与汕头之托兑也得以赊账行之，故潮谚有‘无赊不成商’之语。”以信用为基础的商业赊账，促进了近代潮汕商贸业的发展。

总之，近代潮汕在商业社会的逐渐形成过程中，建立了良好的信用制度，营造了浓郁的社会信用氛围，以致“在信用未坠时期，市上商人一经口头应诺，虽转瞬市情丕变。至于倾家荡产也皆履行诺约，不甘食言。”可见，近代潮汕是一个诚信的潮汕。诚信经营使近代潮商名闻海内外。

在 1992 年 11 月举行的潮汕历史文化研究中心第二次理事会上，饶教授提出建立“潮州学”，把研究工作推向更高层次的卓越创见。饶宗颐教授担任主编的《潮学研究》，是品位较高的学术刊物，成为促进潮学研究的一个重要阵地。

1993 年 12 月，由饶教授倡议发起、香港潮州商会资助的第一届潮学国际研讨会在香港中文大学举行。会上，饶教授作了建立潮州学的讲演，阐述了将潮汕历史文化作为一个独立的研究对象，建立潮州学的必要性和重要性，并说明潮学的内涵。这是建立潮州学的宣言书，在国际上首先举起了潮州学的旗帜，吸引了国内外众多学者加入研究行列，也期待着迷失的人性能够复归其本来面目。

2005 年 6 月 8 日，六百多潮商精英汇聚汕头，畅叙乡谊交流经验，寻求合作发展商机。这是汕头经济生活的一件大事，也是万千海内外潮人的大事。赢得全球性声誉，被认为最有活力、最懂得赚钱的潮商，素来有奋发图强、抱团作战、诚信经营的优良传统，而今，一脉相承的族群将以首届潮商大会为新的起点，再创新业绩。

作为封建社会思想文化正统的儒家，高度重视人的自身修养，诚信是其追求的重要修养之一。《中庸》强调："诚者，天下之道也；诚之者，人之道也。""诚者，非自成己而成己也，所以成物也。"要求为人诚实，以诚待人。《论语》强调："人而无信，不知其可也。"意思是说，人不讲信用，真不知道怎样做人。

深谙古为今用，洋为中用的李嘉诚，非常推崇儒家思想。他说："我看很多哲理的书，儒家一部分思想可以用。"他多次强调儒家思想的重要性："一般而言，凡事留个余地，另一方面对人守信用。朋友之间有义气。今日而言，也许很多人未必相信，但实际上我始终觉得，'义'字是终身用得着的；'恕'字也很重要，要宽恕别人，因为人总是人，人不是神。"

从儒家思想中吸收了丰富素养的李嘉诚，求诚立信，把信誉作为企业成败的关键。

> 在香港还是在其他地方做生意，毕竟信用最重要。一时的损失将来是可以赚回来的，但损失了信誉，就什么事情也不能做了。

人如其名，诚实可信成为李嘉诚"最大的特点，""他的发迹和成功靠诚""他的最大资产是诚。"国学大师陈寅恪曾经带有自我表白性地说："凡一种文化值衰落之时，为此文化所化之人，必感苦痛，其表现此文化之程度愈宏则其所受苦痛亦愈甚。"李嘉诚等潮商俊彦继承和发展了儒家传统的诚信思想，坚持"信诺第一，真诚至上"的经营理念，以诚为本，无投机，不取巧，从而赢得信誉、赢得商机、赢得顾客，事业蒸蒸日上。

潮人成为传统文化的积聚之盆，源于他们的命运：逃往异乡、异国，遭遇排他的人文环境，必须守望相助，才能立足、发展。潮人祖居地又是昔日的“省尾国角”，潮汕三面被山隔绝，一面朝海，才给了潮人海外拓殖的生机。

商圣李嘉诚曾经极为幸运地生活在如斯环境中。

“对不可改变的事物或情况，愿我能安祥地去接受它们；对可改变的事物或情况，愿我有勇气去面对和改变它们；更愿我有智慧去分辨二者。”

第二章

争夺亚视

L i K a - s h i n g

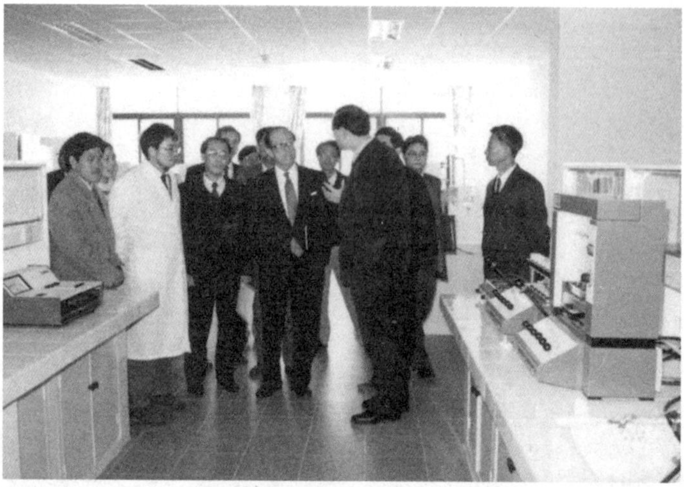

▲ 2006 年 6 月，李嘉诚参观广东海洋生物重点实验室。

▲ 2011 年 3 月，李嘉诚基金会董事李泽钜参加明爱向晴轩危机专线及教育中心启动礼。

2002年7月9日，李嘉诚一个不大不小的投资个案，在香港引起了轩然大波。李嘉诚控制的TOM宣布与林百欣旗下的丽新发展签订有条件谅解备忘录。TOM.com有限公司通过其全资子公司，TOM.com（香港）收购亚视32.75%的股权，同时通过其另一间子公司TOM.com BVI收购丰德丽有限公司持有的HKATV.com（亚视网站）50%的股权。收购采用换股的方式：TOM.com向丽新发行8720万股新股，每股作价3.33港元，总金额2.9亿港元；向丰德丽发行120万股新股，每股作价5.51港元，总金额约0.7亿港元。如果收购协定履行，TOM.com将以付出共计3.6亿港元的代价成为亚视的第二大股东，仅次于香港凤凰卫视董事局主席刘长乐股权。TOM.com更期待买入刘长乐与陈永棋手中的亚视股份，希望最终掌握亚视控制权，但TOM.com出价被质疑太低，几乎令大股东刘长乐与陈永棋血本无归，令其无法接受。

林百欣在1994年以25亿港元作价购入亚视控股权；1998年商人封小平、刘长乐等以亚视总值14亿港元作价，购入亚视控制权。7月初，林百欣向TOM洽售手上亚视股份，将亚视总值进一步推低至9亿港元，刘长乐早已对此感到诧异，自然万万不能接受。

刘长乐和陈永棋等人的开价，出售持有的68%亚视股权，计算的基准乃根据无线电视占香港电视观众的75%～80%，其市值约为130亿港元，因此亚视市值应在26亿余港元。实质上，这是一个一厢情愿的错误的技术性的简单类比计算。无线电视观众的含金量与亚洲电视观众的含金量绝对不可同日而语。就如同长江实业员工与另外一家二三线上市公司的员工之比较一样，你绝不能认为等量的员工就能创造等量的价值。这就如同香港地铁的载客量与深圳地铁的载客量相比较一样，就算两家公司的日载客量接近或相同，这也绝不意味着两家公司等值，更不意味着两家公司的乘客能够为公司带来同等规模的收益。

其实，早于2002年6月12日亚视正式公布封小平离职前，前亚视总顾问张立曾经代表刘长乐和封小平，在6月9日见过TOM高层商讨卖盘事，当时以亚视总值30亿港元开价，但TOM嫌价钱太贵，转而向丽新埋手。张立亦证实曾与李嘉诚接触，但具体内容不便公开，他亦不评论30亿港元的价位。当时，亚视2001年的业绩仍然没有审核完成，因此TOM虽然已与丽新发展签订谅解备忘录，买下丽新名下32%亚视股份，但TOM仍留有后招，就是必须进一步审查亚视最新财务状况之后，审核资产负债清晰准确，才能落实有关交易。

早在6月12日前，亚视股权争夺战就已经拉开序幕：香港凤凰卫视董事局主席刘长乐和香港"长江制衣"董事、总经理陈永棋合组的新公司，全面收购由原行政总裁封小平及其旗下龙维有限公司共同持有的亚视46%股份，成为亚视最大的股东。6月12日，亚洲电视董事局主席黄保欣宣布，由于股权变动，入主亚视四年的行政总裁封小平即日起辞去在亚视的所有职务，董事局正式委派陈永棋接任，并由原任凤凰卫视副总裁的余统浩出任亚视营运总裁。

这次收购是由刘长乐和陈永棋名下的Vital Media Holdings Limited（VMH）控股公司，收购以封小平为主要股东的"龙维有限公司"，并借此控有亚洲电视46%股权而成功入主亚视，刘长乐成为亚视的最大股东。龙维是由刘长乐、陈永棋、封小平等人组成的一家公司，该公司从香港丽新集团主席林百欣手上取得了亚视的控股权。

在6月12日的股权变动前，亚视股权结构大致分为两部分：单一大股东是林百欣及其丽新系，占有近33%股权；其余超过60%的股权，由刘长乐、陈永棋、封小平合股的龙维公司持有，这三人中，封小平的股份最多，但没有超过一半，在这次的股权交易中，封小平将自己在亚视的股权悉数让出给刘长乐和陈永棋合组的新公司VMH。陈永棋指出，根据与龙维的协定，VMH将以部分现金、部分股份形式，以具吸引力的价格全面收购龙维及其持有的亚视股权。由此，刘长乐间接持有最多亚视股权，接近43%，成为最大股东；而陈永棋则至少持有近两成股权。另一主要股东林百欣的股权则没有变化。

不到一个月，就在这项收购获得香港特区广播事务管理局正式批准前夕，极为引人注目的是，李嘉诚在公开场合宣布，不排除将来成为亚视的大股东。至此，亚视股权之争逐渐白热化，各种传闻也开始不绝于以自由八卦著称的香港媒体之上。TOM 上市不久，网络经济泡沫破灭，于是 TOM 只得转战于其他媒体，依靠长和系的实力和上市圈得的巨资打出了跨媒体发展的大旗。时值亚洲电视第二大股东林百欣家族迫于债务压力，急欲出手亚洲电视 32.75% 股权，给了李氏父子进军电视网络的天赐良机。

亚视是香港两大无线电视台之一，成立于 1958 年，1983 年易名为亚洲电视有限公司。亚视自制的节目包括剧集、信息综艺节目、新闻时事报道及妇女儿童节目等。在香港，亚视分别在两个频道播放，广东话频道为本港台，每周广播时间约为 155 小时；英语频道为国际台，每周广播时间约为 140 小时。亚视的一些信息类节目在华人世界具有一定影响力。该台制作的《寻找他乡的故事》I、II，分别获得 1998、1999 年香港电视节目欣赏指数调查最高奖。但亚视在香港与其竞争对手无线电视始终都不在一个档次上。亚视大部分时间都是处于亏损状态，亦即被动挨打状态，因而股权变动也异常频繁。从亚视的前身丽的电视时代算起，半个世纪来已经先后五度易手。

股权之争

1998 年，封小平等联手收购亚视后，引进了一些内地的电视剧、国外的娱乐节目，亚视的经营有相当大的起色，呈现上升势头，引起众多资本的关注。自《还珠格格》、《百万富翁》等短暂的热潮过后，亚视的收视率仍然是不容乐观，无法与无线抗衡。业内人士分析，整体而言，亚视目前的处境仍是不得不变。

2002 年 7 月 9 日，李嘉诚控制的 TOM 宣布收购亚视，消息一经公布，香港舆论哗然，外界普遍认为交易价格过于优惠，明显偏低。更有不少人士强烈呼吁香港政府否决有媒体在手的李嘉诚的 TOM.com 入股亚视的申请，认为这可能会损害香港媒体多元化及公平竞争的媒体市场环境。因为电讯盈科持有

ITV 收费电视的牌照，将给 TOM.com 收购亚视带来法律技术上的障碍，为了扫清收购障碍，协定达成后，电讯盈科实时向香港特区政府申请退还收费电视牌照，而 ITV 的收费牌照还有八年期限。从中可以看出 TOM.com 收购亚视的决心。

对 TOM 这个半路上杀出的程咬金，亚视新贵陈永棋大为惊讶，当然，亦非常紧张，毕竟真正的对手是幕后的李嘉诚。陈永棋说，李嘉诚洽购亚视，他事前毫不知情："李先生没有同我们（他和刘长乐）联络过。"似乎对于这种无心的怠慢流露出些许不满。起码，也应该通个气，打个招呼。如此这般明火执仗，强买强购，似乎太目中无人了吧。刘长乐也通过发言人指称"到现在为止，仍未有机会就李嘉诚收购亚视一事接触。"刘长乐还强调无意减持股权。

陈永棋强调，TOM 就算成功收购了丽新发展持有的三成多亚视股份，也只是继承了其"被动伙伴（silent partner）"的身份；合共持有亚视约 67% 股权的刘长乐、黄保欣和他本人才是亚视的大股东，拥有绝对控制权。陈永棋对 TOM 以 3.6 亿港元低价（如果按 TOM 的出价计算，亚视的总市值只有 9 亿港元），洽购亚视 32.75% 股权叫屈，因他认为亚视的估值最少逾 30 亿港元，如果收购成功，李氏无疑是捡了大便宜，"如果有这么便宜，我们也有兴趣买（剩下的三成多股权）。"

11 月 11 日，陈永棋宣布，通过他持有八成股权的私人公司 Dragon Goodwill，以现金 3.6 亿港元收购了亚视 32.75% 的股权。除支付方式上与 TOM.com 的收购方案有异外，金额完全相同。这或许是个理想的价钱。

早在 1998 年刘长乐、封小平组团进入亚视时，亚视的估价是 14 亿港元，而当时的亚视经营状况在香港无线电视台的挤压下长期处于亏损状态。封小平接手后，亚视经营状况大有起色，加之又有落地珠三角的新利好，市场一般相信，其价值绝对应该高于 14 亿港元。2002 年年初股权重组时，亚视的独立财务顾问对亚视的估价为 18 亿港元，而按 32.75% 估价 3.6 亿港元计算，亚视则进一步被贬低到只值 9 亿港元。

精明的李嘉诚绝不会轻易放弃这个天赐良机。通告指出，备忘录并无法律约束力，TOM.com 希望在 11 月 15 日的独家谈判期完结前可落实交易。通告指出，上述交易尚待广播事务管理局的批准。证券界人士解释，这可能与李嘉诚持有新城电台，抵触《广播条例》中限制跨媒体拥有权的条文有关。不过，李嘉诚大有机会获特首及行政会议豁免，令 TOM 最终能扩建其媒体王国。

因为问题的本身，亚视大股东刘长乐，又是凤凰卫星电视的大股东。此次收购，亚视全公司估值为 8.86 亿港元，连同网站估值合计共约 10.27 亿港元，较林百欣 1998 年出售部分亚视权益予独立第三者的 14 亿港元估值低了 26.6%，亦较丽新年初增持亚视股权的 18 亿港元估值折让 43%。

市场人士又认为，“以李嘉诚只做第一，不做第二的性格”，最终会慢慢等待机会增持亚视股权，直至成为控股地位。知情人士透露，TOM 最终希望从亚视最大股东刘长乐手上，取得亚视的控股权，以完成其跨媒体版图。刘长乐、陈永棋嘴说不卖，只要李嘉诚出个好价钱，一定能够诱使他们改变主意，拱手奉献。知情人士说：“以长和系的作风，很少做小股东，问题是如何能安排得好一点。”倘此次收购完成后，将令李嘉诚的传媒王国得以跨进香港电视业。

TOM 内部一位知情人士说，李嘉诚对此交易“极度关注，多次过问。”还有业界人士认为，开放本地免费电视市场是港府考虑豁免亚视收购交易的其中一个因素，因为这市场过往一向由电视广播独大，长久积弱的亚视易主多次，须由具实力及长线的股东管理，才能达致市场平衡，符合观众利益。

由于事件被提早曝光，尽管经过有关各方的反复声明和澄清，在 TOM 收购亚视股权的未来走向中，依然充满了未知和不确定性。在之后的媒体见面会上，TOM 的 CEO 王兟公开表示，TOM 首先要从经营和财务的角度来分析这次交易，并会做好尽职的审查工作，了解如何改善亚视的营运，目标是将亚视扭亏为盈。TOM 正在研究令亚视扭亏为盈的多种可行性方案。若扭亏无望，并不排除放弃收购的可能性。其实，李嘉诚都有为自己留有后路退路，以免被动。此为 TOM 所设定的两个原则之一，另一个则是要考虑增加香港市民对不同背景股东进行选择的可能性。

而在 TOM 发布收购亚视通告后的数日内，亚视第一大股东刘长乐本人一直未就 TOM 收购亚视的部分股权之事对媒体发表看法，但作为第三大股东的陈永棋则明确表示现阶段他和刘长乐绝无意出售亚视的股权。两巨头并针对王兟的上述说法进一步声明，亚视目前已达到收支平衡，将来盈利预期非常乐观。而亚视新任营运总裁余统浩也否认亚视大股东有财政问题，并表示 TOM 与丽新公司签订的谅解备忘录最后期限是 11 月 15 日，从商业社会的角度看，其中变数尤多，现阶段谈论此事为时过早。

也正是由于此交易充斥大量不确定因素，TOM 的股价也出现了波动。7 月 11 日，跌 1.5%，至 3.4 港元；7 月 12 日，涨 0.7%，至 3.43 港元；7 月 17 日，随大市下跌，跌幅 3%，至 3.25 港元；7 月 18 日，又有小幅下跌，跌幅 1.54%。市场人士分析，大股东态度及此项收购是否会通过香港政府和广播事务管理局放宽豁免条款意向并审查通过是股价波动的主要因素。

TOM 在 7 月 9 日宣布公司与丽新发展有限公司签订谅解备忘录，收购亚洲电视有限公司 32.75%股权。但该谅解备忘录并无法律约束力，而有关的收购有待正式协定落实，TOM 集团预期将于 11 月 15 日之前签署正式协定，及完成有关的收购程序。据行家分析，短期内，亚视的被动挨打的营运局面难以改观，也就是说，亚视亏损局面的改变依然遥遥无期。

根据相关之创业板上市条例，收购亦须得到 TOM 的相关股东的通过，并须完成有关的尽职审查程序和达成所有的收购先决条件。其中，TOM 在期限内有权从财务入手，查核亚视经营状况。问题是，林百欣虽为亚视最大单一股东，但当时并非亚视管理层，身在局外，若然 TOM 派员稽查亚视账务，能否获准成事，已成悬疑。而依管理层陈永棋、刘长乐之态度，能否合作显然成了很大问题。

另外，李嘉诚旗下的长江实业与和记黄埔分别持有 TOM 的 29% 及 14% 股权。而长实、和黄又控有香港的新城电台 100% 股权。根据香港的广播条例，电台牌照持有人不可同时持有电视台，除非得到特区行政长官以公众利益为由予以特别批准。时任工商及科技局局长唐英年表示，仍未收到 TOM 收购亚视股份的申请，收到后会按程序处理，考虑的因素包括是否符合公众利益及公众的选择是否多元化。

因此，完成此项收购，还必须取得香港有关监管机构的审批，这些机构包括不只限于香港广播事务管理局。由于 TOM 计划收购的股份超过 15%，交易还需要经过行政长官的酌情批准。按 2000 年新通过的《广播条例》规定，本地媒体机构的持牌人，不可同时收购本地其他类型媒体逾 15% 权益，并藉而拥有表决权或控制管理权，但就可申请豁免。市场人士认为，港府在豁免跨媒体收购限制上已有先例。经营免费电视业务的电视广播于 2000 年获港府豁免，可透过旗下的银河卫视经营本地收费电视。技术层面上看，TOM 收购成事后亦非控股大股东，短期内无法左右亚视，故获豁免的机会亦较大。

大通摩根分析员 Kristian Jhamb 同意，既然港府能给予电视广播豁免，相信 TOM 亦可获准收购亚视三成多权益。首先是李嘉诚的个人影响，使此次收购变得复杂。李嘉诚目前是长江实业、和记黄埔两大上市集团的主席，在香港的经营范围涉及非常广：航运、码头、通讯、电力、超市、房地产、网站、电台。夸张点说，相当一部分港人现在是住李嘉诚的楼、用李嘉诚的电、到李嘉诚的超市买菜、用李氏家族的电话、听李嘉诚的电台、做出口生意的还要靠李嘉诚的码头和船运。他们的生活几乎离不开李嘉诚！李嘉诚在香港的任何投资都有可能被指为垄断经营。因此这次收购“亚视”，许多人就毫无理由地质疑李嘉诚想“垄断”香港，建造他的“李氏王国”。

其次，香港的广播条例限制跨媒体经营，TOM 拥有网站、出版，TOM 的董事局主席李嘉诚还拥有“新城电台”，因此 TOM 不符合申请拥有亚视股权的资格，如果一定要收购的话，TOM 必须先得到行政长官会同行政会议批准的豁免权。再次，香港的广播条例规定，电视台牌照持有人的关联人士不可拥有其他电视牌照，而李嘉诚次子李泽楷旗下的“电讯盈科”拥有自选影像（即 VOD）牌照，因此 TOM 收购亚视仍可能违规。

已有立法会议员致函行政长官，呼吁政府否决长和系的 TOM 入股亚洲电视的申请，并促请当局积极考虑制订《反垄断法》确保香港有公平的竞争环境。此位刘姓议员表示，要考虑李嘉诚及其家族是否会削弱香港多元化及公平竞争的营商环境，特别是新闻自由环境。该议员指出，虽然在法例上容许行政会议给予豁免权，但香港法例精神并不鼓励单一集团控制多于一个媒体，否则会影响民意和媒体的自由度，阻碍香港媒体的发展，跨媒体的豁免权，应在有媒体倒闭后、但又没有新投资者经营等特殊情况下才能批准。当然，该法例强调须从多方面考虑，并在法律与公众利益之间取得平衡，问题恰恰是，该议员的政治姿态，并不能解决香港大多数观众对亚视长期积弱的强烈不满，亦完全忽视了若李嘉诚入股亚视，极有可能打破香港两电视台的强弱惯性，能够彻底改变亚视的被动局面，为观众提供更好更多元化的娱乐节目选择。甚或，在电视新闻报道中更好地达到平衡各方利益立场的社会效果。

据香港媒体报道，就 TOM 是否有意取得亚视的控制性股权，王兟表示 TOM 对任何一种可能均抱开放心态，并会按部就班去做。TOM 从来都不会排除任何可能的商业决定。他同时还表示，该公司会在亚视账目的审查工作基本完成之后，提交有关亚视股权转让的申请。

李嘉诚本人在TOM宣布与丽新公司签订谅解备忘录的当天曾对媒体表示，现在是小股东，将来不排除会是大股东，足见李嘉诚对收购事宜的参与程度与高度重视，也足以显示李嘉诚的清晰明确的战略意图。当然，也正是李嘉诚这一明确无误的战略意图，给收购带来了意想不到的阻力。同时，李嘉诚又亲自出面强力驳斥了媒体有关他此举有垄断之嫌的观点。

> 对不可改变的事物或情况，愿我能安祥地去接受它们；对可改变的事物或情况，愿我有勇气去面对和改变它们；更愿我有智慧去分辨二者。
>
> 建立社会资本就是社会希望的泉源，公民精神与公民权利相比，有时甚至来得更重要。只有通过全力增进社会资本，才可以驾驭知识与创新的动力，或者这就是一个宏观与微观经济层面之间的合理关系。
>
> 我们有幸活在一个充满机会令人兴奋的时代，我们拥有更多创意、更多科技、更多时间，甚至更长的寿命。今天，是时候去领悟社会资本的重要性，通过帮助他人重塑命运，为进步赋予新的意义。

进退自如

TOM为和记黄埔及长江实业与其他策略性投资者组成的合营公司，于2000年3月在香港联合交易所的创业板上市。TOM在过去两年就收购了二十八项业务，包括户外广告、运动市场、杂志、书籍、视听内容和其他互联网公司，形成了网上和网下的跨媒体业务和电讯增值服务。目前，TOM在媒体和娱乐业务方面涵盖了印刷媒体、户外媒体、体育推广、音乐及娱乐和网上媒体。如果此次收购亚视成功，TOM便正式形成跨媒体平台。分析家认为，由于当时跨媒体大公司如美国在线－时代华纳、维旺迪－环球、维亚康姆和新闻集团的股价均比两年前的高位出现暴跌，跨媒体行业还需要时间以市场证明其方法是否可行。

7月22日，李嘉诚就此再作表态说："我买到亚视固然高兴，买不到亚视都一样高兴！"另一边，有亚视高层气愤地说："众多不利亚视的传闻，是因为有人好想买亚视，而且想用好低价钱买亚视！"李嘉诚又这样形容自己与刘长乐和陈永棋的关系："我同陈永棋很熟，是朋友。"

就在这关键时刻，不利亚视的消息在江湖越传越广。有传刘长乐和陈永棋将其拥有的46%亚视股份全数抵押予中国工商银行，又有指亚视管理层大部分为没有香港永久居留权的内地人。更有甚者，亚视就连其广播道地皮也已经抵押银行。消息人士透露，在前亚视行政总裁封小平离开亚视后，刘长乐和陈永棋已安插近十名高层管理人员入主亚视多个主要部门，不少人更无香港永久居留权，部分更不在香港，此做法与亚视向广管局的承诺有冲突。亚视高层估计，近期多种不利传闻与拉锯中的股权收购战有关，不排除是部分失意的前亚视高层向外泄露以达至某种目的。陈永棋承认现时管理层中部分为内地人，但他们已是香港居民，只是"尚欠些少时间"就可以在港住满七年。

工商及科技局发言人就亚视抵押股票传闻回应说，融资是正常的商业活动，而亚视较早前已向广播事务管理局保证，该公司半数董事及主要人员为香港永久居民，当局正要求亚视提供最新的控制及管理权资料，以确保符合法定要求。

2002年8月19日，变局横生，媒体报道出国家广电总局批准亚视落地华南珠江三角洲地区，如此，新的利好本应进一步坚定TOM.com收购亚视的决心，但仅仅六个小时后，TOM.com首席执行官王兟发表声明，宣布终止收购亚视股权的计划。至于详情，王兟则拒绝进一步透露。

8月23日，长实集团主席李嘉诚召开新闻发布会表示，长和系的TOM终止收购亚视股权，该项决定纯粹以经济原则考虑。李嘉诚再三强调，终止收购的唯一考虑是，不符合商业及经济原则。个中缘由，只有当事者最为清楚，但起决定因素的绝不是价格和财务上的问题。李嘉诚本人在接受采访时亦承认："除了价格的原因外，还有其他价格以外的原因。"

收购亚视，李嘉诚派出了TOM.com的第二股东周凯旋女士亲自出马，以彰显对此收购的高度重视，但终是难以如愿。如果以当年争夺和黄和香港电讯的气势，李嘉诚绝不会轻言放弃，更会手到擒来。虽然原因未见进一步披露，但是TOM承认是有经济利益以外的原因。

李嘉诚飞速终止收购亚视，令刘长乐始料不及，亦措手不及。没有买家，亚视财政关依然难渡。亚视依然抱病呻吟，望锅等米。就如同许多漂亮迷人的星姐一样，空有其表。陈永棋事后亦承认，目前他和刘长乐根本不可能出售手中的亚视股权，也不会减持亚视，再加上亚视成功落地广东使其价值大增。他还再三强调，有关收购事前全不知情。TOM 也失去了低价收购的最佳时机。

事实上，一名接近刘长乐的人士说，TOM 在周一晚上实时知会终止收购亚视，以退为进，刘长乐亦茫然不知所措。而亚视第一大股东刘长乐因嫌李嘉诚出价太低而拒绝放弃对亚视的控股权，一时间双方剑拔弩张。刘长乐虽然出其不意在 TOM 收购之时宣布落地广东省珠江三角洲地区，试图令亚视估值抬升，增加 TOM 的收购成本，令 TOM 知难而退。但这只是亚视大股东的一厢情愿，这只是远水，短期内解不了近渴。TOM 表示，在收购亚视股份前就已充分考虑并认真分析过亚视落地的前景。

8 月 19 日是个平平常常的星期一。这一天，香港气象台发出了一号强风警报，台风"黄蜂"吹向粤、琼地区。这一天，围绕着香港亚洲电视股权刮了六十多天的旋风也复归风平浪静，李嘉诚的 TOM 集团进军电视行业的部署戛然而止。亚视股权的收购、反收购，这一度让外界看得眼花缭乱的动作，快得有点让人回不过神来。

不想李超人老谋深算，在亚视宣布落地珠三角后不足六个小时，TOM 宣布终止收购亚视。并称由于不能对亚视财务情况进行重要的尽职审查，该集团已与香港丽新发展和丰德丽达成共同协定，终止在 7 月 9 日签订的收购亚洲电视 32.75% 股权的谅解备忘录。此举使纷纷攘攘了两个多月的亚视股权风波，暂时告一段落。

深谙国人习性的国学大师林语堂先生曾说过："不给人面子是最大的无礼，面子不服从道理，却服从习惯，面子比宪法还受人尊敬。"中国人爱面子的现实显然并没有得到根本性的改变。即便是某些人没有尽到责任甚至是违法，也要保全自己的面子，不允许别人批评，甚至是善意的批评，一批评就会恼羞成怒，一批评就会面上无光，就会通过压制（对下）、不合作（对上）等来给批评者难堪。李嘉诚与陈永棋当初是否考虑过别人的面子，已经无从考据。不过，在亚视经营十分困难的时候，在急需输血的时候，李嘉诚却没有坚持收购到底，其中若隐若现地显现着中国人的面子问题。更加若即若离地显现出李嘉诚的中庸之道。

李嘉诚素来坚持的善意收购策略，在亚视大股东明确表态不会放弃控股权后，这种收购已经变得似乎没有太大吸引力，就算坚持收购成功，在不能取得话事权的情况下，只能是盘中的鸡肋，食之无味，弃之可惜。

凡事留有余地，因为人是人，人不是神，不免有错处，可以原谅人的地方，就原谅人。

TOM刹那间的鸣金收兵，意味着凤凰卫视董事局主席刘长乐将可确保其在亚视的大股东地位，可以放下连日来悬在心头的大石，安安稳稳地睡上一觉了。其实，亚视的惨淡经营，又如何能安稳睡觉。

TOM突然宣布放弃的消息一出，业界再度一片哗然。TOM首席执行官王兟在随后召开的新闻发布会上委婉地表示，此事和李嘉诚无关。他认为现在很多关于李嘉诚和TOM的传言，并非事实，其实TOM的日常运作，并非事事都向李嘉诚请示。王兟最后表示停止从亚视现股东丽新发展和丰德丽收购亚视股份纯属商业决定，是一种审慎的投资态度，因为除了价格因素外，TOM对亚视财务状况也不是十分了解。对于更进一步的情况，王兟表示不便透露。

对于TOM停止收购亚视股权，当事的另一方、亚视管理层方面也善意地表示遗憾，同时对TOM的有关决定表示理解。并希望以后还能有机会和"李先生合作。"

"作为资本运作高手的李嘉诚，考虑更多的是亚视到底能给他带来多大的实质经济效益，而并不在乎收购受挫后所带来的其他影响。李嘉诚退出是一种非常明智的选择。"华夏证券分析师沈周翔说。即使李嘉诚收购了丽新发展的亚视股权，刘长乐也不会让李嘉诚轻易增持股份，况且大股东刘长乐和行政总裁陈永棋的关系相处甚好，共同持有亚视67.25%股权，两人曾公开表示无意出售股权。在没有希望控股亚视的情况下，李嘉诚对亚视的热情大减。

分歧

在TOM与丽新发展商讨如何收购丽新发展持有的32.75%亚视股权的同时，刘长乐与北京有关方面就亚视落内地的有关事情在悄悄进行商讨。亚视行政总裁陈永棋宣布，该电视台属下的本港台和国际台两个免费频道，已经获得国家广播电影电视总局批准，通过广东省有线网络的统一传送，正式进入珠江三角洲地区。由此外界猜测TOM是为此而放弃了对亚视的收购。由于刘长乐同时兼任着凤凰卫视董事局主席，外界将此次股权变动看成是凤凰兼并亚视：亚视通过凤凰而上天，凤凰通过亚视而落地。

但陈永棋在新闻发布会上指出，亚视内部有条例说明“不会成为任何机构的附属媒体”；加上凤凰卫视的股东不单是刘长乐所持有的今日亚洲，还包括默克多的卫星电视等机构，因此，凤凰收购亚视的可能性极低。陈永棋说，两家电视台虽然十分注重内地市场，但由于属于完全不同的媒体，不存在相互竞争问题——亚视是免费电视台，面对的是粤语观众；凤凰是收费电视，面向的是普通话观众。他认为，两家机构拥有共同的股东更有利，因为两者的互补性很明显，通过联合制作一些节目，可降低制作成本及提高效率。

市场人士认为：“TOM 确实有收购亚视和凤凰卫视接洽刘长乐之意，但经过几个月的执掌亚视的经验和亚视已经取得银行提供融资的权利，刘长乐会更加珍惜这两项投资，目前绝不会出售两公司的控股权。刘长乐所做的努力，要么是想逼迫 TOM 自动放弃股权争夺，继续控股，要么是想让亚视落地内地身价倍增，卖个好价钱。”据了解，刘长乐为防御外来的恶意收购，还有意让亚视和凤凰卫视换股，效法当年英资怡和置地连环互控，最终形成两家公司互相控股的局面。

继 2000 年启播凤凰电影台上市后，刘长乐致力于凤凰卫视的规模扩张，新启动了资讯台、欧洲台和美洲台。而在内地取得落地权的中文台与电影台，广告收入很不理想，实际上是以两台的广告收入来供养五个台。新近入主的亚视的财务状况也不理想，半年间欠下配音制作费、录像设备购置费、片厂租金及版权费共计上千万港元，甚至连最值钱的广播道地皮也早在三年前被抵押给中信嘉华银行。消息传出，全港哗然。

7 月 23 日的《明报》独家披露，刘长乐 46% 亚视股权早已悉数抵押给中国工商银行香港分行，而特区政府已经行使豁免权让刘长乐顺利成为亚视第一大股东。但广管局的人士称，在行使豁免权时并不知道股份抵押事宜。对刘长乐将所持的 46% 亚视股份抵押予工商银行香港分行一事，刘长乐本人和亚视行政总裁陈永棋都不愿评论。刘长乐说这是商业秘密，并且称任何公司的借贷都是一种惯常的商业行为，既口头上承认他当时只不过是亚视的名义大股东，真正的大股东是工银亚洲。

陈永棋和亚视营运总裁余统浩皆不肯正面回应刘长乐是否已将亚视股份

全数抵押予银行，但陈永棋一再强调将股权抵押不影响公司运作："股东将股权同银行交易作抵押，是正常商业活动；每一个人做生意，有时同银行借钱要抵押，是人做生意都有这样，这不是个问题，问题是股东资金同公司营运资金是两件事，所以不会影响亚视公司运作！"他又保证不裁员，亚视员工有粮出，公司财政没有问题。

《明报》取得的"机密文件"显示，刘长乐曾经三次向中国工商银行香港分行贷款，第一份贷款协定是在1998年6月11日签订，当时刘长乐与封小平合作入股亚视，合共取得46%股份，同时黄保欣、吴征等人也入股5%，加起来构成51%的绝对控制权。第二份贷款协定日期是1999年6月15日，消息人士指出，该次贷款相信与陈永棋出面向郑裕彤等亚视旧股东取得16.25%股份有关，亚视董事局在2000年5月初正式通过该批股份易手。第三次贷款协定是2000年6月13日，消息人士说，该次贷款相信是将原来贷款的部分利息亏欠转为贷款，减轻亚视营运的资金压力。

刘长乐抵押股份一事可能影响正在进行中的亚视股权易手洽商，因为如果刘长乐的财务情况有变，且债权银行有意的话，拟入股亚视的TOM公司可能绕过刘长乐，直接与债权银行磋商入股事宜。刘长乐急忙辟谣，抵押地皮纯粹短期财务安排，亚视财务困局并未影响公司日常运作，亚视有希望在未来半年内从根本上解决财务困难。刘长乐既要清偿旧贷本息，又要负担扩张遭致的巨大资金需求。此时的亚视，已是捉襟见肘，四面求风，八方乞雨。此番表白，只能是攻心之策，对亚视大局无任何实质帮助。

李嘉诚如果在这个时候入主亚视，可谓顺手牵羊，不经不觉中走出的一步绝妙好棋。不过，话说回来，如此机密的商业秘密，《明报》是通过什么途径取得的呢，市场人士不无疑虑。

有知情人士透露，在亚视股权发生地震后，北京有关方面已出手解决亚视大股东刘长乐的财政问题，除了中国工商银行继续对刘长乐做出财政支援之余，还帮助刘长乐以3.588亿股亚视股份权作抵押获得巨额贷款，从中国工商银行香港分行转往北京总行，以减少刘长乐在香港贷款的压力。这恰恰是所有收购中的实质与焦点。刘长乐能在关键时刻不失时机地取得工商银行的贷款，既反映他和内地相当密切的关系，也显示他当时或许并非全部用自己的资金来控制亚视。在缺少资金的情况下，能斥资数亿收购亚视，显然得到了上面的强有力支持。李嘉诚不可能不明白这其中的敏感含义与现实的奥妙。雾里看花，香港所有的分析家都仅仅看到了问题的表面。

虽然，经济对权力的关系不应只是介入，而政治对经济的介入，则往往是无形的介入；从一项决策转到另一项决策，也不应只是一般意义上的取代，如目前广泛存在的跨国企业，李嘉诚就已经做到了这一点。经济本身就是权力，这权力如何体现？又与传统权力如何包容？如何相辅相成？却实实在在制约着李嘉诚。

TOM 集团 CEO 王兟解释称，公司无法对亚视进行有意义的尽职调查，并含糊地表示“双方在商业原则上存在分歧。”TOM 管理层在回答《中国经营报》记者提问时进一步表示，对于放弃收购亚视，公司强调五点：第一，TOM 进行所有的收购和投资，都会贯彻谨慎的原则，会考虑投资回报率；第二，这些原则在现时波动的市场环境中，尤为重要；第三，公司非常重视与合作伙伴的经营理念是否一致；第四，公司非常重视收购内容的未来发展前景；第五，TOM 希望能够对 TOM 本身业务运作产生产业协同效应。

TOM 的“商业原则分歧”一说遭到了亚视方面的反驳。亚视总裁陈永棋在取得广东落地权后说，快速增长的广东市场将会增加公司的收入，从而提高公司的价值，使得收购亚视并非易事。分析人士认为，亚视股东方面一定是依仗广东落地权向 TOM 提出了更高的要价。而这显然不符合李嘉诚一贯的低价吸纳原则。后来 TOM 也表明有这方面的考虑。可见，落地的变故使得 TOM 收购亚视股权已经在价格方面失算。也有人一针见血地说，上述因素可能还不是 TOM 退出这场收购游戏的最大原因，这场收购关系到 TOM 的跨媒体战略问题，只要价格不是离谱，TOM 不会轻易放弃。而且，价格的变化正是深层次矛盾的表现，或者从某种意义上恰好成了掩盖兵荒马乱的收购战的弥漫硝烟。

可能正如 TOM 最初所说，“双方在商业原则方面存在分歧”，TOM 除了价格还另有考虑。TOM 集团 CEO 王兟曾在一个电台节目中说，一个简单的商业决定却引来多方的揣测和谣言，令一个本来很简单的商业决定变得非常复杂。显然，王兟的话指的是，此前曾有媒体暗指李嘉诚方面通过发布刘长乐的股权被抵押传闻，使之陷入困境，从而达到收购目的。王兟说，李嘉诚先生被牵涉其中，对他很不公平，这是一件令人很遗憾的事。王兟还说，他们曾经与刘长乐、陈永棋等就收购事宜接触过不止一次，对方亦表示愿意出售有关股权，亦向我们提出过收购建议价钱。但后来看到有报道指出对方无意出售，觉得十分惊讶。很显然，王兟是在委婉地指责有关人士出尔反尔。因为之前亚视高层张立曾经明确表示接触过李嘉诚等有关人士。

分析人士说，这就让人觉得，亚视方面对于TOM的收购从来就没有诚意：亚视开始表示不会出让股权，后来又软化立场，“大家可以坐低慢慢倾（谈）”，而到最后还是说无意出售股份。此外，TOM方面一再表示放弃原因是“无法对亚视进行有意义的尽职调查，”可能暗示亚视方面在这方面没有给予应当的配合。这位分析人士认为，如此的话，TOM难免会有一种被戏弄的感觉，甚而怀疑自己成了亚视内部纷争的一粒磨心石子。这就或许正是TOM婉言的“商业原则分歧”，可谓另一种失算。

亚视股权战背后莫非是李嘉诚、默克多相争之继续？一位长期关注香港媒体板块的证券分析师认为，刘长乐如非财务困扰不会轻易放弃亚视的控股权。从刘长乐的媒体战略来看，亚视对他非常重要：凤凰卫视作为普通话节目，目标观众群主要针对内地市场。而亚视作为粤语节目，可以很好地服务珠三角市场，两个台之间能够形成一种完美的跨区域跨语种业务整合。此前，亚视已经在珠三角非正式落地多年，有非常高的收视率，其被当地电视非法插播的广告就已经达到每年6亿元人民币，日后如果正式经营的话，可能还会大过这个数。这位人士还大胆猜测，由于刘长乐的凤凰卫视里有默克多的部分股份，如果亚视有被李嘉诚的TOM收购的危险，那么，默克多焉能袖手旁观。因为，此前无论是李嘉诚收购台湾杂志时，还是争夺默克多持有的37.6%凤凰卫视股权时，这两位都是一对形影不离的对手。

其实，即使是刘长乐取得了亚视在广东的落地权，以刘氏目前的经营理念与手法，亚视的现实收益也未必像他预测的那样乐观。这从后来的亚视实况就可以证明这一点。有消息称，亚视在取得广东省有线网络落地权后，现阶段只是按分享广告时段的方式作为与广东省方面的谈判基础。亚视今后可以分享插播频道最少五成的广告时段，远高于华娱电视和星空卫视的频道现在分享的一至两成广告时段。

据估计，广东省有线电视台盗播亚视及电视广播电视节目的插播广告费一年可达15亿元人民币，按两台的收视比例，亚视带来的广告收入约6亿元人民币。如果按五五广告分成，对于财政资源长期处于紧绌状态的亚视来

说，无疑是及时雨宋公明奉送的起死回生的“灵丹妙药”。“

“事实上，刘长乐想通过亚视落地获得高额广告利润促使亚视市值上涨的如意算盘要大打折扣，而李嘉诚适时退出毫发无损。”南方证券一行业分析师认为。由于8月8日在广东省的落地权立即生效，按行规，亚视须立即向进口节目的供应商多缴版权费，毕竟广东省的收视人口比香港地区多达十倍。亚视总裁陈永棋指出：“这项批准对亚洲电视的业务发展是一项突破，将会加强亚洲电视与广东省电视同行的交流合作，并增加亚洲电视在华南地区的周边利润。”他重申，亚视将一如既往地坚持“以香港地区为本位，以香港观众口味为依归”的节目方针，并继续坚持新闻采编的独立性。陈永棋透露，亚视正与广东方面洽谈落地的细节，不过暂时没有时间表。依照行规，一般节目在内地的版权费比香港区高出两倍至数倍。以广东省约占内地的五分之一市场计算，亚视的外购节目版权费已实时上涨了三至四成以上。

盘点一心想尽快成为跨媒体帝国的TOM，可以发现它在收购丽新发展的亚视股权上的确显得有点居高临下稳操胜券下的操之过急。7月9日，在TOM与丽新发展签署的一份谅解备忘录后不久，李嘉诚就公开声称，TOM有意成为亚视的大股东。在收购事情还没有一点谱的情况下，李嘉诚就早早暴露了自己对未来亚视的控股野心，似乎是打草惊蛇，犯了“兵家之大忌”。进一步了解内情，又似乎不是这样，因为之前李嘉诚方面已获有关人士明确表态，愿意出让有关股权。只不过，突然间，冒出广东落地权问题，令到出让价格方面相差太过悬殊，才无疾而终。所以，自始至终，表面上看来似乎都是一个价格的问题。正是在这样的背景之下，才有上面的疾风劲草，秋风卷落叶的大刀阔斧式的收购运作。

有业内人士更声称TOM收购亚视是一种恶意收购行为，TOM企图一箭双雕，先吞并亚视，后取凤凰卫视。TOM的做法，无疑深深触动了刘长乐捍卫资产的敏感神经。而香港也有对李嘉诚垄断媒体的担心。其实，翻查李嘉诚六十年投资记录，从来都没有恶意收购的事情发生，一切都是你情我愿，就算收购不成，也仍然是合作对象，决不会闹翻脸，更不会公开对赌。

而刘长乐最为担心的是，TOM在收购亚视股权时的估价太低，如果丽新发展所拥有的亚视股权被贱卖，势必会危及到大股东的利益。根据TOM与丽新发展在7月9日签署了一份谅解备忘录，TOM在11月15日前决定是否以3.6亿港元的价钱收购丽新发展名下持有的全部32.75%的亚视股份。这一交易中，亚视整体估值被拖低至仅 9 亿港元。而在年初亚视重组股权时，其独立财务顾问对亚视的企业价值评估亦达 18 亿港元，而仅仅数月之后，现估值只是年初的一半。这对亚视股东来说，情何以堪。

而且，就在 1998 年刘长乐和封小平财团进入亚视时，在亚视当年亏损达 2 亿港元的情形下，从同一卖家丽新发展林百欣家族手中买走 66% 的股票时，亚视的整体估价也有 14 个亿港元，而且亚视近年来的经营状况已开始出现好转，2001 年转亏为盈赚了 4600 万港元。显然，刘长乐不会轻易将自己费劲九牛二虎之力得来的东西贱卖出去。就算要卖，也要让财大气粗的李嘉诚掏个好价钱。

花落谁家

李嘉诚收购亚视受挫后，亚视股权问题的故事还远没有完。在 TOM 放弃亚视的第二天（8 月 20 日），丽新发展所持的 32.75% 亚视股权又有新动向。丽新发展为了在年底需偿还 10 亿港元的债务，一定会出售亚视股权。丽新发展早前曾透过瑞士信贷第一波士顿银行，就所持的 32.75% 亚视股权向外放盘。当时除了李嘉诚旗下的 TOM 有意收购外，丽新发展也和霍英东财团等都有所接触，最后因 TOM 表示有兴趣，丽新发展便集中与 TOM 商谈。但现在 TOM 已取消收购，有人称，丽新发展的售股目标曾自然转向霍英东。据说，有关成交价确曾倾谈，出售价将还是以卖给 TOM 的 3.6 亿港元做指标。

有人猜测，丽新发展持有的亚视股权最终有可能落入时任全国政协副主席霍英东手中。但不久丽新发展透过联交所网页发出通告，出来辟谣，否认上述有关说法。丽新发展旗下丰德丽行政总裁李宝安表示，目前至少还有三四个财团想购买亚视股权，但只处于初步商讨阶段，对方也未提出具体收购条款。他称，亚视刚取得广东省落地权，对亚视估值有利，但出售权益售价，仍要视乎亚视业绩、收视率等多项因素而定。

面对丽新发展欲减持亚视这不稳因素，亚视大股东刘长乐当然需想办法解决。据投资银行界估计，不排除亚视会进行增资扩股形式，令丽新股权被摊薄，也令到公众股份更为分散，以增加阻击者的难度。另有业界人士估计，刘长乐等有可能向丽新购回余下亚视股权。

此前曾有知情人士透露，一向行事低调的李嘉诚之所以放弃对亚视控股权的争夺，主要是媒体过早介入使得原本许多可以解决的问题突然变得复杂起来，如果李嘉诚此时再行收购，明显和其一贯秉持的善意收购作风不相符。在此情况之下，一贯十分注重商誉的李嘉诚遂当机立断做出停止收购的决定。这或许是另一个版本的解释。

TOM 管理层曾向外透露，希望在 2004 年达至 4 亿至 4.5 亿美元（约 31.2 亿至 35.1 亿港元）的收益目标，透过收购高毛利的电视业务，相信可提高盈利。但证券界对这些商业考虑表示怀疑，因为收购亏损的亚视，将令 TOM 转亏为盈的时间押后，亦会摊薄其每股盈利。尽管李嘉诚家族的生意几乎遍及每一个行业，但过去李氏本人一直对投资传媒抱审慎态度。在早年收购和黄集团之后，更将和黄所持有的《南华早报》股权出售。

不过，到了 20 世纪 90 年代，李嘉诚对投资传媒的态度似有所调整。1991 年，和黄集团与德宝电影、嘉禾电影及美国广播集团 The Indev Group，合资经营香港第二个商业电台——新城电台。虽然其后和黄及长实增持新城股权至 100%，但该电台的业绩仍然未如理想。2000 年 3 月，主要由和黄及长实控股的 TOM 在创业板上市，初时业务以内地香港的网上媒体为主。直至同年 11 月初，李嘉诚开始逐步进军印刷传媒。当时长和系持有少量股份的德祥企业，其主席陈国强亦透过德祥的子公司中策集团宣布收购《成报》。虽然李嘉诚实时澄清“一年才与陈国强见两次面”，暂时并无意购买任何报章或杂志，但在该月底 TOM 旋即公布从明报手中购入《亚洲周刊》五成股权。

无论李嘉诚是否以商人自居，他的作为却已超越了单纯的商业社会角色。用时下一句流行的话说，他追求第一，在每一领域里都追求最好的，甚至是独一无二，不仅要在地产业超越百年老店英资置地，而且他把公司包装上市，他收购英资，在市场上最重要的领域里他竞争过了英资，与其他华人资本家一起，取代英资成为香港最重要的经济活动力量。不断挑战自我，永不放弃探索拓展扩张，使得李嘉诚在众多的领域里都能够随心所欲地进入最高的超人境界。

数月来，亚视股权花落谁家的问题，一直是媒体焦点，并曾传出霍英东、郭鹤年及有线宽带有意染指，但这些传闻已经被证实为烟幕。第二大股东丽新发展似乎已决意要出售手中的亚视股权。亚视行政总裁陈永棋亦率先表态有兴趣收购丽新所持的亚视股份。据闻，南华早报（SCMP）集团的大股东郭鹤年也有意再战江湖，并与卖方初步接触，表达对亚视股权的兴趣。丽新的董事李宝安透露，接获三名与媒体相关行业的投资者，查询集团出售亚视股权的意向，现阶段双方只是初步接触，尚未提出具体的收购条款。李宝安说，丽新一定会出售亚视股权，而亚视取得华南落地权一事会有利其估值，但具体的作价仍要取决于亚视业绩和收视率等因素。看来，亚视股权的纷争还会像亚视电视连续剧一样，夜以继日地演绎下去，而由此引发的阵阵疑云，更是久久难散……

陈永棋也是香港地区人大代表，他表示，此次是透过他拥有八成股权的旗下私人公司入股亚视，已与丽新发展（丽展）签订协定，但需于12月底前取得丽新的债权人及股东同意才会落实。该收购价与李嘉诚旗下TOM提出的差不多，不同的是陈永棋出现金，而TOM则是发行股票。

虽然有报道指出，若陈永棋收购成功，加上他目前以今日亚洲持有亚视少数权益，及其本人家族旗下两间公司则持有亚视逾10%权益，陈永棋将成为亚视的单一最大股东，持股量将达52%以上。但他表示，在收购完成后，他所持有的亚视股份仍不超过50%。亚视另一大股东是凤凰卫视主席刘长乐，持有46%股权。陈永棋透露，不排除今后为亚视引入策略性股东，但强调不会出售旗下大部分亚视股份。至于策略性股东的条件，“可帮助亚视业务发展者将会优先考虑，例如，可以带来许多广告就最理想了。”他说。市场曾多次传出，亚视出现财政紧拙，陈永棋须急于落实策略性股东，以纾缓财政，但陈永棋又表示，“亚视现在有盈利，财政很健全。而且，此次买入股份，各股东之间就像铁板一块，今后将做得更出色。”

丽新发展名誉主席林百欣表示，陈永棋入股亚视的作价合理，亦相信他将可以把亚视搞得更好。他说，出售亚视股权套现所得，将用作协助丽新减债。尘埃落定，昨日的一切喧闹，今日已复归暂时的平静。

拿得起是勇气，放得下是度量

对于有外间指TOM中止收购暗示并反映李嘉诚与北京关系起了某种微妙变化，李嘉诚指香港无法例管制“捏造”的报道，并说有传媒曾报道他因为怀疑所坐椅子有窃听装置，而用刀把椅子割烂，但根本绝无此事。他还说到，不明白为何香港人会“花钱、花时间”去看这些无聊报道。

被问及有市民认为若TOM收购亚视，将令长和系业务遍及各层面，出现垄断情况，他回应现时旗下的上市公司只占全港上市公司总市值少于12.5%，旗下各公司均由小做起，一直是“优胜劣败，公平竞争”。以往的港英政府与现在的特区政府均没有提出帮助，但却成为外间攻击目标，他以固网牌照为例，议员在立法会上只攻击他的公司，并无针对其他营运商。他表示TOM收购亚视有好多人支持，收购“可有可无”，成功与否对公司的实质影响亦不大。而且，TOM未来发展及日常运作，一如长和系，从不会锁定单一目标为收购对象，以免贵价进货。

李嘉诚又认为推行高官问责制是好事，相信特首与问责制官员都认为本港最迫切的问题是解决失业问题，自己不会在此多加意见，但长和系将继续在港增聘过千人手，并称若现时在本港有一项投资，回报率较低但能帮助本港失业人士，公司一定会投资。李嘉诚又说，本港厂家在内地经营厂房，一百间中有九十间有盈利，只是不反映在本港生产总值（GDP）中，却有助香港消费市场；相信内地制造及零售业有很多发展机会，本地中小企只要动脑筋，便可把握内地投资商机。至于香港要如何走出谷底，他表示“事在人为，最紧要有信心。”

李嘉诚更罕有地高调怒斥一些传媒抹黑他，强调他本人并无垄断香港的传媒。李嘉诚在长实集团股东特别大会后接受访问，当有记者问及他旗下的和黄已拥有新城电台，而TOM也拥有50%《亚洲周刊》股权，似有意垄断香港的传媒业时，李嘉诚即显得非常愤怒。李嘉诚，这位平时在媒体的镜头前总是笑容可掬的温和长者与谦谦君子，终于忍耐不住了，一脸冰霜地回应到：“在外国，我们也参与多个行业，但没听到过批评。究竟某些香港人是希望我们多投资还是少投资呢？”他进而声称，自己的投资着眼点，在于解决民生及失业问题，以及鼓励本地及外来投资。

对香港只有爱心，没有野心！

李嘉诚并声称：“今日在香港，自己的公司在港的投资，按我的看法，已经少了。所以，大家应该要尽力令我们的失业及民生好转才有用。”显然，以李嘉诚的功力，不到忍无可忍之时，是绝不会“借机发怒”的。李嘉诚显然借此机会回击长期以来香港某些传媒、某些人对他不负责任的批评与指责。

对于TOM入股亚视，他强调会全力支持，相信可以有助公司的传媒业策略性发展。被问及公司入股亚视，是否感受到压力，李嘉诚指出，压力日日都有。李嘉诚并强调，和黄一定会继续经营新城电台，至于他旗下的公司会否收购其他香港的报业公司，则暂时没有考虑。

商场没有永远的敌人，只有永恒的朋友。

也许每个人都应该诵读这句佛谒，“拿得起是勇气，放得下是度量，舍弃则只需要智慧。”

在TOM宣布终止收购后，刘长乐、陈永棋都表达了相当的善意与诚意，毕竟他们所面对的是超人李嘉诚。陈永棋说，“如果能与TOM合作，我们会相当高兴，即使不能成功合作，我对李（嘉诚）先生也相当尊重。”刘长乐也对TOM终止入股亚视感到遗憾：“TOM对亚视有兴趣是一个好的概念，我个人非常景仰李先生，他为华人财富积累留下了很好的经验，我很希望与他合作及向他学习。”

2005年5月5日，香港《明报》报道，大型发展商虎视眈眈的九龙塘广播道81号亚洲电视现址，经历多月的商讨，终由近年最积极吸纳市区豪宅地皮的长实以6亿港元夺得，以现有楼面面积计算，每平方英尺成交楼面地价4348港元，较市场预期略低。亚视行政总裁陈永棋对本报记者表示，倘地皮获政府放宽地积比率，亚视会按市价出售增加楼面予长实，估计最终的成交价将超过7亿港元。香港土地注册处资料显示，亚视在4月28日以6亿港元出售广播道81号现址予奇创有限公司（Perfect Idea Limited）。该公司注册董事包括长实副主席李泽钜、执行董事钟慎强、叶德铨及吴佳庆。1999年，长实及和黄曾以该公司发展大埔盈峰翠邸，另根据长实2003年报，长实持有奇创的35%权益。

亚视大股东陈永棋回应时表示，已就出售亚洲电视现址与发展商签订买卖合约，该成交价按现有地积比率2.1倍计算，成交价为6亿港元；长实稍后会向地政总署申请放宽地积比率，若成功，买卖双方将平分额外增加的楼面面积，而亚视将会出售所得的楼面予长实，因此，成交价必定会超过7亿港元，成交价理想。

亚视日后不会持有该发展项目任何权益，也不会分担补地价，出售地皮所套现的金额将用作在大埔工业村兴建亚视新址，并会数码化。广播道81号亚视现址，占地约五万平方英尺，划为“住宅（丙类）”用途，现有地积比率为2.1倍，可建楼面约13.8万平方英尺。仅以此计，重建项目之价值已接近李嘉诚当初决定购买亚视时亚视的总值。邻近的星辉豪庭（电视广播公司总部原址），地积比率达到4.5倍，但按照分区计划大纲图限制，亚视现址最高可以地积比率3倍重建，可建楼面面积将增至15万平方英尺，发展商并需要支付补地价。亚视过去曾获屋宇署批出建筑图则，可兴建两幢十层高住宅大厦。除长实外，新鸿基地产等发展商也曾洽购地皮，但最终因出价未符业主意向价约7亿港元，加上市场预期该地皮会推出市场招标，最终未能成功购入。

如今，我们回过头来看李嘉诚当初争抢亚视的情形，是否可以恍然大悟，原来醉翁之意不在酒，李嘉诚所要的不过是亚视这个空壳下面的这块地皮而已。如果剥离这块地皮，亚视的潜在价值自然再打折扣。

希望在香港多做一点事情

1999年7月31日，李嘉诚在香港大学与来自哈佛、北大、中国人民大学及香港大学的百多个学生交流，侃侃而谈，由人生目标至有所为及不为，无所不谈。举行交流会的地点正是为纪念他亡妻而建的香港大学庄月明文娱中心，虽然李嘉诚表示自己患了伤风，仍一口气答了35个同学的近50个问题，欲罢不能，部分问答节录如下：

问：我知道商人跟政府关系如果密切，对做生意是很有帮助的，我想知你跟董建华先生的关系是怎么样？你跟他是不是很熟识呢？你对董先生的政策感觉是好是坏？最近有一个民意调查，对董先生来说不是太好，你如何看香港的经济前景？有人说上海会取代香港，你怎么看这情况？

答：我已经看到这个报道，可以说是胡说八道，香港现在的情况就是，哗众取宠的事太多。我可以说一句——是实实在在的，一个多月前吧，有一个偶然机会，我跟董生碰过头，我跟他说，董生自你做了行政长官以后，我跟你见面的时间，是除了彭定康之外最少的，我跟其他港督见面的时间远远多于你。

另外，我曾经在公开场合讲过，我的第二个孩子 Richard（即李泽楷）做的那个 Cyber Port（数码港）由开始到成功，我从来没有跟香港政府的任何一个人去拉关系，我这个人有我自己的人格。我不是这么容易去求人，这是我的优点，亦是我的短处。

第二个问题就是香港的前途，我想要经过一段困难的时期，据我知不管是新加坡抑或是内地的城市也好，香港的竞争力较低，因为香港的港币太贵……香港需要一些改变，慢慢会转好。

对于董先生的政策，要批评很容易，但其实要从另一角度来说，像飞机场（开业大混乱），报章报道都算到他的头上，只是他做行政长官的那一天，飞机场都已经差不多完工了。

在我来说，他已经尽了他的力量。他做行政长官以来碰到两大问题，第一是香港泡沫经济，就是香港什么都弄得高了，就算没有亚洲金融风暴经济也会爆，何况两者（金融风暴与泡沫经济）碰在一起。对他我是有信心的，有些事要看长远点，例如在去年的施政报告他已经说要推动高科技，大家都在争论，到现在各界慢慢已接受，这点就是需要时间。

问：知道你是一个有目标有远见的人，可以把不可能的事情变成事实。你是如何看待你的人生？另外，你把未来的事看作一种挑战及责任，以你现时的地位来说，对未来还有什么未达到的理想？

答：在个人来说，理想有非常多。我跟你说一个故事，在我开始我的事业的时候，原来是打算做三年事后再从头念书，我觉得我有这种可能，就是有几万港元的情况，让我多赚十倍八倍，那么就够我学一些高深的学问。

但现实环境后来有所改变，我当然有点伤心。不过我后来想通，就是我一个人做医生，也不过是一个人，假如我的事业成功，我可能每一年也能培养一二百个医生，结果更加好，这目标我达到了。

人生事业方面，我希望多些时间放在医疗及教育上，对自己的国家民族也有好处。我在过去二十多年也没有停过，在未来亦会，甚至比过去做得更加多……但是最佳的选择仍是希望在香港多做一点事情，因为我早在1940年来香港，对这是有感情的，所以希望在香港多做一点事情。

问：我觉得现在香港对消费者的保障是严重不足的，这对香港的竞争力是非常不利的。随便说说：在地产方面，地产商通常不会跟我说土地的用途；保险方面我不会知道我的受托人是谁；电讯公司也是前言不对后语……我想请问你们的集团可不可以带头把我们香港的商业操守改善？

答：我可以这样讲，在过去多年我也说地价太贵。我有两个特别的提议：第一，在二十多年来我也说地价太贵；第二，我提议对公司多抽一点税，令纳税人的数字减少一点。

问：有说逢商必奸，逢奸必商，李先生你是一位成功的商人，你觉得对吗？

答：每一个行业都有奸人，但我做生意到现在为止，有的生意真的有钱赚，但摆在我面前我也不会去做，最少有三四个行业就是今天摆在我面前我也不会做的。

我内地有一些投资，国家给一个牌照，我的同事说，单是这个牌照，一年也可赚两亿，但我还是拒绝。我怕我公司的同事想法不同，因为对股东有利，因此我郑重地把这事拿到会议上谈，向他们说，对一般人有损害的事我不想做。

问：由于政党问题，你曾说会取消在港的一百亿投资计划，你认为政治化会否影响香港营商环境？

答：我那时说取消一百亿的计划，后面还有一句是我仍会继续投资香港，因为香港是我的故乡，可是后面的话报章没有报道出来。从讲那句话直到现在为止，我投资在香港已超过一百亿元了……没有顾及民生的政治是不好的政治，我仍会投资在香港，这是感情，香港仍是我的投资首选，就算回报少，但可提高就业，对香港好最重要。

问：在香港的报业市场上，《东方日报》及《苹果日报》读者占了市场70%，《明报》只有10%，这个已经反映了香港人的素质，我想问你对提高香港人的素质上有何办法提供？

答：你是南京大学的学生嘛，我说你的问题非常非常的好，但我是香港人也不能批评说香港人的素质低，就是说什么城市也有素质不同的人。

在报业方面，他们两家的销路差不多一样，有些观点我只能从另一个角度看，我每天晚上都要看有关我公司的报道，也会看一部分时事，我好像是看到未来的时间有限，就是你生存一天你要尽量学多一点……

太多人看那两家报纸，我也不知如何说，应由香港人自己想想。

问：我想知道李先生平常的膳食是如何的？

答：我是比较清淡的，好像平时午餐都是一碗汤、一盘菜，有时是两盘菜，但都是没有太多肉的，另外一碗白饭。像今天因时间忙，我叫我的同事买了一碟炒河粉。在公司我的位子后有一壶暖水、一盒饼干，饿了便吃点饼干喝点水。

“凡事都要留有余地，因为人是人，人不是神，不免有错处，可以原谅人的地方，就原谅人。”

第三章

投资长江生命科技

L i K a - s h i n g

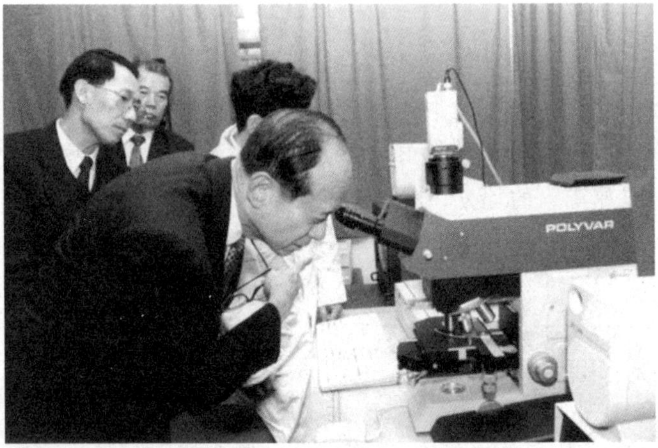

▲ 李嘉诚在试用现代科学设备。

▲ 香港电台天比高制作团队向李嘉诚讲解短片“冬日阳光”的制作点滴。

2000年7月16日，长实及李嘉诚个人共同控股的长江生命科技在香港联交所创业板上市，场面虽不及TOM火爆，但在香港股市持续走低的情况下，获得了120倍的超额认购，其招股冻结资金近316亿港元。5月中旬，长江实业集团宣布，已向香港联交所申请分拆“长江生命科技”上市，一场“生物科技股热”立即席卷香江。一时间，几乎所有能与生物科技拉上关系的股份都受到投资者追捧，直线上升，真可谓“一股得道，鸡犬升天。”和TOM一样，“长江生命科技”也是“李嘉诚概念股”——由李嘉诚控股的科技公司。不过，前者是一个跨媒体的网络，后者主攻当时全球最红火热闹的生物科技。

李嘉诚看好生物医药类的前景，并分析在未来二十年都可以获得稳定及可持续的增长。他乐观地预测“投资生物产业，就是投资中国的未来！”无独有偶，另一“投资之神”——世界富豪巴菲特也把眼光瞄准生物产业。在香港不少市民的脑海里，“李嘉诚概念”就是“致富快车”的同义词，李嘉诚就是他们的摇钱树。李嘉诚就是照耀他们奔向金光大道的阿拉丁神灯。

上市

2000年7月4日，“长江生命科技”正式开始招股，计划出售13.07亿股，最高集资额约为27.9亿港元。招股价为1.8～2港元，但暗盘价一度升至4港元。公开招股首日，即传出消息机构投资者方面已超额认购。当天，一家华资证券内部发出一个电邮，声称有1000股“长江生命科技”待售，开价3港元。半个小时之内，这批股份迅速售出，迟来者懊悔不已。散户方面，也许是收票行多达五十家，比TOM上市时增加了五倍，由于许多人选择了电子认购方式，因此银行门外未见昔日见首不见尾的人龙。不少证券行不仅全线延长营业时间，而且向客户提供高达认购额九成的贷款额，与港股中的蓝筹股看齐。

长江生命科技的保荐人所罗门美邦香港主席梁伯韬透露，这次共印制了140万份白表（供投资者以自己名义来认购），但是第一天就开始加印。到认购交表的最后一天，由于上万市民赶着交表，旺角、尖沙咀等地交通再度大乱。

7月8日下午，距离长江生命科技截止认购时间不足一日，拥挤在荃湾汇丰银行分行的散户，聚精会神但又似懂非懂一头雾水地翻阅长科那五百多页的沉甸甸的招股书。而部分糊里糊涂的师奶则不停拉着银行职员问个不停：“这份认购表应该怎样填？到底要多少钱？其实这间公司究竟做什么生意？”其实这些对散户来讲都无足轻重，散户对生化科技一知半解，雾里看花，只要见到“李嘉诚”三个字，羊群效应烘热的股民都两眼发光，一脸冀盼生辉的神情，一副稳赚不赔的模样，一副心神向往的姿态。“其实都是信李嘉诚而已。他的股票应该无问题啦。”约五十多岁的陈女士，在家里听见丈夫及儿子嚷着买长科，遂拿了三份表格，一家三口计划斥资十万多港元入票。

长江生命科技的确是名副其实的“李嘉诚概念股”。在它招股上市前，李嘉诚不仅通过长江实业集团投资该公司，还私人持有该公司近四成股权。长科上市前，长江实业持股55.2%，李嘉诚持股36.86%。上市后股权结构变为：长江实业持股44.02%，李嘉诚持股29.34%。7月3日，在该公司的上市记者会上，李嘉诚中途“杀出”，不厌其详地回答了十多分钟的问题，分析了长科的诱人前景，最后说：“我对（长江生命科技）公司非常有信心。”目前，长江实业持有长科六成股权，长科其余股权由李嘉诚及家族成员持有。长江实业称，将向香港公众人士发行新股以供认购，并配售予若干专业机构及其他投资者，此外，长江实业还将保证其股东获得若干长科新股的配额。

长科上市后，长江实业所持股权摊薄至4～5成，即长江实业计划出售20%～33.3%的长科股权。香港市场早就盛传，长科计划于6月或7月上市，集资初步计划为 5 亿～ 10 亿港元。如此，长科的估值在 30 亿～ 50 亿港元之间。不过，知情人士透露，长科的估值目标希望达到 110 亿～ 120 亿港元，但需市况配合。另外，长科集资额将超过 20 亿港元，比市场传闻的数目高出一倍以上，从而成为当年以来香港市场集资额最大的招股活动。

香港创业板上最大的公司是 TOM，市值约为 130 亿港元，如果长科估值 120 亿港元，则李嘉诚系上市公司将占创业板总市值的 30%。据了解，长科的保荐人为所罗门美邦香港主席梁伯韬，他曾在百富勤一手策划了 TOM.com 的闪电上市。此次长科上市，梁伯韬再次出手，香港证券界普遍预期又将有一出大戏要上演。但是，一名美资证券公司分析员质疑，长科未必会是 TOM.com 的翻版，因为与两年前不一样，纳斯达克生化股指数最近持续下跌，美国股市的生化概念远没有当初的网络概念热能够持续高涨。对此，投资银行专家指出，外围情绪是否配合，只会影响长科上市后的表现，而不会减低投资者对新股的欢迎程度。

在李嘉诚的“超人效应”带动下，这样一家过去两年分别亏损 1.37 亿港元和 0.57 亿港元的生物科技公司募集到近 25 亿港元资金，让人不得不佩服其高超的资本运作手法与登高一呼应者如潮的声势。5 月 13 日，受到长江实业宣布分拆长江生命科技的消息刺激，香港生化类股票全线造好，当天有 19 家与生化科技相关的上市公司股价同步上升。其中，生命科技升幅达 19.2%，误撞误中，这家公司被许多散户误认为就是李嘉诚的长江生命科技，从而备受追捧。其后，香港生化股继续走好，个股轮涨不断。特别是 5 月 14 日，股价仅 0.013 港元的远东生物医药科技一举飙升 0.02 港元，升幅高达 153.8%。

上海源润投资咨询公司高级分析师吴祥健说，香港二、三线生化类股和部分制药类股表现非常活跃，从前期中国制药、远东生物和生命科技等股的表现分析，似有大资金流入建仓迹象，远生医药科技甚至被建仓资金追高近 160%。

虽然新股超额认购情况，在市况低沉下未及 TOM.com 般疯狂，但已成为全城焦点，暗盘价升至 3.3 港元。与招股价 1.8 ～ 2 港元相比，平均高出 1.7 倍。以此推算，长科市值高达 200 亿港元！若以暗盘价计算，而抽中的散户，成功获配 1 万股，账面净赚 3 万港元。结果长科于 7 月 9 日截至 13 亿新股认购后，给予散户认购的一成股份，市传获超额认购逾百倍；而予大户认购的九成股份，则有八倍超额。

长江生命科技一出，顿然全城热烘烘闹哄哄，因为这只由李嘉诚出钱出力打造的新概念股，将继 TOM.com 之后，演绎另一创业板神话。此次上市，将当初投资 1 亿港元的长科，变成市值 200 亿港元的生化上市王国，由他持有的三成股权，亦涨至 60 亿港元；同时也令出任长科主席的李嘉诚大儿子李泽钜，成为继小儿子李泽楷“香港网络科技之父”后摇身一变成为“香港生化科技之父”。

高信证券董事胡孟青认为香港生化股炒作有些盲目，因为香港投资者对生化领域的知识不足，且市场上真正的生化股很少。生化股在香港市场的投资热潮是否会波及内地，让 A 股生物板块也受惠呢？对此，券商生物行业研究人员的观点很谨慎。申银万国研究员曾敏认为，香港生化股炒作对内地 A 股行情应该不会有影响。

国泰君安研究员李文健则认为，对于长江生命科技分拆上市的影响，需要等待该公司招股时公布进一步的信息，难以马上下判断。在香港，所谓生化股其实只是炒概念，因为香港生物科学技术产业及相关的科研基础并不具备完善条件。不过，李文健对内地 A 股市场生物技术板块行情的出现也持悲观态度。他认为，A 股生物板块有两大不足：缺少龙头企业带动和龙头产品驱动，结果就是板块没有“重磅炸弹”。而且，李文健认为，无论是 A 股还是港股，真正的生物股很少，所以，李文健认为，香港生化股行情向内地市场真正传递的信息只有一个：李嘉诚看好生物技术产业。

但是，在产业分拆上，长江生命科技分拆上市却可能有大得多的影响。胡孟青说，在香港，所谓的生化概念股，绝大多数都有内地背景。香港生化股若受追捧，此类公司筹资便利，必然会加大产业投资，并进一步赴内地发展项目和进行收购。

其实，李泽钜就曾说过，长科目前资金、技术及人才均充裕，不排除会收购其他生物科技公司。借市圈钱，借钱扩军，借手捉鸡，借鸡生蛋。李嘉诚利用全球生化热潮的潮起潮落，再度上演了资本运作的成功大法。可以预期的是，成功发行上市，坐拥巨额现金的新长科，可能会在内地大行收购、投资之举。市场期待长科如同 TOM.com 一样，左购右并，前冲后突，迅速长大长高长胖长肥，生出一个又一个的金蛋。

此次长科受到股市狂热追捧缘得以下几点原因：第一，李嘉诚的超人名气；第二，李嘉诚为长科的上市请来了曾操刀 TOM.com 上市，素有“红筹之父”

之称的梁伯韬运筹主持；第三，长科上市的承销团都由香港顶级的承销商组成，具有很强的市场运作能力，主承销商由所罗门美邦担纲，副承销商包括中银国际、BMP百富勤、里昂证券及工商东亚；第四，李嘉诚为长科勾画的诱人蓝图；第五，券商以香港蓝筹股（绩优股）标准向客户认购股票提供了高达认购额九成的贷款；第六，从财技的角度看，长科此次公开发行的公众股份只占总股本的10%，为13亿股，在供应有限又有众多利好的情况下，通过投资者间的内部竞争很容易掀起认购高潮；第七，最根本的一点，全球生化革命的狂热浪潮。

难有坦途

在2000年年初，长江实业发布业绩时，李嘉诚就表示，生化科技会是集团未来重点发展的新目标。显然，长科在长江实业未来的发展战略中，将占有十分重要的地位。然而，长江生命科技的神话并没有成为香港股市的奇葩。到2002年10月10日，长科股价更下跌至其最低点1.2港元，股价缩水幅度达46%以上。至2006年3月，股价更一度跌至0.86港元。其间，虽也有部分利好消息不断刺激，但对大市毫无效果。2006年12月，长科又推出新概念，宣布拨款3.7亿港元设立艾滋病研究院，此消息短时内刺激股价逆市急升6%。但此后，虽不断发布有关艾滋病药品的研究进展，长科股价始终在1.6港元至1.3港元之间震荡徘徊。截至2007年8月10日，最新股价是0.7港元，仍远远低于其发行价。

长科辉煌如流星般稍纵即逝，与全球经济运行及大市症候不无关系。2002年7月初，美国生物科技股创下1997年来的新低，股民对二板市场的高风险股和生物科技概念开始心惊胆寒。而李家旗下的和黄由于近年大举投资欧洲3G流动电话业务导致股价江河日下，持有和黄五成的控股公司长实，股价亦不见六成，市值蒸发逾6000亿港元。长实及和黄的股价随外围大幅滑落，生物科技概念和李家概念的长科自然也受株连。

每次经历危机或金融风暴，我们所得的最大裨益是信心的建造。

但在全球经济一体化的压力下，经济架构及社会状况出现实质改变，知识经济令有些人的环境比其他大部分人优胜，很多人感到自己的生活、投资及职位越来越不受保障，贫富悬殊、社会分化、工作及生活质量转变等问题亦令他们感到不安，在这种大转变中若要定出正确的航道，需要在政治、社会、经济及环境等方面有创新、多层次、多角度的意念和方法，很多时候，也许要重新评估我们固有的观念。

任何一项商业投资都会有风险，甚至是不能预料的风险，即使是超人也只能避免和化解风险，将风险招致的损失减少至最低限度，而不能消灭风险。因此无论是公司的实际经营者，还是公司的投资者（股东）都应当客观理智地面对各种风险，并对现实潮起潮落的和潜在难以捉摸的风险做出公正客观的分析与评断，而不能一味地相信预期，过分乐观。由于人们过分乐观地相信预期，造就了一个又一个泡沫，网络泡沫、电信泡沫、地产泡沫、生化泡沫等。这些泡沫一旦破灭，对社会、对一国的损失是巨大的，对一个公司则可能是毁灭性的。安然、世通等诸多企业巨人正是在这些五彩缤纷的幻想泡沫中被资本市场毫不留情地吞噬了。前车之鉴，不应成为后车之辙。因为，许许多多的投资者确实输不起。

商业架构的灵活制度要建基于实事求是、能有自我修正挽回的机制（Check and Balance）。我指的不单纯是会计系统，而是在张力中释放动力，在信任、时间、能力等范畴建立不呆板、能随机应变的制度。

你们也许听过我说企业应在稳健中寻找跳跃的进步，大标题下的小点要包括但不局限于：开源对节流、监督管治对创意和授权、直觉对科学观、知止对无限发展等。

每一个机构有不同的挑战，很难有绝对放诸四海皆准、皆适用的预制组件，老实说我对很多人云亦云的表面专家的分析是“尊敬有加”，心里有数，说得俗一点，有时大家方向都正确，耍的却是花拳绣腿、姿势又不对。

在面对“超人”的魅力时，投资者更应冷静地对待。虽然超人的确有超人的能力，但风险无时不在，商业竞争风云变幻，李嘉诚在某些特定的环境和特殊的时期里，也绝不可能是一路坦途。

"长江生命科技"从长江实业集团中分拆出来，对它们各自的发展都有利。一方面，长江生命科技独立上市，不仅可以提高它的业务透明度和市场知名度，并且能够建立自己的股东基础与相应的资本厚度。长江生命科技今后能够作为一个独立的实体，在股本和债务市场上开发和发展有关项目融资，而且它可通过认股权，把公司管理层的酬金与公司的股价挂钩，鼓励他们发展公司业务，吸引更多的专业人士加入公司。另一方面，对于长江实业集团而言，不仅可从这次分拆中获得几十亿港元的特殊收益，而且今后能够专注于发展生物科技以外的核心业务筹措资金，并且有望将生命科技产业发展为集团新的利润来源之一。第三，通过市场运作，可以提高长江生命科技产品的市场知名度，便于长科产品更好更快地推向市场，而且，更重要的是可以确定确立长科的生化科技龙头地位，便于公司在市场中联手合作。

比尔·盖茨曾讲过："每隔三年我们都要好好审视一下几年来取得的成绩，这非常重要。任何一成不变的公司都很可能遭到淘汰，我们已经有太多的前车之鉴。"在资本市场上长袖善舞的，并非只有李嘉诚。

在知识经济时代，如果你有知识，即使没有资金，小小的付出都能有回报而达到成功的可能。

其实，不少香港上市企业都善于利用香港资本市场的优势来壮大自己。反观不少内地企业到香港融资，即使首次招股时颇为轰动，以后却静若止水，鲜见第二次融资。纵然意图二度融资，市场早已是鸡飞狗跳，闻者怕怕，避之则吉。有香港资深金融界人士指出，如此融资，只做一锤子买卖，好比在股本市场一次性借贷，远远不能发挥资本市场的作用。看来，学会点金术，学会李嘉诚那样长期利用资本市场来发展壮大自己，仍是摆在内地企业家面前的一大课题。

商业的存在除了创造繁荣和就业，最大的作用是服务人类的需要。企业是为股东牟取利润，但应该坚持为固定文化，这是经营的其中一项成本，也是企业长远发展最好的途径。

保持一颗平常人的心

香港作家冯两努认为，李嘉诚的成功之道在于心理素质。心静才能观察到万千的变化，心静才能捕捉到瞬息万变的商机，心静才能超然于缤纷繁杂的浑浊之外。冯两努指出，真正的成功需要经得起考验的能力以及心理素质。以李嘉诚为例，成功的原因是“内心深层的心理素质和心力。”他说，一个人的成功不能单靠技术、运气与能力，心理素质才是致胜原因。冯两努说，商场上有不少人错行、选错路的例子，所以“心静”很重要，“心静”才能静观万物的变化。他认为，由于看不清方向，所以才会接受社会教训；若然仍未辨清方向，就会再受到社会的教训，在失败中累积经验，可以提升认识自己的心理素质，发掘自己的深层潜力。

李嘉诚在一个行业、一个产业、一种潮流里领先，从小到大，从夕阳产业到高科技产业，到后来，跨产业、行业、领域，由经济到文化传媒到政府公共领域，李嘉诚总能占据战略制高点，总能占据主动，引导前行，独领风骚。这位以资本为目标以资本运作为快事的战略大师一生学习不辍，好学不倦，敢于尝试新的未曾接触的领域。而且，从来都不曾放弃任何可以展示自己与众不同的超人眼光的机会。

李嘉诚对产业趋势的判断和市场时机的把握异常准确精到，从塑胶花到房地产，再到石油、电视以及对数码港、中药港计划的热衷，每次都是适应产业趋势的变迁。

他是否一步步地失去了平常人的心？站在狭隘的偏激的角度看答案是肯定的，但从更为广阔的历史角度看，从李嘉诚特殊的发展历程来看，李嘉诚没有变化，依然保持一颗平常人的心，只不过多了些必须的商业元素，多了些人情世故，多了些历史沉淀，多了些文化熏染，多了些你我不能也不可能体验到的飘逸潇洒。甚至，多了些李嘉诚自己，多了些沉甸甸的社会责任与历史使命。

“李嘉诚这个人不简单。他不摆架子，容易相处而又无拘无束，可以从启德机场载一个陌生人到市区，没有顾虑到个人的安全问题。他甚至亲自为客人打开车尾箱，让司机安坐在驾驶座上。后来大家上了车，他对汽车的冷气、客人的住宿，都一一关心到，他坚持要打电话到希尔顿酒店问清楚房间预订好了没有，当然，这间世界一流酒店也是他名下的产业。”在一位合作伙伴的眼中，原来李嘉诚是这样的平凡。

1991 年秋，李嘉诚收到一位英国丁姓华侨的来信，他在信中阐述自己山穷水尽、万念俱灰的处境。李嘉诚日理万机，平时连一些大的应酬都无法对付，却亲笔回函，以诚挚的态度为他“指点迷津”：

> 丁先生：
>
> 人生起伏无常，尤其从事商业。穷人易做，穷生意难做。所以你现在面临的困难，只是数千年来无数生意人曾经面对的苦痛的一部分。但如果明白大富在天，小富在人，如果肯勤俭有效地面对现实，尽心经营，则俗话所说：“山穷水尽疑无路，柳暗花明又一村。”说不定不久你又有一个好的和新的局面。
>
> 即使一切都不如意，退一步想，则海阔天空。以今日英国的工资水平，大不了再多找一份职业，生活绝对没问题。留得青山在，不怕没柴烧，送上五百英镑，请你一顿晚餐。想想明天会更好，想想世界上有多少更苦的人。

这就是千亿富豪李嘉诚的胸襟与为人。美国著名成功学大师皮鲁克斯在《成就大业的潜能》一书中写到：“成就大业的基点就是一个人素质和能力的高度结合，凡是成功者，在这方面都是出类拔萃的。”

李嘉诚表示，香港面对经济转型之际，应该减低经营成本以增加竞争力，从而带动内部需求，增加就业机会。李嘉诚在一次致辞时曾表示，目前香港正处于经济结构性转型阶段，无论个人或企业，都面对着重大挑战。但香港的经营成本和工资，却比竞争对手高出以倍数计。他呼吁香港减低经营成本，以增强竞争条件，透过加强创意及增值能力，使香港经济成功转型，从而带动其他内部环节的服务需求，增加就业机会，使全港任何阶层都能受惠。李嘉诚又说，中国加入世界贸易组织后，带来史无前例的机遇，对香港来说是喜多于忧。面对迅速成长的内地企业和国际机构的竞争，港人若不急起直追及增强自己的竞争能力，可能会减弱中介地位。

日常生活与工作中的李嘉诚究竟是怎么样的一个人？让我们来看看李嘉诚自己的信条吧：

其一，勤是万事之基础，勤力工作，对股东负责，为股东谋取最大利益。

其二，对自己要节俭，对他人要慷慨，任何事情都必须考虑他人利益，而不能仅仅考虑自己的利益。

其三，始终保持创新意识，用自己的眼光看世界，不随波逐流，要善于坚持自己。

其四，坚守诺言，建立良好的信誉，这是一个人走向成功不可缺少的基本条件。

其五，任何决策，都必须有全局意识，要统筹全局，平衡各方，一旦决定，就必须义无反顾地坚持下去，中途绝不轻易更改变动。

其六，给下属树立高效率的榜样，集中讨论具体事务之前，预早通知各有关人员，做好充足准备，以便当场决策，而不是持续无效率地争论。

其七，实施决策应当沉稳持重，但不能忽视下属在具体操作过程中的应变能力。

其八，要随时了解下属的希望与想法，确保员工的基本利益，令到员工以公司为家，公司的事业就是员工的个人事业。

其九，凡事留有余地，尤其是企业的发展目标，固然要给属下施加压力，但必须是能够达到的合理目标。

收购 AG

无论任何风高浪急，也不论如何诽长流短，甫出世就体弱多病的长江生命科技始终坚持自己的业务发展与扩张，并且在多方面做了扎扎实实的富有成效的工作。

2005 年 4 月 5 日，长江生命科技斥资 5300 万加元（3.47 亿港元）收购加拿大第五大的保健食品公司 SANTENATURELLEA.G.LTEE（简称“AG”），大举拓展保健产品业务的海外市场。集团总裁及行政总监甘庆林表示，收购 AG 是集团全年发展计划的首个项目，亦为策略性部署的重要一环。而 AG 的稳定销售额及盈利基础将可强化集团之收入来源及盈利表现。甘庆林表示，集团已认定好几个具有潜质的收购目标，并正密切磋商，期望短期内可再落实数个重大收购项目，实行既定收购策略，加速业务扩张，为企业增值。

甘庆林表示，长江生命科技未来的重点策略为加快落实健康相关产品业务的全球性拓展计划，除了会陆续推出唯健 TM 免疫素系列的新产品外，更会积极拓展海外市场，而收购加拿大的 AG 公司，正是集团的保健产品业务迈向国际市场的第一步。AG 将成为集团拓展北美洲市场的桥头堡，亦将于集团健康相关业务扩张上扮演重要角色。他续说，集团早与加拿大英属哥伦比亚大学进行抗癌产品的临床前测试，收购加拿大的 AG 公司，将有助我们进一步实践于加拿大发展健康相关业务的计划。

AG 截至 2004 年 12 月 31 日的资产净值约为 1500 万加元（约 9900 万港元）。截至 2003 年及 2004 年 12 月底止两个年度除税及特殊项目后纯利分别约为 370 万加元（约 2300 万港元）及 410 万加元（约 2600 万港元）。换言之，此次收购的市盈率约十三倍。长江生命科技此次购入的 AG，为加拿大魁北克省的保健产品市场领导者，在当地市场占有率逾二成。长江生命科技此次以足额现金支付收购。在李嘉诚的资本魔术棒下，长江生命科技在风风雨雨中稳步发展。

从诞生以来就负面消息多多，可谓命运坎坷的长江生命科技，从某种意义上讲，是李嘉诚医疗梦想的延续伸展，但其差强人意的表现也可以说是李嘉诚投资生涯中的令人持续观望的前景未明的问号。至少在可预见的将来，我等一叶障目的凡夫俗子依然不能看到其美好的前景。正因为这样，在很大的程度上，长江生命科技的追赶潮流运作被外界视为借助资本市场中的一个资本运作行为。

其实，依据李嘉诚过往的资本魔法，长江生命科技若然坚持收购合并扩张的惯常资本运作，大举收购内地及海外有潜质的生化公司，注入更多有实质性的业务，使公司一如 TOM 那样，早日摆脱虚拟运作，走向实际操作，给市场看到实在的前景与方向，再借助李嘉诚的声威与长江的品牌，应该可以在很短时间内走出目前的困局。至少，在内地目前保健市场风生水起的时代，利用市场对保健品的期待与疑虑，利用内地人对国产保健产品的亦步亦趋与将信将疑，全力推销李嘉诚概念的生化科技保健概念，应该很快就会在保健品大市场打开缺口，并且使长江生命科技在实体运作的极短时间内转亏为盈，获取巨额利润。

其实，长江生命科技完全可以拓宽自己的业务领域，在坚持生化研究的同时，寻求内地众多的民间偏方妙药，独辟蹊径，中西结合，与和黄药业及屈臣氏零售网络合纵连横，相辅相成，上下呼应，强化产业链接，寻求回归现实的稳步发展。坦率讲，长江生命科技所需要的不是充满白领的一所又一所的研究机构（这是一种资本市场理想化的操作），而是一座又一座充满蓝领的工厂，对香港及内地资本市场来讲，最具吸引力的资本内容，在任何时候都不是美好的愿景与许诺，而是实实在在的可以卖出去赚回来的拳头产品。

很显然，在当今欧美日生化科技日新月异的客观背景之下，姗姗来迟的长江生命科技在毫无科技背景实力依托的香港，企图盲人摸象式地创造新世纪的科技神话，无异于妙想天开，断难成事，若然坚持公司上市生化研制发展方向，至少在相当长的时间内，给予市场的只能是有信心的美好前景。毕竟，市场信心不是永恒的。

2006年8月30日，李嘉诚将价值24亿港元的长江生命科技（8222）股份，转赠李嘉诚基金会。联交所股东权益申报的资料显示，李嘉诚已把私人持有的28.35亿股长科股份，无偿转让李嘉诚基金会，占长科已发行股本的29.5%，以当日收市价计算，市值24亿港元。李嘉诚控制的长江实业，仍然持有44.3%长科股权。

身兼长实及和黄主席的李嘉诚，在出席集团的业绩发布会时曾透露，最终会把不少于三分之一的私人财富，捐到他视作“第三名儿子”的李嘉诚基金会，但明言不包括长实、和黄、加拿大赫斯基能源三家公司的股权。李嘉诚8月30日通过发言人重申：“长实、和黄、赫斯基三家公司的股票，无论现在或将来绝不会投进基金会。”除了这三家公司的股票外，其他资产都可以捐出。李嘉诚解释，长实是整个企业的控股公司，和黄是涉及多个范畴的跨国企业，赫斯基能源则是主要核心业务，所以股权不宜变动。他多年来都有投资其他行业股票、债券等，这些资产不少已投进基金会。

事在人为，知识可改变命运

李嘉诚的成功秘诀如待人以诚、知人善任、躬身力行，早已被企业管理界奉为金科玉律，但他能有如此识见又离不开他对阅读和求知的重视。跟他谈商人的社会角色，他会引用司马迁的《货殖传》作解释，强调商业价值与社会价值并不冲突。问他财富是什么，他的答案亦极具智慧，财富对今时今日的李嘉诚来讲，只是数字游戏。如果进一步追问财富的真谛，他却看得很化外，财富本身不能给人带来富贵，只有自然安详快乐的内心世界，才是富贵的，有价值的生命。

李嘉诚谈到，在商的行列里，确实不乏满脑袋只知道赚钱，甚至在道德上有所亏欠亦在所不惜，干出恶劣行为的人，他们伤害到企业本身及整个行业的形象，也有一些企业只懂钻营，并于道德标准和法律尺度中寻找灰色地带。然而，更多的商人却知道今天商业社会的进步不仅要靠个人勇气、勤奋和坚持，更重要的是建立社群社区所需要的诚实、慷慨，从而创造出一个更公平、更公正的社会。李嘉诚说，今天的中国人是幸运的，我们不必像范蠡一样受制于当时的社会价值观，今日我们可以像富兰克林一样建立自我，追求无我。而不是囿于道德说教去建立无我境界。

如今，李嘉诚的重点投资项目包括地产、港口、电信、酒店、零售、基建、生化医药和能源等八大项；投资地点遍及世界五十二个国家，不过，有一些生意套用李嘉诚的话说是“多多钱给我赚我也不肯做，有一些地方是有钱赚也不肯去赚。”在印度尼西亚发生华人妇女大批被奸杀的事件之后，令他即时喝停在当地要进行的一项投资计划；南非尚实行种族隔离政策时，他拒绝到该国投资。他说他选择投资地点，首要是当地的法律对投资者要有保障，而且还一定不能歧视中国人。

> 虽然处身滚滚红尘、唯利是图的社会当中，但是若能保留一点值得自傲的地方在内心处，人便可以生活得更有意义。

这一点做人原则，解释了李嘉诚经常挂在口边的一句话——“傲气不可有，傲骨不可无。”在中国人的社会，从商绝非一件轻松的事，无论事业发展得多大、多么成功，还是有人以不屑的口吻看待商人，仿佛赚钱只是个人之事，与其他人无关，最多只是蚕食他人的利益，更遑论对社会有什么贡献，工作了大半个世纪，而且可以说拥有辉煌成就的李嘉诚，绝对有资格为商人说一句公道话。

根据汉司马迁所著的《货殖传》，商的作用是互通有无，当时他已经为商人受到的不公平对待抱不平，事实上若企业家有好的创意，有好的经营之道，能为国家创造财富，对社会的贡献绝不在他人之下。

不断挑战自我，永不放弃学习，使得李嘉诚在众多的领域里都能进入最高境界。他能够将塑胶杂志上的信息转化为他工厂的主要产品；能够将几台破旧的机器翻新并使之像印钞机一样快速运转；能够及时准确地发现香港产业发展的方向并高屋建瓴；能够熟练地应用股市来进行他的企业扩张；能够精确地计算出一个上市公司的合理股价；甚至紧随全球经济波动确定他在其他地区不同领域的投资。更为神奇的是，他能恰如其分地或者高瞻远瞩地把握世界经济走势的浪奔浪涌。在传统产业里称雄的同时，李嘉诚也能在新经济的海洋里呼风唤雨，揽月捉鳖。在新的科技概念的经济体系中，依然呼风唤雨，引领风气。这是一个远离我们生活时代而又驾驭我们生活时代的现实的实实在在的商圣。

2005 年 9 月 8 日早晨，公务繁忙的李嘉诚，特意抽空三小时，亲临位于麦当劳道的圣保罗男女中学探访，在早会中鼓励全校 1200 名同学将梦想付诸实行，才能获得成功。之后，李嘉诚又与 40 名高年级学生举行座谈会，分享他的奋斗史及成功座右铭——“事在人为，知识可改变命运”，会后学生均表示获益匪浅，感受到李嘉诚对教育的热诚，会更努力读书来报答他。

在没有通知任何传媒的情况下，李嘉诚晨八时许到达圣保罗中学，与学生分享他对年轻一代的期望。他自喻“做梦者”，勉励年轻人要有梦想才会成功，但追逐梦想的过程不应只流于空想，把梦想付诸实行才难能可贵。李嘉诚指他的梦想是希望中国有朝一日能与世界其他发达国家看齐，他指中国人既勤奋又能干，但民族实力和一些西方国家还有一段距离，因此他十分重视教育，相信“知识可改变命运”，办好教育可使中国更富强。

李嘉诚提醒莘莘学子，未来世界的要求将愈见苛刻，勉励同学要终身追求更扎实的知识根基，比别人更努力进取，才能成为非凡出色的人。即将面对高考的中七林同学表示，李嘉诚语重心长的一番话对他有很大启发：“他令我更明白追梦需要实践，我希望入读香港大学土木工程学系，可以实践科学家的志愿，亦可以保障生活。”

以下是李嘉诚与学生的精彩对话：

问：推动您人生前进的信念是什么？您什么都拥有，还要追求什么？

李：我日日都在发梦，就如法国文豪雨果这一句话：“世界有一种比海洋更大的景象，那便是天空；有一种比天空更大的景象，那便是你内心的天空。”我比较幸运，摸索到一条人生的道路，我对生活上衣食住行一切的要求都很朴素简单，只是不停有梦想。

一个人只要不停探索，就自自然然发觉你的天地很大。如果有一天你有成就的时候，能够贡献社会、贡献国家、贡献其他人，你的内心世界会很快乐。

问：您目前有什么目标？

李：太多！太多！所以我自己创立一个基金会，这个基金会将实现我一生做不来的事，会继续完成我想做的事！

问：为何一直愿意做出慷慨的捐赠？

李：我是一个没有童年、没有少年的人。没有童年是因为打仗，没有少年是因为要担家而辛勤工作，所以我深深体会到教育及医疗的重要。我曾经说过知识改变命运，我就是一个例子，我年少时辛勤工作，一有空余时间，便尽量看书、去“抢”学问。我以支持教育和医疗工作为我终身不渝的职志。

问：在商场打滚多年，经历多次风浪，您如何能独具慧眼，快人一步？

李：不断学习，每天增强自己的知识。对于现时的工作，我每天只投入少于三分之一的时间应付，余下的三分之二的时间，我用于探索世界各地最新的动向，基础的准备功夫做得好，当机会一来时，我便可以在极短的时间内——以小时计做出决策。

问：香港的学生应该留在本地升读大学？还是出去深造？

李：香港的大学是好学校，但外面亦有好大学，条条大路通罗马。

问：香港的青少年与新加坡等其他亚洲地区的比较，有何优劣？

李：其实香港优势有不少，而新加坡亦有强项，例如当地有些居民精于英语。但最重要的其实是“事在人为”四个字。

中国人有一句简单的话：“将相本无种，男儿当自强”。其实不对，不单是男儿，是男女都适用的，男女当自强。

2005年11月23日，李嘉诚接受中央电视台东方时空节目组专访：

问：您多年来坚持不渝的奉献精神是基于一种什么样的信念？

答：这个我告诉你真的故事吧，有一个晚上，无端端地就想起来，世事难料，你坐飞机也可以出意外，你骤然之间有个疾病，也可以离开这个世界。所以，整个晚上睡不着，临到天将近光的时候，我说傻瓜，为什么要这么艰难？你有这么多不同的投资，不同的事业，你将这个投资的哪一部分，给了，当你有第三个孩子就行，如果我生多一个孩子，无论男的女的也一样。

你也希望他有事业，也希望他有一个基础，那么，你当基金会是你的孩子就行了。结果隔天晚上，我跟家里人一道吃饭，我就告诉他们了。我说，昨天整个晚上睡不着，之后，其实我发觉，我另外有一个孩子，我的儿子、太太都惊奇了。爸爸你讲什么？他们不讲，眼睛就看着我，不知道我究竟要讲什么。

我说，睡不着，想起来，如果我当这个基金会是我的孩子，什么担心都没有，就是先将投资的资产，放进这个基金。那么，你一点都不要担忧，这个就是，其实也可以说，一种启发，这个在我一生是非常重要的一个决定。

问：我注意到，您长期以来，您和您的集团，已经为慈善公益事业投资过百亿了，那么，很大的成分是放在医疗和教育，这里有您特别的考虑吗？

答：有。其实就医，是一个社会的进步，无论是什么国家，什么政策，就医都是最重要的。就医能够令社会进步，医疗是一种关怀，这个社会如果有进步，有关怀，都是好的。

问：您常年以来，一直在从事公益事业，捐了这么多的钱，那么您认为，这是给您带来金钱上的损失，还是说，您也获得了财富呢？

答：有的人一生之中，虽然非常长寿，但是在这个世界上，社会、人家也没有得到他的益处，那么，他这一生是有一点浪费了。我在这里讲，一个人如果在这个世上，衣食住行都是好的，已经有了这个条件之后，那么，应该对社会多一点关怀，你可以说是义务，也可以说是责任。

问：我不知道，您对教育和医疗慈善公益的事业投入这么大，跟您幼年的一些经历，到底有什么关系？

答：有。有。有一大堆关系，因为，童年我正是一个非常喜欢读书的人，那么，战争失学一年，再一年，两年，非常希望能够念，但是，来到香港，生活的关系，结果也没有继续念书下去，就是马上做事，所以，就感觉到了。

问：为什么没有继续下去？

答：我父亲也有做事，但是，收入是不够支持我去念书，没有能够让我可以继续走进学校念书。因为爸爸的咳嗽，每天晚上，他在咳嗽的时候，也根本没有看过医生，等到他自己知道严重了，才联系公立医院，我们跑进去，他进去医院的时候，也是我陪他进去的。然后再过几个月吧，半年，可能八九个月，就一路都是处在医药不够、经济困难的情况下，结果他去世了。

问：这一惨痛的经历是否令您难以忘怀？

答：这个是当然的。所以，这阶段的经历，给我非常深刻的印象留在脑海里，就是说，如果有一天，假如我事业可以达到跟今天大不相同的环境之下，那么以后要牢牢记住，就医、医疗都是最重要的。

就医来讲，就是我可以讲，我也幸运，怎么样幸运呢？因为在最困难的那一段时间，我一路都是尽量求进步，尽量抢到多一点学问，到今天这么多年来，是没有一天停过的。甚至旅行，我还是带着要看的书。

我一生可以说，有两个非常重要的关键。一个是我十二岁的时候，从一个天真、充满幻想的小孩子，跑到香港，见到另外一个世界，但不是我所希望的这个世界，那么，转眼之间就变为成年了，非常努力，不怕辛苦，充满责任感，这是第一个关。

第二个关应该是我二十七八岁的时候，那个时候，开始离开了贫穷，可以说，以后都不需要做事了，可以退休了，二十七八岁都足够了。

问：每个人都会有自己对财富不同的看法，您怎么看待财富？

答：有的人，你比财富，财富不是单单用金钱来比拟的。

问：那您说，还有什么东西能衡量财富呢？

答：衡量财富就是我所讲的，内心的富贵，才是财富。

问：怎么能够使一个人的内心真正富贵呢？

答：你自己，能够在这个世上，对其他所有你帮助的人有贡献，这个是内心的财富。这个是我自己创造出来的，这个是真财富。因为如果金钱的财富，你今天可能涨了，身家高很多，明天掉下去了，你的财富可以一晚之间，变为一半，不稀奇的事。

当然我说今天、明天这个是几个比喻，是今年、明年吧，但是在变化，只有你做在世上人家已经得益的，这个是真财富，任何人拿不回来。

问：您不仅仅是用您的，不仅仅是用您的金钱财富，来投入公益事业，也是在用您的心血？

答：对，这个绝对我可以讲。我曾经在内地一个公开的场合讲过这个话，因为，最初开始建立汕头大学的时候，也面对很多不同的困难，社会上理解的，当时我曾经讲过，我说，如果教育跟医疗，我拿金钱出来，有人可以跟我达到我的目的，去做得最好，我出钱，他出人，我在后面。

我甚至可以说，如果能够帮助很多很多人的话，在医疗、在教育，你叫我跟他叩头都可以，但是，如果为了赚钱，你叫我，我却未必可以。

今天做这类的事，经济是其次，我投进去的时间跟心思这方面，才是我重要的一部分。其实，这个也花了我不少时间，现在来讲，大概有最少30%的时间，我都是在做公益的。

问：您几十年来从事公益事业，我觉得是件不容易的事情，那么是什么东西，始终能够让您在心里头保持这样一种激情？

答：这个最要紧的就是内心世界，你感到世界上有很多不幸的人，那么你能力做得到的，你这一生应该好好尽心尽力去做。

自己来讲，全公司也知道，我吃的是非常简单，穿的也是简单，吃的、穿的都是这样。

如果让我讲一句“富贵”两个字是不是连在一起的，这句话可能得罪了人，但是其实也有不少人，富而不贵。所以真正的富贵，是用得来的金钱，做我们一点义务。你也可以作为公民，作为社会的一分子，你也有责任，希望这个社会更好、更进步，更多的人可以得到关怀、得到帮助，那么这个社会就进步，更加好。这个是做人的一个原则。等于是要每个人没有什么困难，也不希望人家帮忙，这一点也是做人的道理。所以我就是这样，如果一个人想得通的话，你贵是从你的行为而来。

问：李先生，您能告诉我吗？李嘉诚基金会既然在您的心目当中是您的另外一个孩子，您能向我们描述一下，现在基金会有多大？它是什么样子吗？

答：多大啊？现在还是一个外界不知道的秘密。但可以讲，也应该有相当一个大数位，基金会已经足够可以应付了。同时，我自己定下一个规则，基金会现在已经有的资产，跟它增长的收支是一直不用的。用的，今年它用多少，做多少，捐多少，我是今年一年就还给它。就是它做多少，跟基金会现在有的是完全无关系，在我健康良好的时候，基金会每年捐的钱都是我额外拿出来的。

这个基金会假如今年做十个亿，我放进十个亿给它。那么有一天我真的离开这个世界之后，也是非常稳固的事业。这个将来已经想到五十年后，一百年后，几百年以后的事。因为有的人基金是一年年掉下去，到某个时候，就自然没有了。但是我现在做这个基金会，是每一年都有增长，如果我今天离开了，公益事业应该不少于我今天所做的。

问：您这个心是无限的，它还有一个示范的作用？

答：就是希望如此。我的力量，的确有些杯水车薪，希望能够多一点同道中人，那么他们的力量才是最大的。我自己毕竟是非常小的力量，希望就是说，多一点人，跟我想法差不多，而且比我再好的，那么我们这个社会的进步才会大。如果一个社会有进步，有关怀，这个社会就会非常和谐。

问：您心中和谐的内涵是什么样的？

答：也会理想，充满关心跟爱。一个人，你无论有什么好的用，总有一天要离开这个世界，当你离开这个世界的前一段时间，如果能够快快乐乐地回想起这一生到这个世界上，虽然人家也为我服务很多，但是我也为人家服务不少。还有，我离开的时候，这个影响还是继续下去。那么，你真真正正会快乐的。

“没有原则的人会漂流不定，正确的坐标可让我们在保持真我的同时，亦能扮演不同的角色，挥洒自如；在不同的岗位上拥有不同程度上的成就，就活得更快乐更精彩。”

第四章

加航试飞

L i K a - s h i n g

◀1993年3月，李嘉诚出席汕头第一城项目协议签字仪式。

▲ 2005 年 11 月，李嘉诚在长江中心向加利福尼州州长阿诺·施瓦辛格介绍香港景色。

2003年11月10日，美国《华尔街日报》报道，全球第十一大航空公司——加拿大航空证实，香港长江实业副主席李泽钜将通过其名下的三一时代投资公司（Trinity Time Investments，缩写TTI），出价6.5亿加元（约40亿港元），洽购加航31%股权。这是李氏家族在购买中国南方航空3%股票后，第一次大规模入股航空公司。

入股加航

2003年，世界航空业界最大的新闻莫过于遭受SARS蹂躏苦不堪言的、世界排名第十一的加拿大航空公司由于亏损严重申请破产保护事件。加拿大航空公司已有近七十年的历史，该公司在加拿大国内20多个城市经营航班服务，国际航班服务通达美国35个目的地，欧洲的47个城市以及亚洲、澳洲、墨西哥和南美洲等广大地区，中国的北京、上海每天都能听到加航班机的声音。加航连年遭到“911”、伊拉克战争、SARS和全球经济不景气的多重打击，运营成本上升，亏损严重，终于走到资不抵债的地步，不得不申请破产保护。

据统计，2002年全球航空客运量下降了约20%，有的地区降幅高达40%。2002年全球航空公司的损失总额，扣除利息后几乎是他们前四年的利润总和。《华尔街日报》说，李嘉诚长子李泽钜入股加拿大航空公司，对于加航来说，绝对是抓住了一根救命稻草。在2003年年初还排名全球第十一的加航，自从经历了年中的SARS风波后，已经陷入了严重的财政危机，加航申请破产保护，全力进行内部重组，而加航的股票价格也在2003年3月开始大幅度下滑。

李泽钜是李嘉诚的长子，早已入了加拿大国籍。他自己名下的私人公司——三一时代投资公司，由荷兰银行、长江实业等共同参股。在加航申请破产保护的时候，加航的主要投资人就开始四处寻找新的融资，以解燃眉之急。终于，经过数月的接洽，他们通过代理人寻找到了三一时代投资，双方很快达成了框架协议。经过协商，李嘉诚决定，出资6.5亿加元购买加航31%股权，同时接受加航投资方与加航工会之间达成的协定——加航全额支付1.5亿加元的退休基金款，不过后者的条件是，必须等到公司经济状况好转后再行支付。

李泽钜与加航签订的收购协议还规定，加航的两位执行总裁将各自得到1%的加航股份，约合2100万加元，换取他们留任四年，李泽钜则拥有重组董事会的掌控权，按照规定可指派五名董事列席加航十一人的董事会。也就是说李嘉诚家族将会实质上拥有加拿大航空的控股地位。

加拿大航空公司是加拿大唯一同时经营国内和国际航线的公司，也是世界第十一大航空公司。加航过去三年半来亏损高达26亿加元，是第三家申请破产保护的北美大型航空公司。2003年4月申请破产保护前，债务高达100亿加元。

2003年11月10日晨，加航公司股价在蒙特利尔股市开盘后应声上涨11.2%，达到1.2加元，但距2000年年初的20多加元高点仍差很多。加航很大一部分营运利润来自于加中航空旅游业。据经营加中旅游和加中航线销售第一的加拿大天宝旅游公司叶玉桐总经理介绍，由于加航到中国航班最多，每天十四班次，因此约80%中国游客乘坐加航。仅该公司每年就安排四千余人次内地人士访问美加，包括多次接待了北京、江苏等地赴加参展的百人代表团。另外，从当年12月1日香港时间13时起，加航将开辟一条由香港直飞多伦多的新航班，游客仅用14小时35分钟就能直达多伦多，而多伦多是香港数十万移民加拿大最集中的城市之一，显然是一条最赚钱的航线。对于加航的香港新主人和香港新航线的开通，业界称，“得知加航可能因此而起死回生，我们很高兴。”

2003年4月1日，加拿大航空公司（Air Canada）正式申请破产保护。加拿大航空公司的收购抢购过程充满了兵诡势讹的戏剧过程。同年7月，有13家国际投资机构参与了收购加航的竞争大战，李嘉诚的大公子李泽钜从世界级的众多投资财团中脱颖而出，后经一波三折，最终成为独家洽购方。

2003年5月，德国金融界巨擘德意志银行欲入主加航，是福是祸，加航能否重新打开一片蓝天，留给人们太多的遐想空间。就在这时，在一个多月前收购加拿大航空的最后一轮比拼中落败的美国Cerberus公司卷土重来，其修订后的收购建议，大打债权人和工会牌，十一名无抵押债权人已经向加拿大安大略省法院申请要求重开竞标程序，以考虑接纳Cerberus的新建议。如果那样，则意味着李泽钜对加航的收购方案会被束之高阁。

显然，Cerberus来者不善，善者不来。李嘉诚此前已取得的绝对领先的优势地位岌岌可危，升空计划前途未卜。Cerberus一词，原意是希腊神话中地狱里长着三只头、专吃冥灵的恶犬，而以此命名的Cerberus公司，专门收购濒临破产的公司，然后转手获利离场。他们所做的就是趁火打劫，从一家濒临破产的公司尽快赚取利润。这种说法在某种意义上显然低估了Cerberus所做的事情，他们拥有各种精明强干的投资专才，在改良企业财务、创造利润方面有相当精深的专业水平。在他们的历史上，已经有多个咸鱼翻身的精彩个案。

Cerberus的新建议出手阔绰——以2.5亿加元收购加航11.9%的股权，并向加航提供8.5亿加元的额外融资，较李泽钜提供的资金总额测算高出1.65亿美元。而现时加航的现金总额只有8.93亿加元，还有15亿加元的员工退休金赤字，急需补充营运资金并解决退休金赤字。Cerberus的发起人Stephen Feinberg是一个强悍的人物，他曾经是名列前茅的网球选手、象棋大师和美国军队的一名伞兵，管理着120亿美元的资产，Cerberus这家从事中间市场融资的公司，在过去的五年拼杀中资产几乎翻了一番，在收购财务处于困境的公司并改善其财务方面负有盛名。Cerberus还邀请了加拿大前总理马尔罗尼做顾问，并允诺如果成功，他可以获得加航总裁的高薪职位。

新建议使得债权人入股机会陡然增加，这一决定得到了以德意志银行为首的十一家无抵押债权人的支持，这些债权人共拥有加航5.4%的债权，他们强烈要求加航和法院考虑Cerberus的新建议。对于债权银行来说，钞票的分量是唯一考虑的要素。

加拿大航空公司2002年亏损了4.28亿加元（约合25亿元港元），债务总额高达121亿加元。加航历经几年亏损，累计亏损总额近20亿加元（不含该公司2003年亏损的19亿加元）。加航最近的盈利年份是在1999年，也就是说已连续四年亏损。

加航在2003年年初曾决定通过裁减大批员工和出售部分资产的方式改善经营状况。加航总裁兼首席执行官米尔顿表示，由于亏损严重，公司正考虑出售拥有4000名员工、总部设在加拿大东部哈里法克斯的JAZZ地区航空公司，并出售拥有8000名雇员、从事飞机维修业务的加拿大航空科技服务公司49%的股权。他还表示，加航还将通过裁减人员的方式每年削减6.5亿加元的运营成本。米尔顿解释说，公司雇员的工资和福利约占运营成本的31%，每年超过30亿加元，所以必须采取变卖资产等非常措施削减如此庞大的开支。加航的情况并没有得到改善，负债有增无减，每天亏损约260万美元。市场分析员认为，面对如此困境，加拿大航空公司申请破产保护、实施公司重组、直至卖盘是唯一选择，也是必然的选择。

2003年4月1日，在游说员工接受减薪方案失败后，加航向法庭正式提出破产保护申请。米尔顿无可奈何地称："这是我们最不希望看到而又唯一可走的一条路了。"除此之外，加航管理层还能做什么呢?

加航在向法院提交的破产保护申请书中称，公司目前已筹集了约7亿美元的资金，以维持公司的日常运营的庞大开支。加拿大安大略地方法院接受了该公司的破产保护申请，并允许该公司继续负债运营。加航曾与加拿大通用金融集团达成总值55亿美元的特别信贷协定，包括逾31亿美元定期放款和近24亿美元循环信贷，供加航购买四十三架小型及省油的飞机，以便重组机队，至少在现阶段使加航能够继续运作，待以寻求新的投资者重组加航。

在加拿大航空公司向加拿大安大略省地方法院提出破产保护申请后，李泽钜立即以个人及属下Trinity公司的名义不失时机地发出了收购要约。李泽钜可谓识时务者之俊杰。此举被认为是李嘉诚家族集团首次涉足国际航空业界。当时欲投资收购加航的有十余家世界跨国投资公司，其中不乏国际上最具实力的投资财团，但唯有李泽钜被加拿大人所看好。李泽钜是加拿大公民，他若控股加航意味着加拿大航空公司至少在名义上仍然属于加拿大所有。

李泽钜发出收购要约后不断向外界传言，“我不希望看到加拿大最大的航空公司落入外国人之手，加航是我们加拿大人的航空公司。”其实，李泽钜又何曾不是外国人，只不过是，李泽钜拥有一个加拿大名义的法律公民身份而已。只不过，李嘉诚不失时机地利用儿子李泽钜的加拿大护照身份，释放一个争取民心民意民情的烟幕而已。不少加拿大人也希望，秉承了其父李嘉诚大刀阔斧、雷厉风行经商风格的这位商界精英，能够妙手回春，帮助已陷入接受破产保护状况下的加航起死回生，让加拿大人能够看到自己国家的企业浴火重生，再飞蓝天。

据加拿大报章报道，早于加拿大航空前一年陷入困境之时，李泽钜曾与加航行政总裁米尔顿会面，磋商注资事宜。而这次为李嘉诚父子穿针引线的关键人物，是加拿大华裔商界人士郭李绮华。郭李绮华是加拿大投资公司 Amara 的总裁兼董事总经理，曾担任多家公司董事，现在是加航的独立董事兼管治委员会成员，也是李嘉诚旗下的加拿大赫斯基能源和长江生命科技的独立董事。她担任董事的另一家公司 Telesystems International Wireless，此前三年曾与和记黄埔合资竞投英国 3G 牌照，但其后已完全退出合资公司。郭李绮华在拣选两名候选买家的会议上，基于自己的敏感身份，并没有投票，显示出她本人的专业操守。加航重组部门主管 Calin Rovinescu 表示，李泽钜 2002 年曾与米尔顿通过多次电话，但没有亲自到加国参与磋商，而是透过职员和高盛证券进行。之后，为长实副主席李泽钜穿针引线收购加拿大航空的华裔商界人士郭李绮华为免利益冲突，已经辞去加航非执行董事之职。

李嘉诚为何会看中连续多年亏蚀、负债累累的加航？加拿大经济观察家分析，李氏家族在亚洲有相当的实力，且香港因为有数十万移民与加拿大有着密切的来往。如果由李泽钜入主拥有多条中加航线的加航，有助于进一步拓展加航在中国和亚洲其他国家的航线。

香港前民航局局长乐巩南也称：“根据 1997 香港回归前修订的民航条例，加航像国泰一样，只要在香港注册，便可以向北京、上海、厦门等取得双边航权。”这种说法得到大多数人的认同。

“忍”字功夫

2004年6月28日，李嘉诚再次剖白自己的内心世界：

> 很多时候传媒访问我，都会问及如何做一个成功的商人，其实我很害怕被人这样定位。我首先是一个人，再而是一个商人。每个人一生中都要扮演着很多不同的角色，也许最关键的成功方法就是寻找到导航人生的坐标。
>
> 没有原则的人会漂流不定，正确的坐标可让我们在保持真我的同时，亦能扮演不同的角色，挥洒自如；在不同的岗位上拥有不同程度上的成就，就活得更快乐更精彩。
>
> 更多商人却知道今天商业社会的进步不仅要靠个人勇气、勤奋和坚持，更重要的是建立社群所需要的诚实、慷慨，从而创造出一个更公平、更公正的社会。

李嘉诚的发家致富史，实际在很大程度上是在资本运作支配下的企业收购扩张史，这一过程充满了惊心动魄的场景，充满了激动人心的时刻，充满了变幻莫测的想象空间，充满了出人意料的精彩变局。在李嘉诚主持的每一次庞大的收购行动中，几乎都是采取“软”收购，而且真正做到了虽兵临城下而兵不血刃。这特别表现在收购永高公司、和记黄埔、青洲英坭，甚至收购港灯股权上。李嘉诚的收购行动，始终都是以股东的利益为前提条件，以冷静、合理、双方皆大欢喜为出发点，而进行善意的收购。包括亚视，当大股东明确表示无意放弃控股地位后，李嘉诚便不失时机地宣布退出收购。李嘉诚的每次收购及资本运作，未必都是合情合理的，但绝对是合法的。以诚为出发点，就不会得寸进尺，商业的扩张自然是每个生意人愿意看到的事，但若对对手穷追猛打，可能会收一时战功显赫之虚荣，但从长远来看，会广树敌人，自断退路。

纵横商海几十年的李嘉诚非常懂得“忍”字功夫。只有这样，才能为企业做出最恰当的判断，才能做出最有利于企业转危为机的抉择。

据分析，李泽钜收购加航的资金主要来源于两笔，其中之一是，加拿大赫斯基能源公司2002年度曾取得8亿多加元利润的不菲业绩。公司2003年7月24日宣布，将于2003年10月1日发放每股1加元的特别分红，这意味着李泽钜将由此收到1.5亿多加元的分红。此外，由李嘉诚拥有49.9%股份的香港和记黄埔公司，也将从赫斯基能源公司中分得1.4亿多加元。这种大战略大跨度的谋篇布局，决定了李嘉诚资本运作的大气势大成就大收获。

身处在瞬息万变的社会中，应该求创新，加强能力，居安思危。无论你发展得多好，时刻都要做好准备。

一个超人的存在，成就了显赫伟业的同时，也可能毁灭了多少个凡人的京华春梦。商场上的呼风唤雨也可能动摇了多少个凡人仅有的那么一点儿自尊自信。事业上的举重若轻可能令许多对手，甚至许多合作伙伴无所适从，甚至战战兢兢。这其实不是文明的扭曲，而是财富的祸害。这或许是文明万幸中的不幸，但是人们仍营营役役于金钱之中，甘做孔方兄的奴才，甚至连称兄道弟都不能。这不是文明进化的过错。这不是李嘉诚等人自把自为的过错。这也绝对不是历史的必然的无可选择的过错。这只能是现实的无可回避的必须时时面对的差错。用一个不太时髦的说法，是一种社会异化。或者，人性的嬗变。从一个时代一种文明中超拔而出，也必须有效地引导其积极健康的因素，否则为其反噬，成为人不能理解，不能明白，甚至在许多方面不能接受的异类。是的，李嘉诚确实在很多时候很孤独。甚至，没有一个可以容纳自己的独立的空间。

你争我夺

在这次收购加航一役中，李嘉诚完全胸有成竹，表面上看来，抱定一个并非志在必得的心态，疏于周旋，不慌不忙，不徐不疾，不卑不亢。其实，却是精心算计，瞻于前顾于后，前面所讲到的李泽钜不断强调其加拿大身份，便是赢得加航员工接纳的烟幕弹。其实，李泽钜心里比任何人都更清楚，按香港人的说法，以李氏家族的身家实力，如果已下定决心收购加航，有没有这笔分红，恐怕都不会影响他们的决定，因为这次收购行动大约只需动用不到7亿加元，这笔款项对于李氏家族来说还不至于是财政负担。

在初期参与收购加航的竞争队伍中，有来自美国纽约的亿万富翁索罗斯，还有国际银行业巨擘德意志银行（DEUTSCHE BANK AG）和美国花旗银行（CITIGROUP INC.），后两家金融机构持有加航42亿加元银行和债券债务的三分之一以上。由于美国著名投资家索罗斯的出面，这些国际投资公司为投资控股加航股份而展开的竞争异常激烈。索罗斯及其属下的基金管理公司（SOROS FUND MANAGEMENT LLC）早先试图以7亿加元现金融资换取超过25%加航股份的投资计划，试图一举击退其他几个投资集团。不过，由于这些现金要转换为加航在摆脱破产保护后新发行的股票，现有加航债权人担心他们自己的债权被转换为新加航的股份时会吃亏，由此而来，索罗斯的投资计划由于遭到众债权人的反对而少了吸引力。当然，主要还是众债权人对以投机为目标的索罗斯不放心。

由此看来，在此次国际投资机构进入加航最后股份竞投阶段后，据称最合乎加航未来重组理念的仅剩下了两家公司，即李泽钜的私人公司（Trinity投资公司）和总部设在美国纽约的Cerberus资本管理公司。美国Cerberus资本管理公司实力颇佳，2004年初与股神巴菲特在争夺一家公司的收购大战中，一举击败巴菲特，被美国媒体称之为多年以来美国企业并购案例中不多见的“最漂亮的战役”。 Cerberus管理的资产高达90亿美元，而且专门向资产值低残面临破产的公司出手。

加航总裁米尔顿说，加航认为，Cerberus资本管理公司及李泽钜所提出的投资建议，乃与该公司成功摆脱破产保护令，以及推行日后商业计划的要求最为吻合。问题是，作为资产管理公司的Cerberus资本管理公司，显然是一个投资多过经营的公司，收购加航，只不过是其资本运作的一个手段，最终的结局依然是包装重组后的出售，因此，接受Cerberus资本管理公司的收购建议，对加航来说，只是暂时摆脱经营困境，加航未来依然面临着再为人妇的盲婚哑嫁的许多不确定因素。加航的未来命运，依然是一个不定的变动中的未知数。

加航表示，这两份建议书均已顾及海外资金不可以拥有该航空公司超过25%投票权的法律，所以现行条例不用修改就可完成重整。其他的债权人有权以Cerberus资本管理公司或李泽钜所获得的相同条件，购买市值超过3.5亿加元的股份。这些发售给新投资者的股票，最多可达总数的六成。另外，加航还可以运用余下的股票来偿还没有抵押的债权人。这些无抵押债项高达100多亿加元。

米尔顿表示，事态的发展表明，加拿大航空虽然连年出现亏蚀，而且在申请破产保护令之后已陆续出卖了很多资产，但在投资者眼中仍然有极具诱惑力的投资价值。他说，能够吸引到当今全球金融界中一些资金充足且富经验的投资者的兴趣，反映出加航继续发展的商业规划，以及加航经营权所应有的价值。

2003年11月8日，加拿大航空公司经董事局研究后宣布，同意李泽钜以私人名义出价6.5亿加元（约合4.85亿美元）的投资计划，取得加拿大航空公司31%的股权，协定还包括提供4.5亿加元认股权予德意志银行为首的债权人，李泽钜由此将成为加航公司最大单一股东。

对于李嘉诚来说，结果看起来相当圆满，或者说至少已经呈现出圆满的态势。李氏家族两家上市公司现持有南方航空1.6%的股权，而这次收购是李氏家族进军国际航空业的一个大手笔。这是一桩非常划算的买卖。总是事后诸葛亮的人们，酸溜溜地这样说到。

李泽钜透过其私人控股公司TTI注资6.5亿加元，取得加航重组后31%的股权，成为加航的单一大股东。加航向其债权人发放新股抵债，债权人可以与投资人同等价格购买由德意志银行包销的价值4.5亿加元的新股。整个集资计划涉及约11亿加元。根据收购协议，李嘉诚虽然只有31%的股权，但拥有49%的表决权，有权任命董事会十一名董事中的五名。李嘉诚与任何一方联手，就可取得加航的控制权。其实，无需联手，李嘉诚已经可以实质性地控制加航。

业内人士分析，加航飞往亚洲地区的航线基本上是赢利的，如果把飞往亚洲的航线经营得再好一些，公司有望短期内扭亏为盈。而亚洲航线，特别是中国航线，毫无疑问是李嘉诚的强势所在。这也是这次加航花落李家的最主要原因。商场从来都是这样现实。

这次收购可以说是20世纪80年代李氏家族入主加拿大赫斯基石油公司的翻版，当年赫斯基石油濒临破产，和黄以低价购入，终于起死回生，并成为李家在加拿大的最大投资项目。法院指定的监管人安永会计师事务所的报告指出，加航之所以选择李泽钜，主要原因是李泽钜拥有加拿大身份。这令他在竞购加航时占了上风。因为加拿大政府规定，非加拿大籍的投资者投资加航，其占股不得高于25%。而李泽钜显然可以不受此限。

然而，不甘失败的 Cerberus 资本管理公司卷土重来，又交出了一个新的收购建议，要求加航董事局重新考虑他们做出的新决议。Cerberus 宣称，他们愿意出 6.5 亿美元的价格收购加拿大航空公司，这一价格比李泽钜同加航达成的收购协定中规定的收购价整整高出 1.65 亿美元。加航的一些债权机构也在同一时间表示，它们同意纽约的这家投资公司重新提出的投资建议。一时间，加航何去何从再次成为世界上财经媒体关注的焦点。

据媒体报道，德国银行和加拿大航空公司的另外十余家债权机构纷纷表示，它们将投票反对加航把 31% 的股权出售给李泽钜的 TTI 公司，理由是美国投资公司的出价更高。虽然加拿大司法机构已警告 Cerberus 资本管理公司，不得事先向加航的债权人提供新建议的具体信息，但有报道报料，Cerberus 资本管理公司的新建议是用 2.5 亿加元收购加航 11.9% 的股权，同时再向加航注资 8.5 亿加元。

志在必得的 TTI 公司随即发表声明，指 Cerberus 资本管理公司此举是不适当地干扰加航的重组进程，而且不符合加航、其雇员和旅客的最佳利益。李泽钜更是强调 Cerberus 此举显然是依靠其资本运作的手法试图推高加航名义资产值，以期成为未来抛售加航的铺垫。打蛇打七寸，李嘉诚此招着实将 Cerberus 一棍子打死。因为，加航一旦落入 Cerberus 之手，未来究竟会再次倒卖给谁，无人能知道。TTI 公司将维护注资加航的立场，且期望加航、股东及法庭尊重整个过程的完整性及重要性的基本精神。

不列颠哥伦比亚大学的航空业分析人士欧姆认为，加航与李泽钜的交易不会改变。因为李泽钜的加拿大公民身份及其经营考虑使得他在同 Cerberus 资本管理公司收购倒卖策略的竞争中，占有明显的优势。加航在面临选择的时候，面对经营与炒卖，自然而然地会理智地选择前者。欧姆称，不但加拿大的法律不允许外国人拥有加拿大任何航空公司 25% 以上的股份，而且加航自己也不希望由外国人控股，更不允许外国人炒作加航。

加拿大安大略省破产法庭后来甚至专门听取了加航与李泽钜达成协定解释。安大略省破产法庭的法官认为，让收购方重新竞争的过程不利于加航尽快重整，尤其不利于加航员工的基本利益。何况美国的投资公司已两度变更出价，没有人能保证它今后不再出尔反尔，再有第三度出价。

长远来说，投资公司也不能确保公司的有效运作及员工的基本福利。安大略省破产法庭最后裁决由李泽钜取得加航31%的股权协定有效。根据该协定，加航将运用李泽钜注入的现金、出售资产所得的资金，加上或将分拆旗下维修分支所得成立收入信托，重整加航资本。如此一来，曙光再现的加拿大航空公司重新规划了2004年的航空布局，2004年初还专门订购了90架耗油量较低的区域客机。

一波三折

李泽钜与加航达成的投资计划的核心内容是，李泽钜投资加航后将拥有加航董事会的控制权，投资条件是，加航员工必须放弃拥有15亿加元赤字的福利计划。也就是说，加航雇员在职工福利计划上必须做出应有的让步，才能换取李泽钜的投资。

加航共有七个行业劳工分会组织。在达成初步的投资协定后，李泽钜与加拿大航空公司各行业分会组织之间一直就员工福利问题进行磋商，但始终未能达成协定。有些工会组织在某些方面同意做出些让步，有些工会组织则表现得非常强硬。加航工会对于李泽钜投资计划不满之处在于，李泽钜的投资计划没有谈到如何合理解决加航员工15亿加元的福利赤字问题。加航工会代表声称："当就收购协定进行谈判时，必须要保证所有人都获得同等的对待。好的协定必须保证各方平等。对于任何忽视员工利益的收购协定，加航工会都将会向法院申请禁止令，阻止收购行动实施。"退休金问题成了李泽钜投资加航计划的一个关键障碍。

2004年2月5日，李泽钜的TTI公司在与加航工会组织谈判退休金问题后表示，TTI深信加航可以摆脱破产保护令，成为朝气蓬勃和成功的民航公司，为所有员工带来极好的机会。不过，假若存在一个无法控制无法负担的退休金计划，这一情况将不会实现，尤其是主要的国内竞争对手West Jet并没有为员工提供如此丰厚的退休金计划。

收购加拿大航空公司的计划一波三折，再现阻滞困顿。好在李泽钜成竹在胸临危不乱。李泽钜不失时机强硬宣布，如果加航工会不在员工福利问题上做出让步，他将不得不放弃收购。敲山震虎，以退为进，软硬兼施，逼其就范。

战争要取得胜利主要靠奇兵的突然袭击。《孙子·势篇》指出："凡战者，以正合，以奇胜。"奇兵的出击要不断变换花样，正如孙子所说："善出奇者，无穷如天地，不竭如江河。"（同上）只有这样才能使敌人防不胜防，无法应付，从而取得重大的战果。进行投资活动，也要"善出奇"，才能不断拓展业务，使盈利迅速增长。

代表加拿大航空公司1.1万多名后勤维修人员的工会定于4月12日由全体会员投票决定，是否接受一项与李泽钜达成的临时协定。这项协定的中心内容是，工会在职工福利计划上做出让步，换取李泽钜投资加航，使得加航免于破产。然而，加航工会主席指责工会的谈判代表未经授权就同李泽钜签署了临时协定。但工会的谈判代表贾莱特表示，应该让全体工会会员自己决定未来的命运。贾莱特说："员工们确实希望自己有权做出决定，在最后期限之前，员工将决定是让公司破产，还是共创加航的未来。"不过，贾莱特又说：俄国有句谚语，叫做"只要众人齐心协力，再大的萝卜也能从泥土里拔出来。"

双方在过去两个月一直就此磋商，但始终未能达成协定。而法院发出的破产保护令2004年4月1日到期。加航为争取更多谈判时间，向法院申请把破产保护令延长一个月，但法院只批准延长十五天。到4月15日，如果没有投资注入，加航将不得不正式宣告破产。

航空业分析人士麦克亚瑟认为，如果李泽钜放弃投资，加航不可能在4月15日之前找到新的投资人，那么破产将不可避免。麦克亚瑟说："我认为，许多人没有认识到加航已面临破产的严重的实时危机，而李泽钜是位诚心诚意的投资者。我认为，如果没有满足他的要求，他可能会毫不犹豫地放弃投资。"因为，李嘉诚的投资从来都没有非买不可的古董心理，亦从来都不缺乏投资目标。

李嘉诚手中的这笔钱并不是一定要用来购买加航股权。李嘉诚声言放弃收购，不过是强硬立场的障眼法。只可惜，这班洋人并不是个个熟读中国兵书。麦克亚瑟相信，加航员工会在究竟是减少福利还是失业之间，在短期内必须做出明确明智的快速选择。他认为，如果加航真的破产，那么短期内，将使加拿大民众和来往于加拿大的旅客，面临无飞机可搭的断航困境。就算暂时未宣布破产而这样持续拖延，这一市场也很快会被加拿大的其他航空公司或美国的航空公司填补蚕食。到时加拿大航空公司想不死都难。

加航高层则表示，TTI忧虑现时推行的界定福利退休金计划发展下去对公司带来的波动。TTI 一方面确认会全面支持处理 15 亿加元退休金赤字的拨款建议，但另方面要求把退休金计划改变为界定供款性质。界定供款的退休金计划在预算方面较容易应付，而界定该等福利的退休金在投资失利时，成本可能变得昂贵。即问题不在退休福利的多少，而在于这种福利必须是可以控制的，可以核算的，而不是任意放大的无底洞。否则，届时工会狮子口大开，随时要挟罢工，李家的龙鼻子岂不被这班洋人牵着走？

加航表示，TTI 的计划不会影响目前已经退休的员工，此外，年龄与年资合计达到六十或以上的员工可以选择继续保留现行的界定福利退休金计划。可见，李嘉诚在收购过程中，处处体现了东方式的人情味。当然，你也可以理解成纯商业的分化瓦解，各个击破的战术。TTI 亦建议，在为期五年内渐进分担若干雇员的福利成本，以及当成功公开招股之后，给予每名加航员工一笔“慷慨的花红。”

不过，有五个工会组织表示，已经通知 TTI，他们不会接受原有退休金制度的任何改变，并警告加航高层在“法律上不能够”做出任何更改的建议。加航工会组织指出，在 2003 年的协商中，工会已经做出巨大让步，使加航每年节省 10 亿加元的开支，而作为交换条件，新股东应该保持原先的雇员退休金计划不变。工会组织表示，将会采取一切所需的步骤，确保公司为所有员工维持界定福利的退休金计划。看来，加航工会的智商不低，他们知道放下身段讨价还价是对他们利益的最大保障。

李泽钜与加拿大航空公司协定中最具争议的还有，加航总裁米尔顿及公司管理总监罗云斯库分别可以在今后四年内获得约 2100 万加元的花红，而这个安排是有关协定中最受争议的事项。加航工会组织纷纷表示“NO，NO。”工会组织认为，在上述两名加航高层职员所推行的重整计划之下，这些工会的会员需要减薪，更有数以千计的人失去工作，甚至搞得该间公司面临破产的边缘。而他们则趁火打劫，卖身为荣，获取高额花红，况且，加航落得如斯地步，两人焉能逃脱干系。这显然是强取豪夺，是对加航的敲诈，是对员工的盘剥勒索与侮辱。加航工会更扬言要在破产法庭挑战这些花红安排。一些加航的长期投资者眼见本身所持有的股票已跌至几乎一文不值，与此同时，另一些债权人也只能取回部分的欠款，这些人也不失时机地发出了怒吼。

加航公司管理中心主席费利表示，正当投资者及员工受到损害之际，增加高层人员花红无助解决问题，只会火上加油。他相信，预先给花红予公司高层非良策，这尤以要求员工做出牺牲为然。而米尔顿则在一份备忘录中向加航员工“幽默”地表示，获得加航新股东李泽钜提供红花挽留，他感到荣幸，他本人乐见这样的安排，并愿与员工共同努力，重振加航。米尔顿称，李泽钜方面开出投资的条件是要他本人及罗云斯库留任，推行未来加航重整计划，这些花红也只相当于总股份的1%。以李泽钜投资6.5亿加元而获得31%股权计算，1%相等于2100万加元。而工会方面则表示，这些股票可能下跌，但也可能上升三倍，达到6000万加元。

据分析，李泽钜分千万花红挽留加航总裁米尔顿及公司管理总监罗云斯库留任四年的计划，是导致工会拒绝就裁减退休金方案作进一步让步的导火索。他们确实不理解李泽钜为什么厚此薄彼，劫贫济富？加拿大媒体认为，李泽钜之所以出高价挽留加航两位执行总裁，是因为今后主要靠他们帮助完成重组加航的重任。显然，香港与加拿大不仅万水千山，而最重要的是隔行如隔山，兼且鞭长莫及，需要有熟悉加航内部管理与外部运作的人士才能推动加航重上蓝天。在这个问题上，李泽钜所显现出来的高超的经营眼光，秉持并体现了乃父李嘉诚的超人作风。李嘉诚早年收购和黄等公司，亦是留用老臣子，待其一切运作畅顺后，再慢慢锲入操作。

2004年4月7日，加航重组管理总监罗云斯库眼看欲到手的花红落空，扬手而去。到此为止，李泽钜与加拿大航空公司行业工会组织的谈判全面陷入僵局。加航后勤维修人员工会谈判代表贾莱特表示，应该让全体工会会员自己决定未来的命运。

李泽钜于2004年3月发出警告称，倘若退休金的问题在是年4月30日之前仍未解决，将会放弃投资计划。不过，工会方面对这个限期不以为然，甚至不屑一顾，嗤之以鼻，依然认为是李家玩弄惯常的虚张声势的谈判伎俩。代表李泽钜的加拿大律师向法庭递交了信件，信中称，如果12月8日法院不批准李泽钜的注资，李泽钜就不得不退出收购。之后，该律师在其他场合又强调，李泽钜扬言退出绝非戏言。因为李泽钜不会做不惜代价孤注一掷的事。李泽钜退出交易并无任何重大损失。李嘉诚的资金不会没有投资的管道。

无论所说的退出是否纯属姿态，这一绝地反击事实上非常有力。相比之下，加航董事会似乎更为不安。加航工会也有点忐忑心虚了。一旦李泽钜退出，而

Cerberus 承诺的资金又不到位的话，加航将不可避免地被清盘。而且，李泽钜对现在的管理层大打亲善牌，并许诺现任总裁和副总裁各获重组后 1 %的股权以及高额花红，但在 Cerberus 的新建议中，这些名目都没有。

加航董事会称，Cerberus 违反了夏天它参与竞标时签署的机密协定中的有关条款。李泽钜的律师则指责对方违反了由法院主导的竞标规则，说这是在干扰加航的重组。按照该条款，不能公开收购意向书的细节，而如果 Cerberus 要求法院公开讨论其新收购建议，就是违反该规定。

加拿大安大略省法院委任的监护人，安永会计师事务所在考虑了美国 Cerberus 资产管理公司的新建议后，仍然在 12 月 2 日晚建议安大略省法院，应尽快通过以李泽钜收购方案为基础的重组行动。加航与李泽钜的收购协议规定，必须在 12 月 20 日前取得法院批准才能生效。

加航董事会表示，Cerberus 的新建议被法院通过的可能性不大，他们相信李泽钜的注资承诺比较可靠。另外，加航工会组织面对李泽钜咄咄逼人地削减福利计划称，更换新控股投资者势在必行，这里毕竟是加拿大，而不是亚洲，更不是香港，忽视工人的利益在这里是万万行不通的。

事实上，加航汽车工人工会组织早已入禀法院，要求法庭废除 2004 年 1 月 16 日批准李泽钜成为加航股东的决定，他们认为强逼加航违背先前达成的协定是“废掉”李泽钜的最充足理由，因为他们无法容忍李泽钜在收购加航过程中的居高临下颐指气使，强买强卖。加航汽车工人工会组织表示，应该把较早时遭加航淘汰出局的其他几个投资集团请回来，给他们再提供一次考虑投资加航的机会，以增加工会讨价还价的机会。并满腹牢骚地称，加航员工不是任人屠宰的羔羊。

2004 年 4 月 2 日，加航的破产保护截止期（4 月 15 日）前夕，TTI 投资公司断然单方面向媒体公开宣布，即日起撤销该公司入主加航的投资计划。TTI 投资公司表示，虽然 TTI 投资公司在收购加航过程中对员工福利考虑良多，照顾有加，无奈收购并非公司一厢情愿所能够完成，由于种种因素造成阻滞，但更多的是加航工会在退休金计划上没有做出令人心动的重大让步，因此，TTI 投资公司被逼宣布此项决定。

TTI 投资公司宣称，允许加航寻求另外的投资者。不过，TTI 投资公司最后仍未忘记不要把门关的太死，为而后转寰预留相当大的空间，“若加航和雇员工会愿意考虑并接受他们善良的建议，TTI 或许仍有兴趣并可能参与加航的重整计划。”

眼睁睁看着上千万加元的花红付之东流，加航总裁米尔顿先生不无悲哀地表示，他对李泽钜将会改变放弃对加航注资的决定仍然抱有强烈希望，并抱有好大信心。米尔顿对加航工会组织领导人说，加航需要的是一个可靠的、长期的投资经营者，而不是那种期望对宣布破产的公司投资、以在短期内炒卖获利的投机性公司。也许，这正是问题的症结所在。

加航汽车工人工会主席夏格夫则表示：“李泽钜若退出，正是求之不得的好事，如果李泽钜不参与，其他加拿大人会有兴趣，也不会逼迫工会破坏退休者的福利。”更有人大不敬地戏言，目前唯一可行的办法是：“李泽钜先生还是先让大西洋的海风把头冲洗清醒后再回来谈吧。”意气用事于事无补，不能解决任何问题，仅仅靠空气和口水是烤不出面包点心的。面临着随时破产失业的困境，这班工会大佬还在这里趾高气扬色厉内荏地耍威风。

一名接近 TTI 投资公司的消息人士称，李泽钜此前已多次被加航工会领袖“羞辱”，这也是李泽钜拂袖而去的一个诱因。2004 年 3 月 5 日，一个工会领袖就曾对 TTI 投资公司的人说：“你叫你们那位香港亿万富翁将钱拿走送到中国去修长城吧。”如此说来，李泽钜最终还是被加航的工会组织很不客气地逐之门外。

李泽钜由于与加航工会组织就削减福利赤字计划难以达成共识率其旗下公司拂袖而去以后，加航一度陷入前途渺茫的境地。加航公司高层与工会组织的谈判也一直在马不停蹄地进行中，并伺机寻找新的投资者。

2004 年 4 月底，德国金融界巨擘德意志银行（Deutsche Bank）表示，可有条件地向处于破产边缘重整之中的加拿大航空公司注资 8.5 亿加元，其条件之一是，加拿大航空公司必须在今年 9 月 30 日之前完成公司重整。对加航工会提出的条件是：首先，工会必须在以前达成的各项削减福利的基础上再设法为加航减少成本 2 亿加元；其次是必须在尚未解决的劳资争议问题上做出妥协或是放弃抗争。

此外，通用公司的金融分公司亦表示，如果工会不愿让步，与德意志银行的交易失败，该公司只好取消贷款予加航的计划，原本该公司已决定提供加航 18 亿加元资金来添购全新的客机。

工会已经别无选择，唯有放下身段，翘首以待那位香港亿万富翁把钱送来，因为他们别无选择。因为他们要吃饭，无论如何，此时此刻腰杆难以硬起来。工会终于明白，不是李泽钜一人针对他们，而是所有的投资者及债权人，都一致认为养得他们脑满肠肥的福利待遇，确实太过优惠了。

天时不如地利，地利不如人和。分析家认为如果加拿大航空公司此次错失良机的话，很难再找到合适的投资者，加航将面临彻底解体的危险。在和德意志银行的交易中还包括加航无力支付的12亿加元的退休金计划，该银行承诺参与支付这笔费用。除此之外，加航在消除退休金赤字方面，也获得联邦政府由原本五年延为十年的核准（根据加拿大现行法律规定必须在五年之内偿清），这使得加航原先或会遭到清算的岌岌可危之势，总算得以解除。德意志银行为此次投资计划订下了一个严格的摊牌截止期，并威胁说，如果加航高层无法说服工会组织达到削减福利，节省开支的目标，将放弃对加航的投资。

加航管理层与各个工会按照德方的要求随即展开了艰苦的马拉松式的苦口婆心式的谈判。5月18日，对新重整方案意见最大的加航汽车工人工会领袖夏格夫在记者会中表示，去年已经向加航让步1.64亿加元的减薪额，裁员2000人，加航在近期与他们的谈判中忽视了这些让步，加航高层实在是得寸进尺。新重整方案要求加航汽车工人工会再做出4500万加元的让步，但工会只愿接受1830万加元的让步，由于双方在削减劳工开支方面意见极度分歧，在认知上相距甚远，谈判再次陷入僵局。加航的前途及工会员工的钱途再次划上了一个大大的问号。

这时，加航工会才开始紧张起来，问题看来并不像当初自己一厢情愿那样乐观。夏格夫指出，资方所开的条件过于苛刻，工会无法同意将会员年薪每人平均削减1万加元的要求。加航汽车工人工会是唯一不愿妥协的工会，其余的工会在这之前已与加航取得共识。据当地媒体分析，夏格夫最终在公司做出某种象征性让步之后会接受协定，夏格夫将表现出他为工会成员尽了最大努力据理力争，如果最终不接受新的合约将把加航公司推向破产，届时公司与员工一拍两散，这是谁也不愿看到的。

5月20日，加航公司高层终于与最后一个工会达成了临时协定，从而避免了加航破产。据悉，为了避免加航破产，加航劳资双方都做出了众多的实质性让步。加航决定年内削减总值1864万加元的工作岗位和薪金，米尔顿也在被减薪之列。米尔顿自 2003 年 7 月 1 日起减薪 5%，年薪减至 92.8 万加元，其他管理高层平均减薪 2.5%，到 2004 年年底前加航将裁减不少于 250 个管理层的职位。加航汽车工人工会同意接纳总值 1.755 亿加元的薪金及福利条件而达成临时协定后，米尔顿于 6 月 1 日正式宣布了上述削减开支措施。

据称，本次达成的节省经费计划比预期的 2.053 亿加元超额完成，原来预期来自工会方面的开支削减 1.899 亿加元，现在整体节省了 2.078 亿加元，而工会方面就削减了 1.9 亿加元。加航总裁兼首席执行官米尔顿随后表示，对于加拿大最大航空公司的前景充满信心，他相信加航的员工会在究竟是减少福利还是失业之间做出非常明智的选择，加航一定能够达到每年削减劳工成本 11 亿加元的目标。米尔顿称，有鉴于李嘉诚的全球化事业做得很成功，加航希望借此机会在他的参与和协助下，进一步发挥加航的真正潜质。

历经一年多的坎坷，加拿大航空公司资方与加航劳工组织最终全部达成了协定，但加航前途仍然充满荆棘。在加航公司规模缩小的情况之下，如何增加收入，从其他竞争对手夺回客户，及提高雇员职业道德水平，缓解多年积累的劳资关系对加航高层来说都是十分严峻的课题。

如果无法改善服务以及按计划削减开支，加航有可能再次陷入财务危机。加拿大麦基尔大学商业学教授莫尔表示，加航是否能够盈利，在竞争中生存下来，仍是个未知数。据分析，世界上其他航空公司在脱离了类似加航这样的破产保护状态之后，也满以为前途一片光明，但最后仍然又转回到破产法庭上去。

加拿大皇后大学商业学教授雷德表示，在航空业，例子不胜枚举。雷德称，虽然米尔顿能够带领加航走到这一步值得赞赏，但在目前情况之下，尚不能说可以高枕无忧。比如说，美国第七大航空公司美国航空公司（U.S.AIRWAYS）在削减年度开支 20 亿美元之后，于 2003 年初脱离破产保护状态，削减开支计划包括大约 10 亿美元的劳工让步协定。但在一年之后，这家公司要求雇员再接受 10 亿美元的让步条件，以便使公司能够生存下来。2004 年 4 月，该公司总裁暨行政总监被迫辞职。美航由于一再要求雇员让步，劳资关系极其紧张。

加拿大多伦多大学教授迪克鲁兹指出，即使美国航空公司一再要求雇员妥协，仍然未获成功。莫尔指出，做比说更加困难，因为进一步要求雇员在削减劳工成本上妥协将激怒员工；而公司又需要雇员保持高昂的工作热忱，善待客户。莫尔称，航空业从本质而言属于服务行业，如果雇员牢骚满腹，热情不高，将无法保证服务质量。与此同时，加航必须将重整过程之中失去的客户争取回来。迪克鲁兹认为，经过连番争拗，客户对于加航的信心已经受到严重损害。

市场人士认为，其实SARS并不是加航濒临破产的主要原因，最多只能是个诱因或导火线。早在2001年8月，加航就因为出现1.08亿加元的巨额亏损，宣布解聘7500人。谁知，7500人还没有解聘完，就爆发了“911事件”。从此，加航陷入了长达连续四年的巨额亏损，四万名雇员半数以上都已经离开了公司。

对于加拿大的投资，李氏家族最早在20世纪60年代就有所动作，其投资范围包括酒店、地产、石油及证券等，其中赫斯基石油最令人瞩目。《华尔街日报》认为，加航这个时候的股价已经大大缩水，与净资产价格相差无几。所以说，李家的这个投资是十分划算的。对于李家参股加航，分析人士还表示，此举给加拿大的经济、就业都带来一定好处，具有实质的正面意义。加政府的一些官员更是对李泽钜赞誉有加。

退出

李嘉诚此次的收购加航事件，则是李氏帝国在航空业上最大的举动了。李嘉诚的投资策略往往是寻找一些被冷落的行业，在其处于低谷时买入，然后一直持有，直至其他投资者开始对该行业感兴趣时，卖出获利。

加拿大航空公司的总部位于蒙特利尔，自2003年之后的三年半内，该公司共亏损26亿加元。由于受经济放缓、伊拉克战争及SARS疫情爆发等不利因素影响，航空业客流量骤减，该公司不得不申请破产保护。代表TTI公司及李泽钜的发言人则表示，公司将与加航共同完成其重组工作，并立志逐步把加航重建成为全球航空业界的领头羊。

此次收购令人想起赫赫有名的赫斯基石油收购案。20世纪80年代末，在加拿大帝国商业银行的撮合下，李氏家族及和黄通过合营公司Vnion–Faith投资了3亿港元，购入加拿大赫斯基石油公司52%股权。当时世界石油价格低迷，石油股票处于底部，而李嘉诚看好石油工业，因此做了一笔很划算的交易。这是当时李嘉诚跨国投资的最大手笔，也引起香港工商界的骚动。其后，李嘉诚不断增购赫斯基石油股权，直至个人拥有46%。同时，李氏不断对公司进行改组，通过收购合并，成功将业务由亏转盈。其后，李氏趁赫斯基业绩有好表现，顺势在加拿大借壳上市，令集团从中获特殊盈利65亿港元。

在20世纪80年代的全球化热潮中，李嘉诚抓住机遇，在加拿大、英国、美国奇招百出，令人叹为观止。而加拿大，则是李嘉诚的海外投资重点。李氏家族成了加拿大的投资英雄。据悉，仅李嘉诚一人，就为经济面临衰退的加拿大，带来一百多亿港元巨资。每每李嘉诚出现在加拿大会所，驻港的加国官员及商人，便把他众星捧月般地围住。

李氏家族在加拿大投资已有相当历史，而且投资范围也非常广泛。李嘉诚是在20世纪80年代中期，大举进军加拿大的。在大规模行动前，李嘉诚已在加拿大小试牛刀。1977年，他首次在加拿大温哥华购置物业。1981年，李嘉诚在美国休斯敦，斥资2亿多港元收购商业大厦；同年，他再次斥资6亿多港元，收购加拿大多伦多希尔顿酒店。在短短数年中，李嘉诚个人或公司，在北美拥有的物业有二十八幢之多。并以32亿港元投得1986年温哥华世界博览会会址一块204英亩的黄金地段。除地产及赫斯基石油项目外，在金融业，李氏还拥有加拿大帝国商业银行及投资银行Gordon Capital。

有业内人士表示，李嘉诚拥有强大的国际资本运作能力，对加拿大的经济社会环境相当熟悉，在加拿大投资的经验也非常丰富，亦非常认可加拿大的投资环境，同时加拿大的华人人口与日俱增，对航空服务的需求不可小视。因此，从加航的角度看，特别是加航以主打中国航线为盈利目标的特殊情况下，选择及时雨李嘉诚更可能形成双赢局面。分析人士认为，李氏家族此次入股加航，也是时机最佳的时候，相信这个投入会给李家带来不菲的收益。

李氏家族的成功，主要并不是由于其家族式的管理。恰恰相反，正是跳出家庭管理的公司制，才是不断提高产业层次，推进产业合作，扩大产业规模提升产业效能，实现跳跃式发展的重要因素。

李氏家族的长江实业从开始募股，进而上市，成为社会公众性公司，已有数十年之久。现在李氏控股八家上市公司，在经营管理方面，发生了三大变化：一是由传统的资产所有权和经营权同一的家庭管理，向两权分离的公司制管理转变。董事会集体决策，总经理负责日常管理，已形成一种不依赖单个人的运作制度。

二是高薪聘请高级管理人才，包括上市公司总经理、非出资人担任的独立董事，以提高公司的经营决策水平和管理效益。李嘉诚资产庞大，经营项目林林总总，如果不是旗下不乏业务专才和管理专家，单凭其父子三人，是怎么也管不过来的。更何况从传统的产业层次转向以高科技为主的新型产业，更加离不开学有专才的科技精英。舍得出高薪借用外脑，是李嘉诚家族资本得以蓬勃发展扩张的要诀。

三是积极谋求向社会资本开放，这是李嘉诚家庭资本迅速扩张的重要途径，也是连续成功创造投资神话的关键因素。过去，一些华人家庭企业不愿意与人合资，更不愿意上市融资，主要是怕别人会来分享企业利润，肥水流向外人田。

入股加航所显现出来的投资意义在于，李嘉诚家庭作为昔日传统产业的代表，以自己的成功实践提供了由旧经济向多元化的新经济转型的典范。

然而，事件却出人意料地走向人们视野的另一方面。2004 年 4 月 4 日，李泽钜私人公司表明，将中止向加拿大航空注资 38 亿港元拯救该公司的计划。李泽钜私人持有的 TTI 称，该公司不会就将于当月 30 日到期的投资协议进一步延期，并由三日起，解除与加航独家商讨的限制。对于此次表态退出注资计划，TTI 董事 Harold Gordon 表示失望，而最后需取消注资计划，主要基于数项因素造成。

首先，尽管加航在米尔顿的管理下业务有所改善，有关重组亦进展顺利，但 TTI 与其委任的顾问及合作伙伴高盛证券经过评估后发现，加航的财政状况较该公司原先预期为差，尤其是在注资协议下，加航工会答允可以减省劳工成本，及提高生产力方面，工会都未能达到曾许下的承诺。

其次，基于燃油成本长期高企，收益率以及边际利润皆面对压力，同时，航空业界整体竞争环境加剧、加国运载能力过多等，都对经营不利，令到加航的盈利前景远低于该公司原先预期的目标。另一方面，亦为最重要的是，Gordon 指出，现时加航的工会组织结构令注资计划无法成功。

让敌人都相信你，你就成功了

李嘉诚曾经这样公开剖白自己：

我有个对手，人家问他，李嘉诚可靠吗？他说：他讲过的话，就算对自己不利，他还是按诺言照做，这点是他的优点。答应人家的事，错的还是照做。让敌人都相信你，你就成功了。

有次，我们和一家拥有大幅土地的公司将进行合作，他们公司有个董事跟其他的同业是好朋友，有利益的关系，就说为什么要跟长江集团合作，不考虑其他的公司？他们主席（指董事长）说，跟李嘉诚合作，合约签好以后你就高枕无忧，麻烦就没有，跟其他的人，合约签好后，麻烦才开始。这是家大公司，公司全部的人包含高级主管都知道，结果没有人敢讲话，所以一次会议就通过。这个案子，长江集团赚了很多钱，对方也赚了很多钱，是双赢。

敌人相信你不单只是诚信，敌人相信你是因为相信你不会伤害他。例如我是他的竞争者，但他相信我不会伤害他，不会用不恰当的手段来得到任何东西，或是伤害任何一个人。除了诚信，第二是自强不息，第三是真的要追求知识、准确的信息。

李嘉诚在接受专访时，详尽地披露了自己成功的秘诀。
问：你如何看待自己今天的成功？这其中有没有什么秘诀？

答：成功实际上是相对的。创业的过程，实际上就是恒心与毅力坚持不懈的发展过程，这其中并没有什么秘密。但要真正做到中国古老的格言所说的勤与俭也不太容易。而且，从创业之初开始，还要不断地学习，把握时间。

问：所以，你才取得了今天的成功。如果勤与俭是初期创业者必备的素质基础的话，那么作为创业之初的企业的关键又是什么？

答：一个企业的开始，意味着一个良好信誉的开始。有了信誉，自然就会有财路，这是必然具备的商业道德。就像做人一样，忠诚、有义气。对于自己每说出的一句话，做出的每一个承诺，一定要牢记在心，并且一定要能够做到。

问：主要从哪些方面建立自己的信誉？

答：当然离不开科学的管理与优秀的质量。我最初做塑胶生意时，外国最新的塑胶杂志，在当时的香港，看的人并不多，但我学我看。我认为一个人凭自己的经验得出的结论当然是好，但是时间就浪费得多了，如果能够将书本知识与实际工作结合起来，那才是最好的。

问：这也是走向成功的一条捷径吧？你是从零开始创业的，你认为对于创业者自身成就事业至关重要的是什么？

答：是培养自己对所从事行业的浓厚兴趣。以我个人的经验，有了兴趣，就会全心全意地投入，保持这样的心态，做每一件事情，是没有困难可言的。做那一行就要培养出那一行的兴趣，否则，要成功，要出人头地也不容易。

只有充分掌握市场状况，对这一行业未来至少一到两年的发展前景有所预测，那么，你面对每一件事情，就会简单得多、准确得多。如果你从事这一行业，你对这个行业没兴趣，你的兴趣在那一行，但你并没有从事那个行业，你的手里仅仅是这一行业，那么这时候，你就不能够说你喜欢做的事，而应该说是你应该做的事。

人，其实都是一样的，当然是希望自己做自己愿意做的事。譬如当年我开办长江时，我的预算是只做三年，然后像我的祖辈、父辈那样，去从事教育事业，说心里话，最初我是根本不喜欢做生意的。但后来，生活环境的改变，理想是一回事，现实却又是一回事。慢慢地，我就强迫自己定下心来，这样才一路发展到今天。

问：这其中有没有涉及到你对金钱的看法呢？

答：当然有。世界上并非每件事情，都是金钱可以解决的，但是确实有很多事情需要金钱才能解决。就像我当初没有钱，为了巩固知识，只有买旧书，读旧书。

问：事业有了一定起色后，要想取得进一步成功还需要什么？

答：需要一个组织，一个对你有信心又跟你结同心的组织来帮你。而且，你也必须对这个组织信任，对他有信心，只有这样才能同心同力取得成功。

问：在你的王国，你是怎样看待敬业精神各不相同的人的？

答：在今日的商界，当人们考察一个企业或一个部门的人员的表现时，只是在年终看他们的P&L（盈亏），但是，我不是这样的，因为当你等到看P&L时，已经晚了整整一年。我通常都是在这一年的期间，例如公司例会或到公司巡视的时候，作一些有心的考察。这样，如果发现不对，就必须采取行动。

问：你今天的成功说明你是一个非常有志向的人，你认为志向是不是天生的？

答：以哲学的角度看，事物都是发展的。人的志向是由儿时的幻想到以后成长中的实际情况所决定的，也是一个纵向发展的过程，这其中就涉及到两个环境，其中一个是你自己的理想所造就的，其二是现实生活所给你的。这两个环境就是你所无法抗拒的，他们互相斗争的过程，也就是磨砺你意志的过程。

当我十四岁的时候，父亲去世，我要肩负家庭的重担，因为我是长子，而父亲并没留下什么给我们，所有读书是绝对没可能的。赚钱是迫在眉睫的必须，这样志向就有了改变。而且，在接下来进入社会开始工作的日子里，我有韧性，能吃苦，因为我不计较个人得失，只是勤力工作，努力向上，再加上忠诚可靠，反而一路进步，薪金也一路加。

问：你今天的生活已经是相当富裕，并没有任何压力，你为什么还在拼命工作?

答：这就说来话长了。简单地说，主要有四大原因：

其一，我很理解那些生活在底层的人们，很想赚一些钱，做多一些善事，帮帮他们；

其二，我爱读书，却因为穷，没法完成学业，实现我心中的理想，所以我很想赚多一些钱，去帮助那些心有大志而力所不及的穷人的子女，有了很多的钱，才方便在教育上更好地发展；

其三，我永远不会忘记我父亲因为没有钱买药而失去生命的情景，所以我想赚多一些钱，去帮助那些被病魔缠身的人，去不断地发展人类医疗事业；

其四，这也是一种非常有意义的 challenge（挑战），今天的社会是一个讲求实力的竞争激烈的商业社会，而且，钱永远是赚不完的，你要赚钱就必须去面对或者接受这种挑战。你看我随便一说就有四大压力，我的压力其实大得很。

“名誉是我的第二生命，有时候比第一生命还重要。”

第五章

一直以来靠意志克服逆境

L i K a - s h i n g

▲ 2013 年 5 月，李嘉诚、英国首相卡梅伦（右二）和牛津大学校长汉姆顿教授（右一），一同参观全新的“李嘉诚健康信息及研发中心”建筑模型。

2000年10月25日，欧洲议会发表莫名其妙的报告，点名指责以李嘉诚为首的李氏家族生意，在香港市场占有率太高，可能对香港经济造成支配性影响，甚至会出现垄断情况。报告又道听途说地关注李嘉诚两名儿子在若干上市及收购事件中，获得有关当局的特别优惠，法外开恩，而这种不公平的特权，将有损香港的公平自由经济体系，将不利于外国商人在香港投资。报告声称："该家族的业务共占香港股票市场资本估值约四分之一到三分之一，当中包括的行业有移动电话、电力、港口、超级市场及地产等。"报告中还提到，2000年年初，李嘉诚次子李泽楷夺得香港最大电讯公司——香港电讯的控制权后，香港不少传媒均关注李氏家族日渐增大的影响力。还有未经公开招标的数码港，以及TOM.com在创业板上市时获多项豁免条件，这些事件都惹来诸多争议与疑虑。报告更耸人听闻地提出，香港有需要引入公平竞争法防止垄断，防止已经出现的李家垄断。

危言耸听的指责，就好像过去百年的香港，完全被垄断寡头所支配一样。听这般口气，香港的自由经济体系好像早已不存在，早已被破坏，外资随时会被吓跑。一石激起千层浪。欧洲议会报告引起香港社会的强烈反响。不过没有人注意到，欧洲议会的无形之手为什么伸得这般长？

回应抨击

李嘉诚纵横欧亚多年，从未被国际社会如此高调抨击，故对欧洲议会的报告，实时做出回应，通过旗下的长实集团发表声明反驳，指出该报告不但计算错误，且指李氏家族影响力巨大的评论更属荒谬。长实发言人称，李嘉诚名下四家公司市值，只占港股市值一成半，连同次子李泽楷实质上独立运作的电讯盈科，五家公司占股市总市值也不足一成八。

香港联交所行政总裁霍广文表示，在加拿大和芬兰，有上市公司的市值超过股市47%，亦从未有关垄断的担忧。他认为，香港是一个自由经济社会，现在已相当公平。香港特区政府新闻统筹专员林瑞麟也表示，特区政府和所制定的法例永远都是一视同仁，不论背景、国籍、个人及公司，只要符合香港法例，就可继续自由地在香港运作和做生意。

李嘉诚自己在接受《财富》杂志专访时更是平静地回应到，香港一小部分媒体在没有确认的情况下，说我们集团上市公司的市值占全香港股市总值的四分之一到三分之一。报告中所引用的正是这一不确切的数据。

> 虽然，不久前欧洲议会的报告指我在香港的公司实力过于强大，但近日欧洲议会的代表访问了香港，已经就这份报告做出了解释。报告的作者约翰·卡什纳罕澄清说，他并不是在批评我们垄断了市场。约翰·卡什纳罕承认在撰写报告之前曾拜会过部分香港的社会人士，而且在报告中简单地反映了他们单方面的观点。我们对他亲自来到香港澄清此事表示赞赏。

李嘉诚对欧洲议会极不负责地引用未经核实，而且也极易核实的数据，发表如此不负责的政治报告，表示强烈遗憾。李嘉诚强烈不满地说，连小学生都可以算出，我们的市值仅占股市总值的15%。李嘉诚又说，似乎还没人注意到，我们的海外资产与盈利在公司的业绩中占有重要份额。如果我们将海外业务与香港业务分开，再将代表海外业务的市值分割出去，公司在本地市场的市值就会大幅缩减至一成不到。长和系是一家国际化的多元的集团，其中相当部分的业务都是在别的地区展开，若然将这部分业务也归入香港市场，并以此数据就贸然指责垄断，并非一个科学严谨及实事求是的态度。这是无可争辩的事实。

香港联交所行政总裁霍广文亦驳斥有关报告，指 TOM 在创业板获豁免部分上市条件，当时只是属于弹性安排，亦有先例可寻并依足上市规则，非李氏家族享有特权。因为在之前的公司上市中，亦有类似 TOM.com 经营状况的公司成功上市。至于 TOM.com 被指责享有特权拣选吉祥代号 8001，联交所强调，这完全是在 TOM.com 向公益基金捐献一百万元的特殊背景下的正常安排，因为当时同时排期上市的数家公司并无提出过类似的要求，这就如同运输署拍卖吉祥车牌号一样，并无任何特别的地方。他更指称，芬兰、加拿大等地也有个别公司在整体上市公司市值中占了颇大比重，如诺基亚在芬兰国的市值确实足以左右整个国家的经济命脉，不明白为何欧洲议会的报告对自己家门口的这种社会现象视而不见，远涉重洋，隔山敲虎，专门提及香港。纯粹是隔靴搔痒，多此一举。

中国外交部驻香港公署指责报告“无视事实，抹黑香港特区。”并对欧洲议会的如此罕有行动极度不满，指其严重干涉香港内部事务。中国外交部驻香港特派员公署发言人说，香港的繁荣与稳定是“有目共睹的事实，”并且指责该报告“干预中国的内部事务。”港府发言人也强烈否认在数码港事件或 TOM.com 上市事件中对李家有任何偏袒照顾。

单纯在李嘉诚家族企业，计算其在香港股市总值中所占百分比来做文章是没有任何实质意义的。报告书提及长实集团的数字，相当部分是不准确的，尤其所提到的市值比例，则是在盈科动力刚刚吞并香港电讯，全球科网高烧未退，香港股市一片大好时的数据。而在 2000 年，电讯盈科及长和系股价大幅度下滑的情况下，引用这些数据本身，已经没有任何说服力。之所以出现那么大的差距，完全是所引资料是什么时候而已。看来，缺乏应变能力的欧洲议会，在没有依据市场变化而调整报告内容的情况下，虽然是蓄谋已久，但依然是仓促上阵，其结果只能是搬起石头砸了自己的脚。

长实发言人所引的是 2000 年 10 月 24 日收市价，而欧洲议会所引的数字，相信是几个月前的数字。当时长实属下和黄集团出售英国 Orange 电讯予 Mannesman，以后 Voldaphone 又收购 Mannesman，以至和黄的股价三级跳，一度上升至每股近140元港币，将“大笨象”汇丰也远远抛在后面，连带长实的股价，也一度超越汇丰控股。欧洲议会可能忽略了这样一个基本事实，即和黄出售Orange所得绝大部分都投向了欧洲的电讯市场，即出售Orange虽然拉高了和黄股价，增加了李嘉诚的身家，但这增加的部分却实实在在投放在了欧洲。

香港《信报》在头版刊登题为《报告内容粗疏数位欠准》的文章，指出报告中对于李氏家族的指控，均未引述消息来源，例如“有本地报章表示关注李氏家族日渐膨胀的影响力”，又说有人指李嘉诚的生意占本港股市市值三分之一至四分之一，但报告内容完全没有交代所根据和引述的媒体和人物。

《香港经济日报》也认为报告这部分内容“不够严谨，因为它并没有判断其所指控是否属实。”这很容易惹人质疑，年报是否只是道听途说的综合，缺乏公正求真的精神。”《香港经济日报》社论指出，该年报对李家的忧虑皆因他在香港股市及某些业务占很大比重，这有点倒果为因。社论说，若非李嘉诚在某些主要行业经营成功，他难以成为香港最有财势的人，如此成功的商家在欧美亦常见，一个开放自由的社会，不应因别人的财富多而加以嫉妒，加以排挤，甚至加以仇视，借机打压。社论认为，关键不是李嘉诚在香港某些行业所占份额，而是这些行业有没有足够的竞争，有没有足够的法例监管约束，其他人是否可以自由加入并确保得到平等竞争发展，以及他有没有在政府身上取得特权。

《信报》在其社论中也指出，多数欧洲人对香港并无多少认识，对香港事务的评论，可以说是应付差事式。他们对香港经济环境的关注，与其说是出于对香港本身健康经济环境的关怀，毋宁说是出于对欧洲国家商界利益的争取。也许，问题的实质恰恰在这个角落。这篇社论认为，李嘉诚商业王国的建立，是由于他勤奋努力、眼光独到、知人善任，有今日成就，并非侥幸，更非本末倒置的垄断。而且香港市场开放，外商及本地企业随时可以加入竞争，垄断之说难以成立，成功的企业能够占市场偏高的比例，是竞争成功的结果，并非政府政策保护所至。

对于报告认为香港有需要制定《公平竞争法》，时任香港经济局局长的李淑仪认为，香港目前没有需要制定该法，香港已是自由经济市场和欢迎竞争的地方，她认为不应在有针对性的情况下把现行竞争政策修订。林瑞麟也表示，香港已获得传统基金会等多个组织评为一个绝对自由的经济体。因此，毋须担心欧洲议会报告会给香港投资环境带来负面影响。

之后，在确切的数据面前，欧洲议会不得不赶紧出面解释，承认引用数据有误。2000年11月5日，在港引来巨大回响的欧洲议会香港报告撰写人约翰·卡什纳罕专程来港澄清，指报告并无指李嘉诚家族垄断香港经济，内容只描述本港政界和商界人士向他反映的意见。欧洲议会在这里的托辞，比起他引用的长和股份数据还荒唐，只是描述本港政界商界人士所反映的意见。

欧洲议会有关香港之报告，不公平、不准确，不确切。欧洲议会中国事务代表团主席加尔顿表示，不同意中国政府领导人所指该报告是干涉中国内政。他强调，报告只是建议特区政府订立“公平竞争法”，欧洲议会没有权利亦不会干预香港的立法制度。

李嘉诚之后非常大方地表示：我们很高兴欧洲议会对此事做出了清晰的说明与积极的澄清，这份报告也不会影响我们在欧洲的投资，更不会影响我们在香港的投资。海外投资者将会在相同的规则下与香港企业平等竞争。李嘉诚轻描淡写地表示“长和系最大的投资全部是在民主国家，特别是欧美国家，这一现象值得任何人深思。”特别是值得欧洲国家深思。

原则问题绝不妥协

《商君书》认为君主应受到法的制约：“言不中法者，不听也；行不中法者，不高也；事不中法者，不为也。”这是李嘉诚数十年来的行为准则。只是，一场金融风暴转眼间横扫亚洲，香港楼价下塌，无数借了巨款买个空中楼阁的市民顿成负资产苦业主，欠下李嘉诚等地产商、银行的债，一辈子都未必还清。

至于市场占有率高是否即等于垄断？身兼港府公平竞争委员会成员的浸会大学经济系教授曾满基指出，高市场占有率不代表一定有垄断。垄断是取决于公司的行为，如业内公司实施限制性排他性行为，共同定价或限制供应等。

金融风暴爆发后，香港楼价从高峰期下跌了逾五成，数以万计在高峰期前后买楼的小业主与炒家都遭受负资产的噩运，一些已付了地产商买楼订金的人士声称无法向银行作足按揭，只好挞订[①]。但按照合约，地产商再把楼宇以较低市价售出后，有法律权利向挞订者追收原来价格和跌市价格的差额。市场一般相信，地产商通常并不会对真正置业的小业主赶尽杀绝，不会耗费精力追杀这般山穷水尽的无奈业主，但很多挞订者其实是企图买楼转售牟利的炒家。

一些政党人士把苦业主组织起来要求地产商不向挞订者追收差价，但地产商一般不愿公开做出承诺，于是被一些政客和传媒描述为牟取暴利的奸商，李嘉诚也未能幸免。李嘉诚更因为民主党成员陈伟业的有关言论而采取法律行动控告对方诽谤。早在1998年，李嘉诚遭政客传媒炮轰向美湖居挞订业主追收差价一事，个别为了选票的立法会议员，甚至置自己的矛盾身份于不顾，置香港社会的法制核心于不顾，漠视尊重合约在法制社会的基本价值功能，出面帮助这些挞订业主，采取非理性的行动抗争。在他们的眼中，选票的吸引力甚至高过传票的威力。

李嘉诚说自己之所以坚持，之所以固执，绝对不是为了这区区几百万元，不是为了钱，只是尊重合约精神，非追究不可，因为这是香港社会持续发展的核心价值，是一个社会赖以繁荣稳定的基石。尤其是对那些自己不尊重和约精神，并诽谤他人的目无法纪者。而对于一些不衡量自己供款能力的盲目炒家，李嘉诚认为不值得同情。自由化的香港，有时确实太过自由，可以任意联想，无限发挥，甚至大肆攻击，却也不用担心会负上法律责任与些许道义责任。因为，他们知道，李嘉诚不会跟他们一般见识，不会跟他们斤斤计较。至少，李嘉诚无暇与他们打官司。毕竟瓷器不与石头碰，大人不记小人过嘛。

李嘉诚特别说了一个例子，有一次他去打高尔夫球，一名替他背球袋的妇人忽向李嘉诚求情，说自己无力供楼，希望他网开一面。李嘉诚问她详情，原来那位女士已购入四个嘉湖山庄的单位。听罢这个女士的苦况，李嘉诚毫不留情地说："以你的收入，参与四个住宅单位的炒卖是非常不智的行为，由这一秒开始，我不再同情你，你不要同我说话啦，我要打球。"

1998年1月初，九广铁路公司继早前以"单一投标"方式，把红磡火车站的车场上盖建筑发展权交予长实后，双方又达成合作计划，由西铁把天水围轻

① 挞订：顾客看中某间商品房后，在没有决定购买前可以与发展商签定认购协议，发展商为了保证自己的利益不受损害，收取顾客一定数额的订金，但是如果顾客在规定的协议时间内没有正式购买该房间，发展商将没收该订金，通常称为挞订。

铁站上盖建筑、面积达57万平方英尺的地皮的发展权交予长实。得到地皮后，长实预计在当地兴建大型住宅屋苑，楼面面积为183万平方英尺，可赚得18.3亿港元，九铁能分得其中的4.12亿港元或以上。即使不能达到预期利润，九铁也能取得至少4亿港元。不过，这次九铁再找长实合作，与批出红磡车站土地不同，并非纯粹出于九铁的主观意愿，因为在1994年，港英政府跟发展天水围嘉湖山庄的巍城公司（长实为最大股东），达成一项内容极度机密的庭外和解协定，致令九铁只能选择巍城或政府，作为发展的伙伴。此秘密交易经传媒报道，并未有引起公众太大回声。因为商业上的交易，此处顾到，而彼处稍失的情况，甚或公平的利益交换，都是等闲之事。

当时行内人士估计，长实一直在天水围大力发展物业，分期兴建区内最大的屋苑嘉湖山庄，作为发展该区的中流砥柱。取得轻铁站上部建筑的发展权，也算是顺理成章。而且，由单一发展商主力规划，可以确保该区规划的完整性，区域设施的系统性，建筑风格的一致性，更能够周全详尽的考虑该区市民的意见建议。

不过，长实后来在两次土地竞投中，以优势姿态胜出，却受到外界广泛非议。1998年3月，长实在政府第一次酒店用地竞投中，以1.2亿港元的超低价钱，投得本来乏人问津的马鞍山土地，用作兴建约有一千间客房的酒店。该地皮坐落于马鞍山鞍骏街，面向海景，可兴建的楼面面积有六十万二千多平方英尺。长实出价超低，令地产界人士哗然。当然，其他发展商出价更低。因为该地的平均地价，原来只有200港元左右，比市场预期低很多，仅为市场预期的三分之一。有人谑称此乃政府用农用地价钱卖酒店用地之举，认为政府托市心切，把土地由原来的拍卖改为投标推出，特意不设底价，吸引地产商入市，以测试市场反应，才用如此不合理的价钱，让长实顺利投得，有私相授受之嫌。政府一再重申，虽然投标以暗标方式进行，但过程绝对公平，没有偏私。而且，长实确为当时投标的几个商家中出价最高者。

没多久，长实副主席李泽钜正式为投地一事澄清，表示标书上列明该地地下可能有一个溶洞，使建筑成本大增，提升至每平方英尺400～800港元。故此长实要肩负起额外勘察费及建筑费，而且这笔额外的支出，还是一个很大的未知数。实际地价应为每平方英尺600～1000港元，初步发展成本达到17亿港元左右。“市场价不是讲出来的，真正拿出钱来的才是市场价。”李泽钜说。

他再三强调，长实是以最高价投得有关土地，其他财团出价比长实更低。莫非政府应该拣低价者得？奇怪的是，个别此次投标未中者也在说三道四。

就在低价夺得马鞍山酒店地皮的一星期内，长实再联同和黄及中泰，以28.93亿港元的价钱，投得九龙尖沙咀广东道的一块商住地皮。权益分配方面，长实与和黄利益平分，共占八成半权益，其余一成半就由中泰持有。长实这次出价20多亿港元，虽然是马鞍山地价的20多倍，但由于地处广东道及柯士甸道交界，前身为警察宿舍，市场当时估计会以36～40亿港元投得，而长实的投标价跟市场预测相比，相差超过两成。另一方面，这次入标竞投的财团，除了长实、和黄及中泰外，还有新鸿基、恒基及新世界发展合组的财团，及以希慎兴业为首的财团，竞争也算激烈。为了尽快给卖地市场建立指标，地政总署也一反以往惯例，尽量缩短投标所需的时间，由两周减为一天，即日中午截标，傍晚便公布有关结果。

对于长实能在短短几天连抢两元，轻易以超低价投得地皮，惹来各界人士议论纷纷，有政党抨击政府的做法失当，是进一步助长大地产商捡便宜的心态，使其后的土地价格难有起色，更有人质疑这是政府跟财雄势大的地产商互相勾结。

面对连番的抨击，最愤愤不平的当然就是李嘉诚。他一再怒斥外界有关长实与政府的官商勾结言论，他认为香港的聪明人很多，只要有人出价，就会有投得地皮的机会，根本不存在官商勾结。只要有人出价高过长实，自然而然能够拿到上述两块地，这是个简单到连小学生都知道的道理。指责港府偏私李嘉诚，其思维逻辑尚不如一个小学生的水平。市场是公平的，也是公开的，但绝对是无情的，你的眼光看到哪里，你就只能走到哪里。

同时，他也多次引用《论语》中孔子说过的话："不义而富且贵，于我如浮云。"一般人眼中商人皆为利来，只要赚钱。商人不是慈善家，工厂没有效益，关闭自是无可厚非的。但李嘉诚却化无情为有情，上演一幕动人感人的人情大戏。李嘉诚"是员工养活老板，养活公司"的观念也值得市场深思，给予商界启发。确实，没有众多员工的忠心耿耿，脚踏实地，齐心合力，卖力苦干，最有本事的老板也是孤掌难鸣，成不了太大气候。相反，企业富有凝聚力，员工精诚团结，诚心诚意，为老板尽心出力，这个企业必定大有前途。

撤资风波

1998 年 12 月 22 日，李嘉诚罕有地指香港目前的政治环境有问题，他因此决定放弃一项和海外财团在香港合作的过百亿港元投资计划。李嘉诚在接受香港传媒访问时，少有地对香港政治环境做出批评。他说，其集团一直希望在一个和谐的环境底下投资，也有记录显示以往香港经济陷入低潮的时候，正是集团进行大规模投资的时候："但在今日这样的政治环境，我情愿做少一点（生意）。"

这位地产大亨拒绝清楚说明是什么原因令该集团决定"不会勉强去投资。"但他却在访问中清楚直接地表达了对香港一些政党人士为所谓的苦业主向地产商施压的不满。李嘉诚说，较早时有政党人士要求他的公司放弃向那些付了订金却不履行买楼合约的人士追收差价，他形容这是"毁灭香港的合约精神，"也对另一些履行合约、继续供楼的业主不公平，因为他们都供得很辛苦。

他强调自己并没有对任何政党持有敌视态度："只是有某个政党——也不是某个政党的全部人，而只是其中一小部分人——如果想把香港合约精神这个有利的因素毁灭掉，你和我在这里都不会开心。"

李嘉诚在记者会上解释该项投资计划时说道："不是我们投资一百亿港元，而是与一家跟我关系非常好的机构合作，这家公司比长江和黄还要大，一人一半。但在目前的政治环境下，还是少做好，树大招风。"

以过去来说，每逢香港经济不好，都是投资最好的时候。心中有担心的地方，香港是自己的家，希望香港继续好，可是现在已经影响长实和黄的投资，不过不代表永远如此。

今天没机会，不可惜，什么时候香港都是首选……我也不后悔，暂时不许可而已……外地投资机会多，但香港始终是首选，如果香港不和谐，是损失。

最重要是公平竞争，价高者得就是公平，有些构思想做，但如果单独跟政府谈，会招来很多麻烦。

这两年社会转变了，希望可以和谐些，但似乎很难。每个人要凭良心，无论如何都不要自毁家园，我对香港电台讲的（指杰出华人系列中的访谈）都是由衷之言。

我认为董先生（行政长官）已经尽能力去做。大家见到，我自己生活简单，搞医疗和教育，但不是想独善其身。民主是建基于法律，有限制，不是随便侮辱人……文明要知耻辱，个人倾向普罗大众能够有好的生活……免税额要多些，公司税要征多些，年薪过百万的要多拿一些出来，另外，应该多卖一些土地，不要让楼价过高。

如是要出名，最好就是攻击长江和记，这是不是香港之福呢？

李嘉诚非常无奈地感谓。其实，李嘉诚的话说得非常坦白，情感也流露得非常无奈。李嘉诚的有关言论引起香港社会的极大震惊，也引起港府的高度关注。恒生指数开盘狂跌两百点，收报10158点，跌163点，长江实业、和黄集团股价亦应声下滑。香港中华总商会副会长何世柱与丽新集团执行董事林建名都认为，李嘉诚的讲话反映了部分商家的心声。因为要吸引投资者，社会除了气氛要融洽，更要重视法制精神。

李嘉诚曾戏言自己“不是做生意的料”，因为他觉得自己不会骗人，不符合中国人无商不奸的标准，令人感叹的是偏偏这么一块“不会做生意的料”做成了全亚洲独一无二的大生意。控制五家上市公司，总市值当时达八千亿港元，占香港上市公司市值逾一成半的李嘉诚，此番发表的撤资言论引起轩然大波。

2000年8月30日，260名来自学术界、政界、民间团体及工会的人士，罕有地在两份中文报章刊登措辞强硬的联署声明，抨击李嘉诚企图利用撤资言论威胁港人，借此压制不同政见者和批评者。参与抨击李嘉诚联署声明的中文大学政治与行政学系讲座教授关信基，指李“愈来愈有霸气”，甚至违反本身做人及教子的基本原则。有激进政界人士甚至呼吁杯葛李嘉诚商业王国经营的业务，包括超市、电器用品及电讯服务，甚至罢买长实楼以示抗议。

长实随即发表声明，否认集团曾考虑将资金调离香港，并强调香港始终为投资首选，并会将所有在港业务继续发扬光大；又强调李嘉诚对香港有着特殊的感情，“细水长流的感情，坚定不移的承诺，持之以恒的奉献。”

李嘉诚曾被问长实是否有聘用程介南公关公司，他曾说：“若少数别有用心的传媒及政客大合奏时，唯有减少投资。”并强调公司大部分利润来自外地，有好机会仍在港投资，不然只好往内地及海外发展。这番言论惹来市民不满，部分人实时以电子邮件集资，在《明报》及《苹果日报》刊登联署声明的广告，联署发起人之一的张彩云表示，此次行动在短时间内已有多人响应，正反映不少人亦对其有关言论反感。

联署的大部分来自大学讲师、教育界、民间团体成员、工会工作者及议员等，包括鲜有公开发表意见的中大政治与行政学系讲座教授关信基亦参与联署，他在一电台节目表示，不少市民因李嘉诚的努力及成功尊重他，但他不要树大招风、要低调、要谦虚等。也许，关先生的说话是一个在当时特定环境下的存有某些合理逻辑推理成分的注解。参与联署的中大的蔡宝琼甚至批评李氏言论予人“君临天下”的感觉，反映他对六七十年代资本及政治全面垄断光景的缅怀。科大社会科学部助理教授马岳亦指他动辄上纲上线，以撤资影响传媒报道，行为言辞霸道。不少联署人均指摘李嘉诚能晋身首富，全是香港给予的机会，但近年不时盛气凌人，反过来以“有钱人气焰”威胁香港人，令人不满。

长实、和黄集团实时发表声明回应有关指控，表示有关考虑将资金调离的批评与事实不符，声明并指出：

1. 长和集团是以香港为基地的企业。过去，我们以香港为家，在最困难的环境中仍坚决不移。和黄亦宣布了两项电讯投资计划，涉及港币以百亿元计。

2. 香港仍然是我们投资的首选，对我们主席及集团来说，香港不只是一个做生意的地方，是细水长流的感情，坚定不移的承诺。李嘉诚先生对香港永远都是只有爱心，没有野心。

3. 在集团考虑新投资时，有感过往遇到不少困难，正如我们的主席在上星期记者会之感叹：我们有力有心，想做对香港有利的事，做一些香港从来没有的新项目，对工业、经济有莫大裨益，又可创造就业机会，但提出时往往受到没有建设性的抨击，引致种种障碍，使该等计划未能实现，实属可惜。

4. 虽然过去有些项目被迫放弃，但如有适当投资机会，长和仍会积极研究在香港拓展新项目。除业务之外，集团主席李嘉诚在过去、现在及将来仍不断付出时间及心血，致力推动教育、医疗、老人福利及其他有利于香港的发展。

李嘉诚亦在一个公开场合辩解到：

> 香港是我的家，我非常热爱香港，正因为这样，才说出对香港和

谐营商环境遭到破坏的忧虑，希望在事件未恶化的时候，大家都关注这个问题，我绝非针对特区政府。

我好感叹，有心又有力，想做对香港有利的事，医疗教育都会继续做，传媒要有公正报道，大家要认清楚攻击你背后是什么人。

李嘉诚续说，集团没有涉及政治，集团利润八成是外国赚来的，两成来自香港及内地，希望香港可保持六七十年代的每个人都有朝气，政客不要为争选票便妄为，传媒也要有公正报道。香港的魅力在于商业金融，而不在政治争拗。

集团在廿四个国家投资，都无政客攻击你，廿四个国家加起来的麻烦都无香港这么多，香港投资既然这样麻烦，既然传播媒介同政客大合奏，既然是这样，我或者投资少一点，改下行业啦，但是医疗同教育方面的事仍会做。

李嘉诚最后说自己是爱香港的，希望公道自在人心，政客批评时，新闻界能仗义讲句公道说话。

对香港“只有爱心，并无野心”

李嘉诚在首次接受台湾传媒访问时说自己只是一个不善应酬、不趋炎附势、有些钱再多也不赚的“三流企业家”。李嘉诚在接受访问时，再就此回应：“无稽的攻击，是会让人心寒的。”但强调对香港的爱心不变，投资亦不会改变。

之后更有人以“李家天下”形容盈科数码动力收购香港电讯，是垄断香港市场。李嘉诚为此大动肝火，在 2000 年 2 月 17 日中联办春茗酒会罕有地发表长达十数分钟的讲话，强调自己对香港“只有爱心，并无野心”。除了一再重申次子李泽楷是代表一家上市公司，是独立的外，李嘉诚更说：

第一我事前也不知道（盈动收购香港电讯），第二长江及和黄一股盈动股份也没有。没有其公司股权，亦对这件事没有侵份的可能，对于“李家天下”，我一直不想讲，你知不知道，如果我讲出来整个香港都会感到奇怪，和黄去年在香港的生意不是做得差，但比较外国，外面的做得太好了，香港赚的钱占的比例不够百分之六。你来说，和黄在外国赚钱回港交给股东，是好抑或不好？

他指出，除了和黄的盈利约九成四来自外国，计及长实，外国所赚的更是四倍五，预计在未来五年，长和系在海外的盈利更会多于香港三至八倍。他强调：

个人来说，对香港绝对没有野心，有爱心但绝对无野心。香港过去几年，经济增长是放慢了，我指有爱心的原因是，外国做得那么好，我依然想在香港做，但有些人乱说，说什么“李家天下”，这是绝对错误的。

被问及外国的投资回报远高于香港，会否减少在香港的投资，李嘉诚表示：“不要无道理的事太多……我这是说，感情上是会继续投资香港的。”

对于香港电讯被海外公司入股的事宜，李嘉诚表示不想批评，因为事情已经相当复杂，至于被问及若盈动在收购香港电讯时需要资金协助，长和系会不会给予支援。他回应：“长和系只能站在公司利益，怎可求其借钱给人，这绝对不正确。现在未有这个打算，李泽楷并没有提出，我们亦未有这打算。”

让我们回味李嘉诚几次引起争议的牢骚与不满。1998 年 12 月 22 日“以今日的投资及政治环境，情愿做少一些……其中一个原因是（长实）树大招风。”1998 年 12 月 24 日，“我热爱香港，是有一部分政党的高级人员争取选票成日将我抹黑。”2000 年 8 月 24 日，“公司大部分利润主要来自外国，我爱香港。若每件事都无中生有，无论什么事都乱扣帽子，相信大家都不喜欢此种生活。若少数别有用心的传媒及政客大合奏时，唯有减少投资。”

李嘉诚感同身受地说到：

在看苏东坡的故事后，就知道什么叫无故受伤害。苏东坡没有野心，但就是给人陷害，他弟弟苏辙说得对：“我哥哥错在出名，错在高调。”这个真是很无奈的过失。

中大亚太研究所副所长刘兆佳说：“在过去数年，李嘉诚多次在传媒面前发表委屈的言论，主要是政府经济政策混乱，香港市民大众对大财团的态度，又特别针对他（李嘉诚），对他有偏见，又质疑特首对他特别优待，甚至对他整个家族也给予优惠待遇，对于一位重视个人声名的人来说，心中有怨是难免的事。”

面对采访的记者，李嘉诚提出了一个不请之请：

> 我今天有两个要求，你怎么写都行，但是第一点，你不要得罪人；第二点，你不要让人家妒忌我。人哪，最重要的是不要自己称赞自己，也不要自己说自己有什么成就。

种种批评都曾令李嘉诚不厌其烦地出面公开辩解。李嘉诚甚至在公司职员的家庭日活动中，亦向传媒高调表白，自言对自己的人格、对香港与国家都是问心无愧，并批评部分传媒与政客哗众取宠。李嘉诚愤而为自己辩解说：

> 是我的钱，一块钱掉在地上我都会去捡。不是我的，一千万块钱送到我家门口我都不会要。

其实，商家对香港政治环境变化的不满，多位人士都公开评论过。恒隆主席陈启宗在一项探讨香港长远发展的研讨会上就说，香港经济发展的两大隐忧，一是价格太高，二是社会日趋政治化。

香港行政会议成员钟士元也在2000年9月发表演讲时说，香港政治与经济在十二年的过渡期内经历了重大变化，政治上由一个殖民政府管治的制度走向民主开放的政制体系，回归中国后，香港的管治需采用新的游戏规则。他说，昔日港英年代立法机构与行政首长都不是经过选举制度产生的，政府因此无需受制于代表不同利益的政治团体，只需根据香港整体与长远利益而制订经济政策，当时香港人遇到困难，都是默默接受，自求多福，并没有政党代他们提出各种要求，甚至是不切实际的要求。

按照香港的《基本法》，香港行政长官与立法会将来最终都会以普选方法产生。但2000年5月的立法会选举中，代表工商界的自由党在地区直选中全军覆没，就有人忧虑代表中上阶层和工商界利益的政党如果不能有效制衡基层党派，香港容易产生保护主义和福利主义的经济政策，可能会影响营商环境，也令中上阶层和工商界抗拒民主化进程。

2000 年 9 月，台湾《中国时报》刊出李嘉诚的专访内容，据报道，访问是在长实总部大楼顶楼办公室进行，李嘉诚从七十楼的玻璃荧幕俯瞰中环的车水马龙，微笑着说“这是一个物质的社会。”李嘉诚过去较少接受台湾的传媒访问，他直言，对台湾的第三代流动电话牌照及货柜码头经营权很有兴趣。谈及他的营商哲学时，他多番强调自己重视信誉，譬如他自己作为长实主席，一年只拿五千港元“薪水”，目的就是要创造好信誉。又譬如，和黄绝对不做赌场，因为“不该我赚的，我不会赚。”所以他频频捐献，已捐给香港、潮汕家乡及其他地方超过八十亿港元，而私人捐款比公司捐款多出许多，而他“不是那么在意别人说什么。”但是，某个时候，某种情况，你想不在意都不行。

有的媒体是恶意的批评，甚至问我的问题都令人啼笑皆非。甚至有人说我是以现金支付顾问费。你说，我这么大的公司，怎么可能如此付费，真是无稽之谈。

李嘉诚不忘补充“香港即使再变，也不会改变香港是我故乡的想法。”会持续不断在港投资。对于传媒亦有批评特首董建华，一直被外界视为“地下特首”又有强劲政商关系的李嘉诚认为：

许多人在 1997 年时批评特区政府，但事实上，香港除了因为东南亚金融问题而连带受到冲击之外，还有许多外力的影响。但就算没有这些问题，香港本土性的风暴也会发生。

香港能做到平安过渡，并且维持金融、货币流通自由，就非常不容易了。

称许之余，李嘉诚不忘划清界限，他坦言与董“以前很熟，但现在他忙、我也忙，就很少见面了。”他称：

近代的企业家，对社会可以贡献的程度已愈来愈大。企业家也肩负更大的道德责任。而道德也已成为另一项企业的成本与资产。

谈到自己的影响力，李嘉诚说自己作为企业家，只是对与公司有关的人和事有一定影响，仅此而已。面对种种无赖式的指责，有时难掩心头怒火的李嘉诚，不得不公开怒斥香港某些传媒一味抹黑他人的龌龊作为，回击某些人“只唱衰香港”“踩低自己人”的恶劣行径与政治操作手法。

数码港没有竞投，也引起争论，甚至群起攻之。据说有过所谓十大地产商曾联名向财政司司长表示异议（后被否认），而盈科数码动力股价也曾因此而大幅飙升。股价是否飙升不是问题所在，因这是由投资者的羊群心理所决定。问题倒是这个项目，并未经过公开竞投，是否有问题?

事实上，时任财政司司长曾荫权已经表达过，数码港不是一个地产项目，目的是促进香港高科技的发展。可以想象，当时财政司司长可能认为李泽楷先生的知识，经验及其在外国与科技界及高科技企业的关系，筑巢引凤，足以引导到一些国际高科技企业前来，这有利于香港高科技的发展，有利于香港的长远发展。而发展高科技，提升香港竞争力，增强香港社会经济发展活力，恰恰是此届特区政府的施政路向与目标。果如是，则在决策上，财政司并没有错误，何况这个重大决定，应不是他个人决定，而是经过最高层考虑后的集体决定。

据一位接受专访的不愿吐露姓名的行政会议成员忆述，其实，在行政会议讨论有关数码港问题时，首先出来反对将数码港经营权批给李泽楷的，不是别人，恰恰是董建华。董建华不无忧虑地说，若然交给李泽楷，我可真是名副其实地跳进长江洗不清了。当然，如果真能对香港有利，我自己愿背负这一世骂名。如此看来，董建华还是具有相当之预见能力与眼光的。当然，如果鼠目寸光的某些人把九七金融风暴也算在董建华的头上，这未免不近人情不合常理了吧。作为一位划时代的社会变革的参与者，能够确保香港顺利回归与平稳运作，已是居功至伟，至于回归后的种种举措，功过是非，固然有“八万五”①之失，但也是在亚洲金融风暴阴影下的失误，如果没有后者，前者的命运未必黯然失色。凡此种种，都应放在特定的历史社会条件下去认识了解，不应一味逢董就否定。

---

① “八万五”：是董建华 1997 年提出的每年建造 8.5 万套住宅以稳定香港房价的计划，由于推出不久即遇“金融风暴”，虽经调整但于 2000 年被迫放弃施行。

~ 唯有学会处之泰然的方法

2001 年 2 月 22 日，和黄突然宣布出售作价 8 亿港元的资产，换入等值盈科股份，即和黄正式入股李泽楷控股的电讯盈科的 0.83% 的股份，李嘉诚此举实令市场哗然，并再次引来“李家天下”的疑虑。对此，和黄董事总经理霍建宁强调，有关交易纯粹出于商业考虑，和黄主席李嘉诚不会因私人理由而阻止和黄做生意。翌日一早，和黄急忙召开临时记者会，专门解释市场疑虑。霍建宁表示，这次出售卫星通讯业务予电讯盈科，是因为该业务并非和黄的核心业务，此次交易纯粹是商业决定，交易代价吸引，符合和黄股东利益。霍建宁表示，只是在集团决定交易的一两日，才通知李嘉诚，因为这对和黄来讲，是非常细碎的小交易，根据集团内部工作规程，并不需要取得李嘉诚的同意。李嘉诚本人事后对此交易亦并无发表评论。霍建宁反问记者：“我们并不是什么事都要通知李生，李生也不是什么事都要过问。否则，要我这个年薪过千万的 CEO 干什么？”

虽然和黄只持有盈科 0.83% 的权益，无论交易额及股数均微不足道，却引来市场憧憬，日后和黄与盈科进一步合作的机会，刺激盈科股价飙升 4%，市值一日内再增加 39 亿港元。小超人李泽楷控制的盈科数码动力，与香港电讯合并时，已引来香港电讯市场被“李家天下”控制的关注，虽然长和系主席李嘉诚多次否认长和系不会入股盈科，但由于盈科在合并后股价屡创新低，而正当大东为 16 亿股盈科股份寻找出路之际，造成沽压。此次和黄以六十倍市盈率出售微型通讯系统 VSAT 予盈科，已被市场认定是和黄出手助李泽楷的举动。

霍建宁强调，从和黄管理层有良好往绩可寻，所作所为，一切以公司利益为主，若有关业务对公司没有策略价值，和黄会想尽方法寻求一个对股东最有利的方法套现投资。至于李嘉诚有没有在此次交易上做出指示，他表示，管理层决定前先向主席及董事会汇报，反映有关交易对公司是否有利，霍建宁再次强调，整项交易最重要是对公司有利为大前提。他说：“可能这件事对李生不公道，但整件事最重要是反映出公司透明度高，只要做得好，李生不会因私人利益、私人问题而阻止和黄做生意。”他解释出售 VSAT 的原因时指出，早年出售亚洲卫星时，旗下固网业务，没有其他对外通讯服务接驳途径，但与环球电讯合作后，和记有对外容量，VSAT 策略意义顿失，经考虑后，认为出售 VSAT 套现较独自经营为佳，而且作价高达六十倍市盈率，整个交易价值对和记非常吸引。

其实，和黄与电盈有不少业务均出现“对着干”的情况，除电讯业务互相竞争外，就连网上证券买卖方面亦出现争持激烈的情况，在和黄推出其网上交易服务前夕，盈科 2000 年 11 月 8 日，抢先一步便正式推出盈通投资理财证券买卖服务，更以 0.18% 交易佣金作招徕客户的招数抢攻市场。

香港大学经济系副教授邝启新曾认为，李泽楷成功收购香港电讯后，预料电讯垄断的情形肯定会趋严重。特别是固网与长途电话市场，一定会更加垄断，日后必会令固定电话费同步上涨。事实上，近年来，长途电话费直线下降，由 1996 年前后的近两元钱，跌到 2005 年的几毫，十年时间下跌了十分之六。至于固网费用亦跌至月费三十港元上下。看来，真是应验了那句老话：秀才谈兵，十年不成。

1999 年 10 月，长实集团北角邮轮码头发展计划惨遭滑铁卢，城市规划委员会认为北角并非唯一适合兴建码头的地点，否决该计划，成为财政预算案三大冲喜项目中，唯一难产的一个，而一直反对该计划之势孤力薄团体，在首回合击败财雄势大之财团。长实如果要继续其北角发展大计，只能在修订规划方案一个月后刊宪时提出反对。发言人指出，城规会否决的主要理由是北角并非唯一适合兴建邮轮码头的地点，加上考虑过十五份反对意见书后，认为当地没有填海必要，及要保护维多利亚港的景色，决定否决该计划。

规划署将在一个月至一个半月内，在宪报公布经修订的北角发展计划，即是将该区发展计划打回原形，撇除邮轮部分，让市民提出意见。如果认为当地确是需要一个邮轮码头的市民及团体，可以在两周内提出反对，长实可以借此机会上诉。不过城规会仍会按照原定限期将北角发展计划提交行政会议审议，即在 2000 年 1 月 26 日前要完成所有聆讯，长实在刊宪之后，只有不足两个月的时间翻案。

时任财政司司长曾荫权当年 3 月在财政预算案上宣布三个大型项目，包括在薄扶林兴建数码港，在大屿山兴建迪斯尼及在北角兴建邮轮码头，前两项在争议声中，预计仍然可顺利过关，北角邮轮码头计划则在外界一致看好的情况下意外触礁。

长实提出的邮轮码头计划其实是借此增加占地面积，将码头商场发展成为综合娱乐中心，包括一座七十九层高酒店，吸引本地游客。知情人士曾透露，原来的计划占地12.4万多平方英尺，主要包括何世柱家族持有的福利货仓3万平方英尺地皮及未到手的油街部分政府地，加上长实有意竞投面积12.59万平方英尺的油街政府物料供应处地皮，以及港灯中心，邮轮码头计划其实是另一个庞大的地产发展计划。

李嘉诚无论在香港或海外投资，好多时都遇到政客攻击，原因只有一个，就是这班人对李嘉诚有误解。如果这项投资换作第二个人，就绝对不会有如此杂音。美国记者Arthur York便是一个活生生的例子，且更被李嘉诚投身公益事业，并视之为终生不渝之志向所感动。

2005年，York在和黄旗下一份刊物中撰文说，在认识李嘉诚之前，有人曾经同他介绍，李嘉诚就像是007电影中，铁金刚所要对付的那种大亨，不仅富可敌国，甚至会威胁全球。但在一次机缘巧合下，终于有机会与李嘉诚会晤，而一切都只是从一个早餐和一个微笑开始。李嘉诚对身边每个人都非常关怀及体贴，使他感到讶异，当他与李嘉诚一起同行，前往汕头大学参加毕业礼途中，李嘉诚和蔼可亲的态度更进一步获得印证。在机场同行期间，李嘉诚一直亲自拿行李，又经常对身边不认识的人，包括清洁女工，报以微笑。当到达汕头大学，大批学生更为一睹超人风采，蜂拥而至，李嘉诚带着灿烂笑容，与学生一一握手及拍照。李嘉诚在毕业礼上向同学表示，当你有野心做领袖时，可有服务于人的谦恭？大家常常希望有所获得，但可有付出情操？York表示，经过与李嘉诚同行后，深受感动，也感到自己正在转变，觉得有幸能从李嘉诚身上体会到财富之真谛与做人之准则。

香港经历金融风暴后，经济及结构上的弱点毕呈，为了挽救经济，为了有助于香港经济转型，特区政府高层殚精竭虑，苦思良策，考虑及批准盈动的规划与提议，正是在这个背景下做出的。同样，迪斯尼乐园之拍板，也是在这种善意及长远的考虑下达成的。看看迪斯尼乐园在选址、基建、投资及权益分配上的所作所为，有人形容是特区政府被逼所签下的城下之盟，那么欧洲议会为什么不予批评？为何不引用一些有异议人士的意见？也许隔山隔水，他们没有听到。

事实上，为了发展某一些特定行业或基于某些因素，港府批出土地，不一定要用公开拍卖形式，私人批租是其中一个常用方法。这也是国际社会惯常的做法之一。例如陶氏化工厂，其需要大量土地，行业特殊，则用拍卖形式显然并不适合（以前太古船坞、黄埔船坞、渣甸仓的庞大用地也不是拍卖的）。尽管当时有人质疑港府的决策，但是，在质疑的同时，还是认为这个决定是明智合理的。故数码港之批出，不应成为李嘉诚被批评的原因，除非有事实证明特首董建华先生及曾财爷等人是“听李嘉诚先生的话办事的。”但是，这怎么可能，又怎么能行得通呢？

李嘉诚一生历经风霜坎坷，面对坎坷、失败、误解、阻力，不可计数，身处其中又是如何调整自己、平衡心态的？他的看法颇为豁达：

> 坎坷经历是有的，辛酸处亦罄竹难书，一直以来靠意志克服逆境；一般名利不会形成对内心的冲击，自有一套人生哲学对待；但树大招风，是每日面对之困扰，亦够烦恼，但明白不能避免，唯有学会处之泰然的方法。

社会学大师费孝通1992年考辨过华人圈的五个明显特征，这些特征包括叠合性、等级性、强调诚实、看重道义、具有弹性边界。其中的叠合性，就是指华人融为一体的关系圈。关系圈遵循一些只有华人熟知的潜规则。例如，他提醒外国的经理人要记住，在华人的商业组织中，年岁较大的人员往往拥有比他们的头衔更大的权力和影响力。其实，关系并不是东方商业精神的真正精髓，只不过是问题的外表，这种虚假的外表正好掩盖了问题的实质。跟它并列的中国“土特产”不知还有多少未被人们过滤呢。

比如，中国商业精神中，还有其他一些与美国人的管理思想格格不入的东西，但确实能成就中国商人。例如，云南“钱王”王炽秉持的商道居然是：“说我，羞我，辱我，骂我，毁我，欺我，骗我，害我；我将何以处之？容他，凭他，随他，尽他，让他，由他，任他，帮他，再过几年看他。”好一个凡人望尘莫及的钱王王炽。但《道德经》管这叫“上善若水，水善利万物而不争，”另一方面“天下莫柔弱于水，而攻坚强者莫之能胜。”这些博大精深的论述，常常令到西方人一头雾水，不明所以，不知所谓。因而也都需要西方人琢磨是什么意思，什么逻辑，属于什么思维方式。

不可能所有人都成为李嘉诚，但所有人都应该分享李嘉诚的精神而非图谋分享他的财富。如果那些人把羡慕、嫉妒、算计李嘉诚的精力，都变成仿效李嘉诚不断提高自己的动力，把李嘉诚的精神财富化为全社会的共同财富，那么何愁香港社会经济没有后劲呢？又何愁自己不能成为李嘉诚式的张嘉诚王嘉诚呢？甚至来个特殊的后起俊秀李嘉诚又何尝不可呢？

名誉

2001年4月7日，5月1日即将走马上任的候任财政司司长梁锦松，与城中首富长实集团主席李嘉诚相约打高尔夫球，梁锦松虽然形容只是“普通社交活动”，但有公务员团体代表批评，作为高级公务员与商界过从太密，会引起市民质疑，应该避嫌。

7日清晨七时半左右，梁锦松和李嘉诚这对高尔夫球长期波友，在深水湾高尔夫球会的球场齐齐出现，两人均一身运动服装打扮，头戴白色运动帽，李嘉诚更身穿短裤、波鞋，神态轻松。现场所见，候任“财爷”和李超人相当熟络，还边走边向场上其他球友挥手致意。在同场竞技过程中，两人不时交头接耳“密斟”，历时逾一小时仍未离去。梁锦松傍晚透过财政司司长新闻秘书表示，他和李嘉诚先生打高球只是一次“普通社交活动”，在场上彼此只是“握握手，聊闲天”，他不觉得涉及任何利益冲突。发言人也表示，政府官员与各界人士联络是平常事情，如政务司司长陈方安生和财政司司长曾荫权也曾不时与商界人士私下聚会及吃饭，她强调政府内部有一套有关官员申报利益的机制，以防止官员出现利益冲突。不过，公务员公会联合会主席梁筹庭认为，一般商界人士打高尔夫球都会“有生意倾”，如无特别需要，梁锦松应该避嫌。

李嘉诚视名誉如生命。他常常说：

> 名誉是我的第二生命，有时候比第一生命还重要。

李嘉诚视名誉为生命，他看重的实际上是清誉，而非荣誉。而对这种清誉的过分执着，有时到了俗人凡人不能理喻的程度。

李嘉诚控有香港最大的综合性财团，多年荣膺香港首富乃至世界华人首富。他同时又是个道德至上者。他说的每句话，莫不以传统道德规范为准绳。他既是这般说，亦是这般去做。可能，一些偏狭短视的人，有这样那样的怀疑。随他去吧，就让他在常戚戚中闷头苦思去吧。在西风氤氲的十里洋场香港，李嘉诚能将大发达与守道德恰如其分地结合一体，并将传统的道德思维与骚动的现代商业社会融为一体，实为难得。由此可见，既守道德，又生财有术者，实是在商家之上乘，万世之师表。由此可见，传统的文明，在现代文明中的价值，有待人们去挖掘。

李嘉诚在董事袍金①上的做法，成为香港商界、舆论界的美谈。李嘉诚出任十余家公司的董事长或董事，但他把所有的袍金都归入长实账上，自己全年只拿五千港元。这五千港元，还不及公司一名普通工人在20世纪60年代初的年薪。亦不及今日一个清洁女工的月薪。以80年代中的水平，像长实系这样盈利状况甚佳的大公司主席袍金，一间公司就该有数百万港元。进入90年代，便猛增到数千万港元上下。李嘉诚二十多年维持不变，只拿五千港元。按现在的水平，李嘉诚万分之一都没拿到。对李嘉诚这样的超级富豪来说，财富在很大程度上来讲只是一个象征意义，根本不具有寻常人家多一个零或者少一个零的意义，大数是他所持股份所得的股息及价值。

> 小利不舍，大利不来，有舍才有得，这是定则。
>
> 如果一单生意只有自己赚，而对方一点不赚，这样的生意绝对不能干。

李嘉诚的意思是，生意人应该利益均沾，这样才能保持久远的合作关系。相反，光顾一己利益，而无视对方的权益，只能是一锤子买卖，自己将生意做断做小做少做绝。

数码港项目是一项全新的、前瞻性的项目，其没有如地产发展般拿出来竞投，不应无端受到訾议，何况日后港府也随着形势的发展，修改了港府与盈动彼此所占的权益比例而平衡了各方面的利益。所以，就算人们欣赏欧洲议会报

---

① 董事袍金：以企业纯利2%左右作为对公司董事工作的报酬，含薪金、佣金、花红、车马费等。

告所抱持的善意，但对其误解所产生的观点，却不敢苟同。尤其是报告所可能造成的不良印象及不利影响，更是感到忧虑和关注。在商场大小通吃的李嘉诚，年前曾感喟的说：“不义而富且贵，于我如浮云。”如非李嘉诚，莫能感同身受。

香港经济现状是李嘉诚的一块心病。他认为香港经济必须经过痛苦调整才能恢复其亚洲地区商业中心地位。由于他在日本东京市中心投资兴建一大厦，与香港房地产市场相对较低的生产率一比较，发现香港的建筑成本竟比日本的还高，不禁叹道，“亚洲其他地方都比香港便宜。”李嘉诚在香港的投资份额与海外的投资份额不相伯仲，但是海外的投资回报却占集团年收益的七成，而香港的收益仅占三成。不知那些天天高喊李嘉诚垄断的政客，究竟是昧着良心说话？还是完全视而不见，抑或确实别有用心？也许是认为香港经济彻底恢复元气尚需时日，因此虽仍以香港为大本营，李嘉诚已开始把精力转到西方的投资项目。

2002 年 7 月 11 日，香港立法会议员刘慧卿致函行政长官董建华先生，促请当局否决 TOM.com 入股亚视的申请，因为若申请获批，李先生及其家族便可以借着控制亚视进一步扩展其广泛业务网络，削弱香港多元化及公平竞争的营商环境。“本人同时促请当局积极考虑制订《反垄断法》，捍卫公平竞争的原则，保障消费者的权益。”之后，刘慧卿更于 2002 年 7 月 26 日在《经济日报》刊登“垄断之风不可长”的故弄玄虚之文，充分发挥其政客之政治角色的政治功能，大肆攻击李嘉诚的投资战略，甚至攻击李嘉诚本人。

这位泼辣的刘议员向特首董建华指出，李先生及其家族所涉业务十分广泛，包括房地产（住宅、写字楼、商场、工业大厦及酒店、物业管理）、港口营运、能源、电台、电讯、科技及互联网、超级市场、零售、生命科技等。刘慧卿并指李先生及其家族这些遍及多方面的业务“容易联成一体，造成垄断效应，”令其他经营者难以经营，例如长实或和黄辖下的地产发展项目经常保证百佳超级市场、屈臣氏及丰泽在该些发展计划的商场营业，最近百佳超级市场更获得数码港超级市场的营业位置，而数码港的发展商是以李先生次子李泽楷为主席的盈科数码动力。这位长期对李家横挑鼻子竖挑眉的尊贵的女议员，更是抓住李嘉诚一次表达不满的过火讲话，借机火上加油：“有钱唔系大晒。”公开呼吁市民拿出实质行动反制李嘉诚。

李嘉诚曾无奈何地反驳说：“香港人是想我投资多一些，还是少一些？”

刘慧卿对此的回复是："任随尊便吧！但请记着，你投资是为了赚钱而不是为了帮香港，香港人没有欠你什么。"投资是为了赚钱，没错，若说不是为了香港，甚至对香港无益，相信任何一个理智的人都有足够的理由怀疑这位尊贵议员的智商。

"使你疲倦的不是前面的高山，而是你鞋里的一粒沙子。"面对一粒又一粒圆滑坚硬细小的沙子，李嘉诚是否感到疲倦？让我们看看实际情况究竟如何？

其一，香港有多家公司经营超市，更有星罗棋布的街头巷尾铺，李嘉诚就算是有垄断之心，实际上也难有垄断之力。况且，与百佳超市旗鼓相当的另一家超市，也是同样在自己集团旗下的物业开设超市，此一情况，香港人人人皆知，莫非唯独刘议员不知情？况且，作为发展商，任何人都希望能将自己的物业尽快放租出去，最好是能够大面积放租，以便于集中管理。这本是商家最基本之营商策略。莫非，百佳超市放着现成生意不做，而要摆出大公无私的高姿态，上门去恳请另一家竞争对手来经营吗？

其二，这种悉听尊便的口吻，完全是一种不负责任的政客的腔调。作为一项投资而言，受惠的绝不仅仅是投资者本人，而且必然也会惠及受资地域，这是一个简单到连小学生都知道的道理，为什么世界各地，包括美国如斯富庶发达的国家，都把争取投资看作是自己国家长远发展的推动力呢？李嘉诚多年在香港的投资，不可否认，确实赚到了钱。但是，仅就百佳超市的经营情况来看，其利润低时仅为百分之二，好景时也就百分之三点几，完全低于在世界任何地方的任何一项投资，这中间固然有香港经营成本偏高的内在原因，更从另一个方面反证到，香港零售百货竞争剧烈，经营超市其实并不易为，亦根本不可能有暴利可图，又何来垄断之说。

其三，确实，香港人或许不欠李嘉诚什么，同样，李嘉诚也不欠香港人什么。只是，作为一个政客，不能不承认一个基本的事实，那就是长和集团在香港有三万八千名雇员，缴数十亿港元的税，为什么有些人会忽略到这一基本数据呢？为什么有人会对这些数据视而不见呢？政治与商业的公正与否，在此显而易见。

内地《人民日报》亦在 2002 年 7 月 15 日刊登评论文章，指香港人应该为李嘉诚而骄傲，作者引述李嘉诚自己的说话谓他"对香港只有爱心，没有野心"，他有"香港的良心"。

亚洲金融危机虽然影响到李嘉诚手下的公司，但只是皮外伤，并未伤筋动骨，原因是“我们一直在做最坏打算。”由于把业务分散到了海外的基础设施和公用事业方面，李嘉诚认为，不论香港的经济差到什么程度，他旗下公司的整体经营仍将产生稳定回报。并非是李嘉诚在自夸。多数证券分析人士也看好李嘉诚企业帝国前景。以李氏家族企业的旗舰长江实业为例，该公司拥有上市的和黄公司半数股权，而和黄的业务不仅多元化，从港口、手机到高速公路和桥梁等都有，还在国外和内地都有投资。高盛证券公司十分看好该公司盈利前景，称其为香港流通性最好的上市公司，由于拥有近百亿美元的流动资金，且资产负债率只有 30%，和黄成为香港股市最受投资者追捧的热门股票之一。

当然，和黄与长江实业并非没有经营难题。受香港房地产市场不景影响，两家公司仅 1998 年利润就减少 40%。长实旗下电联网络香港有限公司，推出电线宽带上网服务，该公司由长实和中电合组，长实占八成一股权。中电原本有志于上网业务，但 Oxygen 一直打不开销路，索性注入电联。

管理丽港城的港基物业管理，是长实旗下，该公司在未经招标情况下，为其中三期六千多住户，与电联签下为期三年，总值 800 多万港元的合约，平均每户月费约 38 港元。整笔款项由管理费支付，全体业主分文未支。大部分丽港城业主对此不甚了了，皆因港基一直以“免费”服务向住户招徕，兼且没有加管理费，住户自然大表欢迎。然而，个别住户在政客煽动下，公然跳出来反对，说什么没有公开咨询他们，与其使用电联宽带，不如将港基公司的管理费盈余分给他们好了。这就是反对者的逻辑。一派胡言，直情荒谬。免费宽带虽然好，如果分钱才为妙。管理公司的盈余，那是公司开源节流，管理得法的结果，现在公司利用这笔钱为住户做点有益的公益事情，就嘈嘈声大加反对。好像这笔钱是自己口袋里的钱一样，只有分到自己的口袋才算合理。

就在同时，被丽港城个别声音吵昏头的海柏花园业主，起而反对引入电联宽带。由于业主反对声音居多，结果改为投标拣选宽带公司。当然用者自付，每个住户需要自己掏钱给电联营运商。而且是高出很多的费用。此时此刻，这些住户反而哑口无言，无话可说。有些人甚至拍着胸口叫唤，只要我愿意，掏多点又何妨？不知道，这又是什么逻辑？而那些“仗义执言”的政客又在那装聋作哑，视而不见。

“电线上网”是以电线代替电话线传送信号的新技术，用户只需将计算机接上资料机和插座，便可上网。由于屋内的电线早已存在，电联无需重新铺设网络，只需在大厦装设机房，负责分配信号和频宽，故成本极低。一名熟悉大厦管理的人士表示，香港大厦管理法例上存有“盲点”。根据一般大厦公契和《建筑物管理条例》，管理公司签订的合约价值，只要未超过整年开支预算的两成，就无须公开投标，亦无规定需得到多少业主支持。依此推论，丽港城的管理公司港基公司的决定完全合法合理合情合义。

电联下一个目标，是拥有九千多户的香港岛南部的海怡半岛。据知电联向海怡开出的价钱，约为每户月费 30 港元，合约为期三年，同样由管理费支付。让我们比较一下同期其他宽带商推出的宽带服务合约，其中两间公司为月费 178 港元，直到 2005 年初，其中一家的月费才降至 101 港元，但必须签约 18 个月。相比较 30 港元月费的电联合约，还有什么理由指责其公道与否呢？

长和系旗下公司管理逾五十八个屋苑，合共超过八万五千户，如全部光顾电联，以每户收 40 港元计算，一年收入已达 4000 万港元，还未计已安装此服务的新楼盘，如都会轩、港景峰等。这些人算计的不是电联为住户省了多少钱，而是李嘉诚赚了多少钱。总之一句话，别的营运商赚多少钱无所谓，李嘉诚不能赚我的钱。可能，考虑问题的出发点确实不同。这就是凡夫俗子与超人的差别。这就是活生生的阿 Q 逻辑。

> 我们生活在社会中，要与社会互动，懂得如何与自己相处，以及如何与别人相处。大家要有同理心，能易地而处，张开心胸去体会来自世界各地不同文化、不同种族的人们所思所想，才可以超越种族、性别、年龄、文化及其他隔膜，不单要努力提升自己，更要致力建立社会共同的尊严，否则我们在全球化的过程中要能彼此和谐共处，只是遥遥不可及的希望。

李嘉诚经历了大半个世纪的风风雨雨，似乎一切都看得很开，很化，很淡。

“支持教育及医疗发展是我终生不渝的事业……在人生旅程中，能播下一些良好的种子，为人类做出贡献，生活就更有意义。”

第六章

打造奉献的文化

▲ 2005 年 4 月，香港中文大学卢煜明教授向李嘉诚介绍癌症测试的最新医学研究发展。

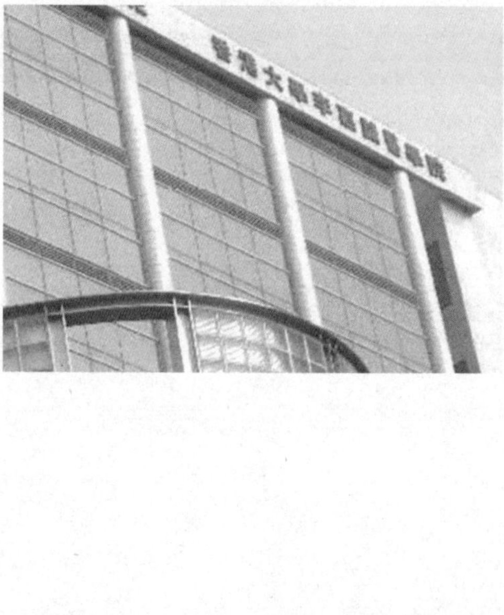

▶ 香港大学李嘉诚医学院的改名曾引起社会争议。

“李嘉诚先生少年经历忧患，不足十五岁便辍学到社会谋生，深深体会健康和知识的重要，认为对无助的人给予帮助是世上最有意义的事情，教育及医疗两者更是国家富强之本，他也认识到个人力量到底有限，唯有事业成功，才能对社会和国家做更大的贡献。故早年随着事业进展、行有余力的时候，便热心慈善公益，支持内地及本港的教育医疗事业。于1980年，成立李嘉诚基金会，借以对教育、医疗、文化、公益事业做更有系统的资助。历年来，李先生成立的私人公益慈善基金会已捐出及承诺之款项逾八十五亿港元。此外，李先生亦推动旗下企业集团捐资及参与社会公益项目。”

以上为李嘉诚基金会网页上对李氏基金会的简单介绍。至于基金会究竟是怎样运作的？还是让基金会董事周凯旋女士来介绍吧。2006年12月8日下午，周凯旋接受访问时说到：“李先生他令人赞叹的地方，是一个要常常深入思考的人，是一个常常提升自己、不怕转变的人，这亦驱使他从慈济家转变为一个慈善家。慈济跟慈善工作、跟基金会的工作是不同层次的。基金会在李先生看来，是个人信念的延伸。每个基金会不是讲求你有多少钱、多少能力，最重要的反而是：What do you believe？你自己相信什么？你想改变世界上哪一个你不满的现实？”

李嘉诚基金会所做的事都强调是一种“实验”。在李嘉诚眼里，创办汕头大学是一次很大的实验，希望与政府一块探讨“年轻人怎样准备面对未来的挑战，怎样准备承担对社会的义务”，通过教育系统让学生自己追寻这两个问题的答案。

“你办汕头大学是为自己，还是为国家？”周凯旋曾这样直接问李嘉诚，“这是很不同的概念。为李先生自己，或是为李先生的家族，那我们就不断投放资源，把最有能力的人都吸引到汕头，然后努力争取成绩，让人觉得我们这样好、那样好。但是，这是没有意义的，潮汕只是中国的一部分。如果李先生办汕头大学是为全中国，那我们应把汕头当成一个实验。”

李嘉诚基金会的规模在全球排行前列，每天能收到大约二百个申请。“我们的做法是这样的——我们有个小组，按李先生的规定分析排序后再让他考虑。”李嘉诚订明：“基金会所有收益，不可以为他本人、他的家族成员或基金会任何成员或董事，带来任何直接或间接的个人利益。”

周凯旋带领的小组，首先看申请项目是否符合基金会的捐助焦点。教育和医疗，是李嘉诚基金会的两大主要方向。“符合了，我们还会看项目对社会能起多大的杠杆作用，因为李先生很相信商业或慈善也要带给社会最大的实惠，如何带动一个突破、一项新的科研，看的是社会回报。”另外，基金会也很重视政府对项目的支持。“政府配套是很重要的。比如我们捐助美国伯克莱四千万美元建一个生命科学中心，关键时刻带动美国发展生命科学，对方也会按我们的捐助做出配套。”

不过，在周凯旋名下，还有一个“周凯旋基金会”，是专注于基础教育尤其是女性方面。“我跟李先生在这方面其实是有分歧的，他认为我有偏见，我不同意。男生不可能理解女生所承受的一种无形压力。”周凯旋觉得，女性企业家要是有能力的话，一定要专注于女性的工作，帮助女性于自信的建立、社会的参与和对未来的憧憬，“我的基金会只会做这件事情，不会考虑其他。在李嘉诚基金会里，我自己的定位是担任服务的角色，是义工，我积极地参与，去承担问题或是解决问题，但是我不追求我是否是董事，等等。”

周凯旋表示：“请你不要介意我的分析，其实资产分配与运作的问题是一个表皮的问题，很容易解决的。但是李先生的不同，或是说李先生希望跟中国有意于慈善事业的人所分享的，是他相信的东西。从他个人的榜样，他相信一件事情，而且他以身作则去实现这想法，这就是李嘉诚基金会最重要的原则。”

捐助港大

2005 年 5 月 5 日，李嘉诚旗下的李嘉诚基金会，宣布捐款十亿港元予香港大学，协助港大跻身全球排名前二十五名大学。这笔巨额捐款创下多项纪录，包括有纪录以来亚洲最大笔的教育捐款、香港历来最大笔捐款，以及香港的大学历来接收最大笔的单一捐款，这亦是李嘉诚基金会历来最大笔的单一捐款项目。李嘉诚基金会发言人表示，捐款主要是希望用作教育发展及科研，但未指定用途。他指出，李嘉诚捐款港大，主要是因为他相信“知识改变命运”，亦显示“以香港为家”的信念，李嘉诚亦认为港大历史悠久，认同港大教学与科研成就卓越。

据了解，香港及各地的大学及机构，都有向基金会募捐，这次捐出巨款予港大，前后谈了约一个多月，其间港大提出的募捐额低于十亿港元。据悉，李嘉诚曾考虑应该同时向多间院校捐款，抑或是作一次大额“投资”，结果选择集中投放港大，因他相信科研工作可以推动香港的核心竞争力，对香港未来发展十分重要，而且欣赏港大的科研成绩。

这次李嘉诚捐出巨款给予港大的另一考虑，是想显示他对香港的承担，反馈他视作家园的香港。如果单纯为了推动学术或个人留名，捐款给国际知名的哈佛或牛津大学，效果会更佳。

> 同济心不是富裕人士专有的，亦并非单单属于某一阶层、国家或宗教的，通过决心及自由发挥，它可创出自己的新世界，一个能体现集体力量、具感染性的大同社会，因为这工作是永恒的，而其影响力也是无穷无尽的。让我们大家一起同心协力，不要再犹豫，拿出我们企业家豪迈的精神和勇气，让我们选择积极帮助有需要的人重塑命运，共同为社会进步赋予新的意义。
>
> 有人说现代人的心，比南极底层的水还冷。但我相信上善若水——公道和温情燃活在我们的道德良心之中，只要我们每个人都愿意承担多一点，仁心可以结合成为力量，必能建立自觉及健康的公民社会。

李嘉诚过往曾捐款香港、内地及海外多间大学及机构。在香港方面，曾获他捐赠的大学包括香港大学、中文大学、浸会大学、理工大学与公开大学等，而过去二十年捐款给港大的累积总额超过五千万港元，但这次却一次捐款十亿港元。对于李嘉诚没有对其他大学捐款，李嘉诚基金会发言人说，李嘉诚过往也有捐款香港的其他大学，未来亦会继续捐款。

而在稍后举行的长和股东大会后，李嘉诚亦花了相当时间解释捐款的用意。李嘉诚强调，港人正面对激烈的竞争环境，希望该笔捐款能助港人出人头地。同时，他希望这次捐款能引起大家的捐献文化，并促使特区政府做出配套措施。被问及为何选中香港大学，李嘉诚即笑笑说："这个问题好难答"。但他再三强调，除了港大外，亦捐钱给中大及理大等，但其基金会只会选择视乎对社会有好处的项目，而香港及内地永远是首选。李嘉诚语重心长地说，香港为何能立足于全球，全靠香港有出色的人才，这与香港有良好的教育和医疗关系密切。李嘉诚又特别强调：

> 今天，香港要迎接不同国家、不同地区的挑战。与其他地方相比，香港的优势仍在：一百多年来香港的工商贸易活动带来了较高的储备，若能适当善用，当能争取多一点的时间及资源，创造更多的选择机会；内地经济的蓬勃发展为香港提供了无限的投资商机，香港可在出口、生产和商贸方面重新部署竞争优势；香港对国际情况、法律及信息掌握较佳，有较完善的金融制度，集资条件为亚洲之冠；香港的传统文化富有包容性，对营商有利。这一切都有助于推动香港社会继续迈向繁荣和维持稳定。

这份令港大"惊喜"的大礼，顿时也令港大的发展基金总额超逾三十亿港元。由于港大有宏图大计，正期望在 2011 年庆祝大学一百周年时，基金可以超过五十亿港元，朝着一百亿港元的大目标迈进。港大知情人士指出，这次捐款并不限于特定项目，李嘉诚在捐款时并未特别指明款项用途。港大可利用基金款项，推动大学西部扩展大计，以及多项科研，如医学院、法律学院等多项发展计划，其中的医学研究最为李嘉诚关注，相信这笔款项未来用于医学研究的比重为多。

港大校长徐立之对李嘉诚及其基金会表示感激，他形容这笔捐款是“空前庞大的礼物”，不但是对港大卓越表现的认可，亦是香港慈善活动的里程碑。他指，捐款将推动港大的教育发展更上一层楼。徐立之表示，李嘉诚与他及两位港大副校长均为相识多年的朋友，李经常与副校长李焯芬教授讨论佛学，又和首席副校长王于渐研究经济社会问题。早于徐立之在加拿大回港出任校长前，李嘉诚已十分支持他，希望港大有更好的发展，常向他了解大学发展动向，并十分支持及信任港大。徐立之笑说，十亿港元捐款，实在是令人鼓舞的数字，也创下香港历史性的捐款，大学的宗旨是办好教育，认为捐款予最成功的学术单位，有助学术单位更上一层楼，十亿港元的捐款相等于香港大学一年总营运经费的三分之一。过去港大曾获得的最大笔捐款是来自嘉道理家族，合计约五亿港元，用于兴建作为农业研究的嘉道理中心。

李嘉诚基金会于 1980 年成立，历年来由李嘉诚成立的私人公益慈善基金，截止 2005 年，已经捐出及承诺捐出的款项高达八十亿港元，当中九成是捐助教育及医疗事业。

> 支持教育及医疗发展是我终生不渝的事业……在人生旅程中，能播下一些良好的种子，为人类做出贡献，生活就更有意义。

这是李嘉诚一心圆的另一个梦，是他启动生命新旅程的终极目标，或许也成为他发展新事业的原则。昔日父亲病逝和自己失学的那份伤感整整缠绕李嘉诚六十年，成为挥之不去的心头之憾。从此以后，读书和看病、健康与知识在他心头变得格外的沉甸甸。多少个日夜，多少个风雨，都丝毫未曾动摇心中固有的信念。

命名

2005 年 5 月 24 日，香港大学医学院发表声明，回应港大医学院毕业生反对港大接受李嘉诚基金会捐出十亿港元给大学后，将医学院命名为“香港大学李嘉诚医学院”。声明指出，由于李嘉诚及其基金会关注教育和医学的发展，十亿港元的捐款大部分将用作发展医学及生物科技，故校方决定以医学院冠名，以表达对李嘉诚的衷心感谢。港大校务委员会又表明，医学院改名后，学院的管理、法定地位及日常运作与以往没有任何分别。

立法会议员郭家麒表示，收到校友及医学院前任资深教授的电话，指医学院命名有问题，他认为，港大应以其他方式表扬捐款者，例如新校园、建筑物、奖学金及教授名衔等作为感谢，他和其他联署人会约见校长徐立之反映不满。儿科医生谢鸿兴更荒谬地形容港大校务委员会的做法是“家门不幸”，他认为，医学院命名应咨询校友及师生意见。另一名出席的医生黄国田认为，如港大不收回成命，校友将会谴责校长徐立之，要求他引咎辞职。就读港大医学院的一年级学生倪奕衡表示，学生只从电邮中得悉校方决定将医学院命名，有医科学生对医学院命名有保留。

针对一批香港大学医学院校友反对医学院以商人李嘉诚命名，香港教育统筹局局长李国章5月23日表示，为了向捐款人致谢而命名是天公地道，他并鼓励大学自行筹款。李国章在港台节目《与司局长对话》中说，外国也有类似做法，此举是感谢捐款人。李国章表示，香港各大学去年合共筹得二十三亿港元，该局因应大学的筹款成绩，拨出十亿作为等额资助基金资助大学。李国章又表示，会与立法会讨论，继续以资助基金形式，鼓励各大学向外筹款。

曾代表香港大学接过校友反对信件的副校长李焯芬，从容地说：“当时校友们的情绪是有点劳气，但我自己又没什么特别感觉，我想：成为一个能够体会佛教佛家道理的人，都能用平常心，尽量沟通。有时那只是沟通问题，我会尽量去解答他们的疑虑。”李焯芬教授更用一个通俗的比喻来解释到，就算去喝人家喜酒，都应该预备一份礼物啦。在李焯芬的办公室内，星云大师所写的“应当如此”四字似乎说明了一切。

香港大学医学院副院长梁宪孙在接受媒体访问时表示，参考外国经验，有学院接受超过一亿美元捐款，就会考虑以捐款者命名，李嘉诚的捐款达到十亿港元，应该予以表彰。他强调，校政及学术自由不会受冠名影响。

发起联署的香港立法会医学界代表郭家麒早前表示，这做法令他们感到“震惊和心痛”，而且是“沦为商业味重的买卖”。这位立法会议员可能忘了一点，如果没有社会善长的长期不懈捐献，他们甚至连这丁点商业味都感觉不到，倒是有可能感觉到丧业味。

郭家麒更鼓动近百名港大医学院校友与家属，到港大医学院拉横幅静坐，抗议校方为医学院冠名，并向校方递交请愿信。港大副校长李焯芬教授表示，冠名决定已经过充分考虑，此乃“礼尚往来、投桃报李”，校方必须以诚信为本，不会收回决定。身兼医学界立法会议员的郭家麒煞有介事地说，校方缺乏透明度，没有交代任何准则和机制，亦没有充分咨询校友。他重申不反对李嘉诚捐款，但捐献不是礼，绝不能以冠名做交易。这位堂堂立法会议员甚至发起抬棺示威，以表达自己所谓的痛心疾首。这般所谓的精英曾为港大做过什么，又曾为港大医学院做过什么？要出位出名，都用不着这样头顶烈日。

香港大学校长徐立之 5 月 28 日重申，港大医学院将冠名为香港大学李嘉诚医学院，这一决定不会改变。徐立之说，为答谢李嘉诚向香港大学捐赠十亿港元，香港大学做出的这个决定，符合香港大学未来发展方向和国际惯例，是得体、恰当和完全遵守程序的惯常做法，是完全符合港大未来持续稳步发展的正确决定。

香港大学医学院长林兆鑫之前表示，校方未及广泛咨询校友意见，加上本港缺乏冠名文化，令事件触动“感情与理性之间的争论。”林兆鑫指出，已经制定长达十年的策略发展计划，包括成立医学及卫生教育研究所、人类研究所、公共卫生学院及生物工程学院，并会将现时的二百五十名教职员，增至十年后的五百人，日后着重科研发展，整项发展计划涉及投资逾四十亿港元。他表示，现时医学院的资金近八成三来自政府，其余则由社会人士捐赠，日后希望增加非政府的收益至六成，因此需要各方人士鼎力慷慨支持。港大李嘉诚医学院目前在全球医学研究的排名列 112 位，林兆鑫期望，日后增加人手及资源后，可使该院十年内跻身全球十大医学院之一。他表示，宏图大计达成后，不但可吸引一百万名外来病人来港医病，为本地生产总值带来一百亿港元收益，并能创造一万五千个职位，“希望将香港发展成亚洲的杏林城、华佗港！”

继三十名医学院校友发出联署公开信之后，香港私人执业专科医生协会有限公司 5 月 25 日在报章刊登声明，促请香港大学以其他方式答谢巨额捐献。林兆鑫表示，冠名安排利多于弊，即使长实集团在港业务的范畴甚广，也无损医学院的科研自主。他承诺说，医学院教研不会受捐款者干预，李嘉诚过往对大学的捐款，亦从未干预过任何一间大学的学术研究自主。

校方同时亦收到其他市民对校长徐立之表示支持，九十四岁的黄伯致函徐立之表示，命名风波是“好搞事之辈所为”。他更表示，香港中文大学早已命名为香港大学邓志昂中文学院及逸夫书院，亦从未见有人出来反对。香港大学医学院冠名李嘉诚，是港大医学院的骄傲，港大应该为此自豪，倒是那些所谓的只会拉横幅空喊口号的所谓精英，才真正是大学的耻辱。而市民张芝魁、林美玲一家六口，则在信中表示：“贵校校友郭先生等人的脑袋充满铜臭。”他们认为，反对命名的校友以估价方式，表示医学院名称不止李嘉诚所捐赠的价钱是谬论。那些习惯以价格衡量一切的人，与街市卖菜者的思维并没有任何差别。唯一的差别就是，那些菜贩是就事论事，明码标价，而这般精英却是用价格掩盖自己的丑陋灵魂，用虚伪掩盖自己的无耻嘴脸。

港大校委会主席冯国经表示，李嘉诚的十亿港元捐款史无前例，这是对港大医学院过去多年杰出成就的肯定，也将为商界和高等教育界创立全新的联系模式，推动社会对高等教育的捐助。

李嘉诚当年捐资逾二十亿港元创建汕头大学。创校时，有人提议将汕大命名为李嘉诚大学，李氏一口回绝。后来地方政府又建议，至少将大学礼堂命名为李嘉诚礼堂，以纪念李氏的贡献，李氏也婉拒之，因而该礼堂改为“大礼堂”之名至今。可以想象，淡泊名利的李嘉诚一定不会为了一间学院的命名而耿耿于怀。至于此次捐赠，李嘉诚为了港大医疗研究的提升及长远发展，和国际接轨，可谓用心良苦。

香港大学副校长李焯芬表示，会维持冠命决定，“校方经过深思熟虑，学校亦以诚信为先。”他又说：“事实上每日都收到数以百计的海外校友支持冠名，整体社会亦大力支持。”

人大常委曾宪梓指出，李嘉诚是谦虚无求的人，也是世界知名的财团领袖，如果只为求名，李捐助兴建的汕头大学便应改为李嘉诚大学，大家应该珍惜李的热心热忱，他的做法对香港各界人士支持教育也起到良好作用，大家应以平常心看待。

李嘉诚基金会发言人重申，李先生对命名“无所谓”，此次完全是对港大盛意难却。谈到捐款的理念，李嘉诚基金会发言人称，基金会过去的捐款中医疗及教育占了九成，背后与李生的个人背景有关：“李先生是潮州人，出身环境不错，父亲当时是小学校长，但日本侵华期间，李先生只是十二岁，经历了战乱，父亲肺病，在战乱期间也无钱看医生，在他十四岁时父亲病逝，其后也无钱读书，投入社会工作。”

李嘉诚对名下的基金运作解说到：

他早已拥有我不少的资产，我全心全意地爱护他，我相信基金会的同仁及我的家人定会把我的理念，通过知识教育改变命运或是以正确及高效率的方法，帮助身处深渊、痛苦无助的人，把我的心愿延续下去。

择善坚持

在近百名港大医学院校友及其家属的反对“命名”声中，李嘉诚不得不打破沉默，写信支援港大及校长徐立之，又否认接受命名是一种虚荣的表现；他又叫港大不用担心某些带侮辱性的嘲弄会给他带来困扰。李嘉诚在这封信中，坦诚表白，择善坚持：

“感谢你们来信关心和鼓励，近日来海内外连绵不断的支援也为我带来莫大的欣慰。与你们一样，我认为不需再为冠名之事磋磨。我非常钦佩徐校长您的宽容，对一些人加诸您的责难，我是感逾身受，然而，人之择善坚持，在轻率顽误的社会中却更显罕贵。你们不用担心某些带侮辱性的嘲弄会给我带来困扰，替我不值。最重要的是今天我还是能很高兴地告诉你们，我是一个快乐的人，作为一个人，一个市民及一个企业家，我尽了一切所能服务社会。

不知我者，也许会误认接受冠名是一种虚荣的表现。我确曾抚心自问，既然在过去三十年间，80%以上的捐赠项目我都没有选择冠名，为何唯独在这对我并无特别益处、现在又令我不是滋味的一事中，我仍不改变初衷？

我内心的答案是明显不过，香港是我家，既然这是一件合乎香港利益的事情，而港大医学院的使命和追求卓越的理念与我相符，这是我贯彻此承诺的正确选择。

而在高压高姿态的情况下，任何人更绝不应该为了一己的超然洒脱，而折损港大校务委员会和校长的尊严及大学的国际声誉。我相信日后这种国际普及的个人与大学的深化合作关系将更获社会的尊重和认同。这是我愿意接受医学院命名的主要原因。

今天的我，依然固执地对未来充满梦想，期盼一个有智慧、公平、自由及关怀的社会的实现。我深信，通过教育、医疗社会资本的增长，是达到这些核心价值的关键元素。”

2005 年 12 月 24 日，针对香港大学医学院可能于 2006 年 1 月 1 日正式冠名为“李嘉诚医学院”，该院一批校友扬言反对，并声称将于命名典礼上以披麻戴孝等丧礼形式以表不满。曾扬言抬棺抗议反对命名的港大医学院校友郭家麒称，会向全球校友募捐，希望“买回”医学院之名；又会出书记录医学院的历史，并猛力抨击港大校长徐立之、港大医学院院长林兆鑫及慷慨捐出十亿港元的李嘉诚。

港大同时做出回应强调，香港大学是一所尊严的学府，不容随意轻蔑。“对于损害大学的言论，大学将保持追究的权利。李嘉诚先生是大学的挚友，李先生的声誉如果因支持大学而遭到损害，大学也必会采取必要的行动。”

郭家麒表示，已向全球校友募捐，希望能筹得五亿港元，“买回”医学院之名，并会向包括合和实业主席胡应湘在内的知名商家进行筹募。校友现时所得的口头认捐额已达一百万港元，但需要港大校长徐立之首肯，才能启动属于港大的银行户口，以正式进行筹募活动。街头棺材文化居然登文明大雅之堂，如斯斯文，岂不是一部可怜可笑可悲可恶的校园闹剧。

莎士比亚说过：“装傻装得好也是要靠才情的；他必须窥伺被他所取笑的人们的心情，了解他们的身份，还得看准了时机。然后像窥伺着眼前每一只鸟雀的野鹰一样，每个机会都不放松。这是一种和聪明人的艺术一样艰难的工作。”

香港一专栏作家对尊贵的郭大议员的丑行做了人木三分的分析：“作为医生，郭家麟此举实在愚不可及，因为医生的天职是救死扶伤，病人一息尚存，都要全力救治，哪有医生如此荒唐，自己‘母亲’未死，只是年纪大了一些，某些机能衰退，只要补补身，就可以活得更健康、更开心，老当益壮，甚至返老还童，重现青春。而郭家麒这个‘忤逆仔’，母校得大善人李嘉诚慷慨捐助十亿港元，端的是‘功同再造’，大补元气，脱胎换骨，期许在十年之内，不但全无老态，而且还可以成为‘全球十大美人’之一——跻身全世界‘十佳’医学院之列。可惜，郭家麒这个‘忤逆仔’，不但对母校这个翻身大计，自己不作任何捐款，而且还要拔掉输送大补液的管子，宣布母校死亡！”寻常人家，确实觉得不可思议。

港大发表强硬声明回应指出，近期不会举行命名仪式，并指郭家麒的言论似已超出了讨论与辩论的范畴，把热心支持教育而高度宽容的李先生作为攻击目标，把无私地为港大发展而努力的徐校长描绘为罪人，把大学的筹款成就扭曲为罪过，对大学以至当事者都十分不公平。

港大对郭家麒之流的回应如下：

1. 我们对郭医生的言论感到遗憾及痛心。

2. 港大医学院并不是商品，不可随便做买卖或收购。

3. 我们十分欢迎郭医生为母校发起捐款，我们圣诞节的愿望，亦是收到郭医生的第一批捐款。

4. 医学院已公布了发展，但我们暂时还未收到郭医生有关医学院发展的建议，我们诚意邀请郭医生一起商讨及参与医学院的发展。

5. 港大随时十分欢迎校友返母校，尤其是郭医生，因为他可能平时较忙，我们亦没有太多机会与他接触。

6. 最后，我们希望所有校友可一起向前，不再纠缠于命名的争论，争取时间与资源为香港的医学发展出力。

港大资深校长顾问程介明表示，欢迎郭家麒为大学的筹款慷慨解囊，但暂时没有类似“买回医学院”的捐款项目。他强调，不会干扰不同人士表达意见的方式，“但不能伤害大学的名誉及支持者”，而且“大学不能因为某些意见及压力而屈服”。所以，他认为风波应该告一段落。

6月10日，港大校友反对港大医学院改名为港大李嘉诚医学院一事犹有余波。反对改名的港大校友蔡淑梅医生，最近收到港大的律师警告信，信内指她刚出版之书《尔名何价》内两篇文章：“哀港大”和“重利媚商‘尔名何价’”，令港大声誉受损，并说会保留一切法律追究权利，以及追讨名誉损失赔偿。香港大学发言人确认，已发律师信予蔡淑梅，但没有透露信件内容，暂时未有进一步行动。立法会医学界议员郭家麒表示，若港大采取法律诉讼，“香港大学医学院正名行动组”会成立基金，支持蔡淑梅迎战港大的诉讼。

2006 年 3 月 31 日，香港大学李嘉诚医学院联同国际顶尖学府，包括英国剑桥大学、美国加州大学柏克莱学院、及加拿大多伦多大学，成立“东西方医学研究学院国际科研联盟”，汇聚全球顶尖生物医疗科学家，就人口老化、禽流感及 SARS 等新发传染病课题展开研究。联盟将于 4 月 1 日起一连两日在港举行首个筹划会议。港大李嘉诚医学院院长林兆鑫称，全球受惠李嘉诚基金会捐助的九所大学中，港大及上述三所院校受惠最多，同时集合全球顶尖研究队伍，四所院校希望组成全球科研网络发展生物医疗专长。

2007 年 5 月 18 日，美国加州大学校董会通过决议，计划 2008 年在柏克莱分校兴建李嘉诚生物医学和健康科学中心。未来的李嘉诚中心将为干细胞、神经系统科学、癌症和传染病的研究及教学提供最先进和最顶级的场所。鉴于加大柏克莱分校在生物医学研究领域的世界主导地位，2005 年 6 月，李嘉诚通过其基金会捐赠 4000 万美元，帮助该校设立生物医学及健康研究中心，期早日攻克人类疾病的难题。李嘉诚中心总造价为 1.6 亿美元，其余资金来自私人捐款和政府基金。

2005 年 2 月 22 日，李嘉诚基金会宣布捐款五百万港元，设立“李庄月明佛学研究基金”，资助香港大学佛学研究中心的研究发展。香港大学将拨出相等数目的款项，作为基金的配套资金。

香港大学副校长兼佛学研究中心管理委员会主席李焯芬教授表示，研究中心将善用这笔捐款，而香港大学也希望借此吸纳和培养佛学人才，进一步推动香港与世界佛学研究的发展，鼓励年轻一代研究佛学和应用佛学哲理净化人心，舒缓社会问题，并使正信的佛法进入主流社会，从生活中实践佛教智慧慈悲的精神。他说，港大佛学研究中心现有十四位教师教授，二十六门课程，有不同的教学队伍专注教授不同的传承，并且重视佛学在社会的实质应用，最终目的是能够服务社会。由于港大是一所英语大学，加上独特的定位，李教授相信港大佛学研究中心可以发展成为东西方研究佛学的桥梁和国际交流中心。

佛学研究中心总监净因法师负责策划研究和发展项目，这项共一千万港元的款项会用作包括高学术价值的佛学学术课题研究、聘请国际著名佛学教授担任教席、发展课程与进行学术研究、举办佛学专题讲座、资助出版佛学研究丛书和学者交流计划，以及成立佛学研究资源中心。

李嘉诚认为，宗教不仅是心灵的桃花源，更是一门活泼的哲学，可令大家的生命变得更加精彩。他并深信，探讨宗教的哲义是人文精神研究的重要课题，可以帮助人追求信念的提升及建立社会的和谐。李嘉诚同时指出：

> 在全球十分重视教育素质的背景下，香港的年轻人需要扩展国际视野和加强高层次的思维技巧，也需要接受跨学科教育的培训，以应付不断转变的社会需求。
>
> 大中华地区的理想投资环境，无疑是香港的一个大宝藏，与其他地方相比，香港更了解内地的运作和拥有敏锐的世界市场触觉，加上香港卓越的融资能力及财务经验，与内地可相互配合，各行各业均有无限商机。
>
> 港人需加强危机意识，思变求变，了解其他地区的潜力，化为自己的东风，与竞争对手并驾齐驱。香港需要解决人才缺乏问题，要重视引进内地及海外优秀专业人才。
>
> 香港一定要时刻反思，更新求变，以智慧客观地认清香港的处境，以毅力坚决地冲破重重障碍。大家应共同努力，不断追求社会的进步与繁荣。

面对学富五车的港大学者，虚怀若谷的李嘉诚不时说最大的遗憾就是从小因战乱没有受过正规教育，但从没有放弃学习，至今仍然习惯每晚睡前阅读，常常设定一个闹钟，提醒自己不要入迷而读书至凌晨，通过阅读掌握了很多新领域的新知识，他把工作中的学习视为事业发展的动力。李嘉诚说，读书不仅是乐趣，而且令人启迪心智，刺激思考，增进智慧，提升智慧。

> 香港现在天时、地利都有了，只要人和，局面好点，便非常好了。我对香港的前途是乐观的！

为全球人类健康谋福祉

李嘉诚对教育事业的捐献未受港大医学院命名风波影响。为全球人类健康谋福祉，李嘉诚再慷慨捐出三亿港元予美国加州大学柏克莱学院成立研究中心，集合世界各地顶尖学者，贯注于癌症生物学、传染病学、基因调控和干细胞学，及神经退化性疾病学四大科研领域。柏克莱为感谢李嘉诚的捐助，宣布整个研究项目及大楼将以他的名字命名。

柏克莱校长包信乐在本港会见传媒时表示，李嘉诚一年前已经决定捐出该笔款项，但对方以港为家，故希望先完成港大与中大的捐款后才宣布。而在双方洽谈期间，完全未感到李氏热衷于命名事宜，相反他对研究范畴、如何找出人类疾病根源等最感兴趣。为答谢对方慷慨捐出 4000 万美元（相等于 3.12 亿港元），柏克莱不但把新设的研究中心命名为“李嘉诚生物医学和健康科学研究中心”，更将整个项目以李氏的名字命名。

包信乐指出，虽然与港大校长徐立之属于好友，但不会向对方“教路”解决医学院风波，自己亦不便评论有关事件，但强调以捐款者命名是很普遍的事。他再三强调，柏克莱大学有关的命名迄今未收到任何人的反对。他又提到，该笔捐款是柏克莱历来最巨额的国际捐款，学校筹划于大学西部入口处兴建上述研究中心。该座楼高五层连二层地库的中心大楼造价 1.6 亿美元，2007 年动工，2009 年后落成，落成后将成为柏克莱健康科学研究计划的基石。

初步计划，中心内将拥有 33 ~ 35 个科研和教学用实验室，以及演讲厅和研讨室、脑影像数据分析中心和动物库房大楼，当中包括 Henry H，Wheeler Jr. 脑造影中心，来自全球包括中国内地、新加坡、澳洲等学者，以及三名诺贝尔得奖者，将可在中心内研究癌症、老年痴呆症等脑部疾病、艾滋病和登革热等致命的传染病，以及干细胞生物学。

李嘉诚透过发言人透露捐款的理念，是希望捐赠六项医疗项目，让接受捐款的各所大学连成一条医学研究链，各院校的医学研究范畴均不一，但因为同获李嘉诚捐款，甚至中心或医学院同是以李嘉诚冠名的情况下，可加强这些知名大学之间的学术交流及合作，同时提升香港及全球的医疗科技水平，培训更出色的人才。长远来讲，有助提升香港的国际地位。李嘉诚亦希望香港的大学成为有关医学研究链的成员，可以在国际学术地位方面有帮助。在不同大学的“李嘉诚”命名的“姊妹”院系关系下，香港的大学与英美著名学府之间，更容易进行学术交流。

对于为何要选择向柏克莱捐款，发言人解释，在全球名列十大的大学当中，大部分是私立学校，而柏克莱则是一间公立大学，学费较低，部分学生来自贫困家庭。基金会亦考虑该校拥有逾千名科学家，在科研上有出色的成就，医学范畴共有三名诺贝尔得奖者（该校历来共有十九名诺奖得主），对医学的贡献很大，尤其是在干细胞的研究方面。另外，柏克莱有不少亚裔学生，港人熟悉的已故前柏克莱大学校长田长霖、前行政局首席议员邓莲如、作家林燕妮等，均为校友，连此次促成李嘉诚捐款的柏克莱大学副校长也是港人。柏克莱建立的研究中心，初步估计建筑成本 1.6 亿美元，大学承诺配套筹集 1.2 亿美元，以配对李嘉诚基会的 4000 万美元，即配对为一比三。

2005 年 2 月 25 日，李嘉诚基金会宣布捐款三百万欧元（逾三千万港元），资助全球顶尖研究机构法国巴斯德研究所（Institut Pasteur），与近年在禽流感及新发现传染病研究接连创出佳绩的汕头大学医学院/香港大学医学院联合流感研究中心的合作，为全球对抗禽流感工作的国际力量增添一股新动力。

禽流感现在已经成为全世界最具威胁的流感病毒，若大规模爆发，后果不堪想象。流感专家警告，随着 H5N1 禽流感病毒在过去不断变种，导致病毒人传人的能力大增。医学界已发现了数个具有人传人能力的禽流感病毒新品种，估计一旦大爆发，死亡人数可能数以百万计。世界各国的医疗卫生官员们虽努力就此威胁做好准备，但仍未能掌握最有效的办法。

捐款将用以资助巴斯德研究所与汕头大学医学院/香港大学医学院联合流感研究中心进行合作，研究对抗禽流感与其他呼吸系统疾病的防治方法。合作计划的首要工作，是研究现有或新的快速准确试剂，以及了解病毒宿主体内免疫力与病毒的相互作用。汕头大学与香港大学于 2001 年 11 月合作成立的流感研究中心较早前在有关研究方面已取得了重大突破，曾先后发现流感病毒可跨种属屏障直接从鸭传给人及 H5N1 病毒流感已成为东南亚的风土病，这些研究结果曾经分别于 2003 及 2004 年在国际顶级科研杂志《自然》（Nature）发表。

李嘉诚对尖端医学科技研究的支持一向都是不遗余力，面对禽流感对世人的严重威胁，更亟望能早日研究出有效的防治方法。李嘉诚很高兴知道法国巴斯德研究所在上海成立了分所，凝聚合作各方的努力，相信会更快取得科学上的突破成果，让公共卫生部门在防治这项世纪病毒及相关疾病方面做出更佳准备。

巴斯德研究所所长Philippe Kourilsky教授说，他很感谢李先生的慷慨捐助，这证明了李先生对人文精神与社会责任的承担，以及他对公众健康的深切关注。Kourilsky教授称，巴斯德研究所与中国科学院及上海市政府合作的上海巴斯德研究所是因应中国国家主席胡锦涛与法国总统希拉克所表达的中法双方多合作的意愿而成立。Kourilsky教授说研究所与联合流感研究中心的合作目标，是在有新的呼吸系统疾病出现时，迅速做出实质有效的回应。

2005年4月7日，香港中文大学宣布获李嘉诚基金会捐款六千万港元，资助该校医学院成立一所健康科学研究所，并对中文大学医学院的临床及健康科学研究做进一步的支持。中文大学称新成立的“李嘉诚健康科学研究所”的科研焦点主要在预防医学、临床医学和再生医学；特别在危重疾病（如各类癌症、基因遗传疾病、常见都市病和传染病）的领域内专注于三方面的突破：早期诊断、发展最新的治疗方法和寻求破解患者的基因密码。

李嘉诚健康科学研究所并将与政府部门、专业团体、学术机构及其他公私营机构合作，探讨有关个人健康的科研、健康教育及培训的可行方案，以建造健康和谐的社会，让整体市民受惠。新成立的“李嘉诚健康科学研究所”，将设于威尔斯亲王医院内一幢建筑中的临床科研大楼，该十二层高的大楼命名为“李嘉诚医学大楼”。研究所所长一职将由中大医学院院长霍泰辉教授出任，负责领导研究所的各项科研工作。

李嘉诚基金会长期支持教育及医疗事业，自1980年成立至今对医学研究有关的项目资助达23亿港币，占基金会捐资总数的35%。中大医学院与李嘉诚基金会更多次合作，先后在1984年和1997年助建威尔斯教学医院两幢专科诊疗所大楼，并于2001年透过汕头大学与中大医学院合作成立联合汕头国际眼科中心，不仅为眼病患者提供最先进的治疗服务，并透过医疗技术的输送平台和网络，建立全新的扶贫社会模式。

时任中大校长刘遵义教授就李嘉诚博士及李嘉诚基金会的慷慨捐赠致以衷心感谢。刘校长说：“长期以来，李嘉诚博士及李嘉诚基金会十分慷慨赞助本港及内地之教育、医疗及公益事业，出钱出力，贡献杰出，我校同仁深表敬佩。”

李嘉诚基金会并表示与中文大学及医学院将寻求再进一步合作的机会，以期为本港教育及医疗事业做出更长远的贡献。为协助中文大学争取政府配对基金，2005年9月，李嘉诚基金会决定把早前承诺捐赠中大医学院的六千万港元，“加码”至一亿港元，以资助中大成立李嘉诚健康科学研究所。新增的拨款中，有两千万港元将用于在中大成立全港首个“李嘉诚讲座教授席”，并由李嘉诚健康科学研究所所长卢煜明教授出任。

中大医学院院长霍泰辉感谢李嘉诚捐款，认为是对中大医学院的科研成绩的嘉许。他又表示李嘉诚此次增加捐款至一亿港元，是希望帮助中大拿取政府的十亿港元配对基金，同时提倡社会对大学的捐献文化；过程中李嘉诚没有要求中大医学院命名，双方亦没有讨论此问题。他说：“李嘉诚一向对医学及教育的发展好有兴趣，他与中大医学院情投意合，觉得我们做到成就。”霍泰辉又特别感谢李嘉诚基金会，把“讲座教授席”首个名誉给予中大医学院。他期望李嘉诚健康科学研究所，可以促进跨部门合作，做到一加一等于四的效果。

中大医学院李嘉诚健康科学研究所于2007年初建成，中大校长刘遵义期望藉李嘉诚的捐款，令研究所发展成为生命科学研究的桥头堡，领先国际。中大计划将超过八成捐款，投放在预防医学、临床医学及再生医学等跨学科的研究上。

对于此次捐助中大，李嘉诚说：

> 现代生命科学为人类社会带来极大裨益，我们应该为科研人员提供机会，让伟大的构想得以实现。

李嘉诚在该研究所揭幕礼上，引用了十九世纪著名科学家路易·巴斯德（Louis Pasteur）向拿破仑三世恳求资助时的名句：“物理学家和化学家如果没有实验室，便等同战场上的士兵没有武器。”他表示，学术、投资和政策必须有紧密无缝的合作，才可善用和紧贴生命科技研究急速发展的步伐。他又指出，巴斯德曾研发出治疗狂犬病的有效药物，并连续成功医治三百五十宗病例，但对一名末期病人、只得十岁的小女孩来说，他明知其药应该无效，仍努力尝试，期望奇迹出现，结果最终仍落空，女孩去世时，巴斯德仍紧握她的手不放。李嘉诚希望用此例子来说明对病人表达同理心的重要性。他并说：

我们要用心感受及理解病人，在他们无助及脆弱的时候给予鼓励，令他们奋力振作。

卢煜明教授对获邀成为李嘉诚讲座教授表示高兴，他透露会把二千万港元以下捐款成立基金，以滚存利息，用于癌症及干细胞等方面的研究、购买新仪器进行基因科技研究、以及吸引科学家加入研究所。卢教授又赞扬李嘉诚对医学研究非常用心，他回忆说曾见过李嘉诚一次，并向他介绍研究项目。当时卢教授向李嘉诚提及，母亲百分之五的DNA便是胎儿的DNA，李嘉诚听后便问了一个有趣而又严谨的科学问题："那如何分辨出母亲身上哪百分之五的DNA，就是胎儿的DNA呢？"卢教授觉得李嘉诚的提问就如科学家所问的一样专业，切中问题之实质。

资料显示，中大历来所获的最大笔捐款，为二十年前筹建第四间书院时，邵逸夫主动捐出的1.1亿港元。中大为答谢邵逸夫，并将书院命名为"逸夫书院"。该项命名，多年来得到了中大同仁的一致拥戴，亦从未有人就此项命名表示任何异议。

2003年3月9日，李嘉诚在一个公开活动中表示，捐赠眼角膜是"超越生命最有意义的事"。他呼吁广大市民捐眼角膜，为盲人做出贡献。香港中文大学联合汕头国际眼科中心眼库（汕头眼库）推动的无偿角膜捐赠推广工作，最近取得了"零的突破"，并成功地进行了七例眼角膜移植手术。

汕头国际中心眼库2002年落成，由李嘉诚基金会捐资七千万港元建设。在9日的签约大会上，李嘉诚通过录像，看到角膜库已实现"零的突破"后表示，捐资建眼库，是希望自己能为失明人做点实在的工作。李嘉诚在参观完失明人士的生活后，深有感触地说，人类只有睁开眼睛，才能看到世界的光明，才能看到世界的变化，才能充满人生的希望。自己对在黑暗中摸索生存，不停搏击的失明人士表示崇高的敬意。虽然他们所求所得不过是一碗温饱的饭而已，但是，他们却付出了比常人多数倍乃至十倍的努力。因此，每个人都有义不容辞的社会责任，用自己的爱心，给失明人士带来光明。试想，如果有可能给一个人带来生活中的光明，让他睁眼看到蓝天，看到阳光，看到世界，那将是多么有意义的事啊。

2003年9月4日，李嘉诚透过名下基金会捐款八百万港元予香港中文大学，设立眼科及视觉科学系研究及训练基金。这笔基金将资助中大眼科及视觉科学系在眼科医学的研究教学与培训，该年度之捐资已得到大学拨款委员会配套同等数额的拨款，进一步增加眼科研究及训练的资源。

李嘉诚一向关心患有眼疾的病人及支持眼疾治疗康复的技术发展，并早于九十年代初期捐款一亿港元予中国残疾人福利基金会，在五年间帮助全国百多万白内障失明人士恢复视力。中大眼科及视觉科学系主任林顺潮教授表示，李嘉诚先生的慷慨捐赠将有助中大可开展更深入的眼科研究与培训。林顺潮说，很多普遍的眼疾都由基因与环境因素造成，而很多时候遗传又与环境因素结合，引发出眼疾。有时甚至种族的分别也有影响，例如东方人，包括华人，就比西方人士容易患上近视。中大眼科及视觉科学系过去数年曾在这方面进行过大规模的研究，结果显示香港有近37%的小学生患有近视，是百分比最高的地区之一；中学生患有近视的更高达64%，是全球之最。

携手育才

1999年7月，香港公开大学获李嘉诚基金会主席李嘉诚博士捐款四千万港元，资助大学购置上环信德中心四楼一个逾3100平方米之单位，设立港岛区教学中心。公开大学校董会主席李业广在记者会上欢迎李嘉诚博士加入成为公开大学的荣誉赞助人。他表示，该笔捐款是该校历来收到为数最大的个人捐款，分区教学中心计划的规模亦因而得以扩大。他说："李嘉诚博士一向关心和重视教育，虽然与公开大学接触为时不久，但在去年12月的毕业礼上，目睹众多成人学生不畏艰辛，追求知识学问，学有所成又能贡献社会，感受深刻。这与他一生重视新知、自强不息的宗旨不谋而合，遂主动与我联络，并在很短时间内决定支持公开大学的分区教学中心计划。"

李嘉诚深有感触地说：

新世纪为人类带来革命性及戏剧性的彻底转变，全球迈向一体化、科技不断创新，先进的信息系统制造新的财富、新的经济周期、生活及社会。我们必须掌握这些转变，不单只在金融市场的运作，更重要

> 的是如何做好自我准备，在这新年代，财富源自知识。知识才是个人最宝贵的资产，我们应积极争取，它不单是发展专业的工具，更凭以教育年轻新一代和透析新的经济结构，知识已渗入了我们生活的每一层次。

李嘉诚续称，希望透过资助公开大学，激发更多香港人对支持终身教育的热心，更希望政府增拨资源发展这方面的工作，令每一个有志求上进、求增加学问的人士都能完成接受高等教育的心愿。整项计划连购置物业及装修设备预算耗资1.42亿港元，其中政府拨款5000万港元，李嘉诚博士捐资4000万港元，香港赛马会慈善信托基金亦认捐1500万港元，赞助装修及添置设备，其余3700万港元由公开大学从校内储备金中拨出。上环信德中心的物业位于港澳码头上盖，作价1.1亿港元，建筑面积达3102平方米，可辟设课室15～20个、计算机中心和演讲厅各一，能够同时容纳一千名学生上课及自修。落成后，应付公开大学提供全部课室需求的44%，连同何文田永久校舍在内，大学可以自行提供七成导修课室。

公开大学校长谭尚渭教授表示，公开大学向以“有教无类”的精神，致力为有志人士打开进修大门，过去十年为接近十万名成年人提供了工余进修、增强实力的机会，当中逾一万人已修毕课程，取得更高学历。随着入学人数不断增加，对教学设施和质素的需求越来越大。设立分区教学中心不但为学生提供更理想的学习环境，更有助大学减省租金，节约日常经费，并且扩充了大学的容量，增加更多可供报读的机会。谭教授表示：“2000年伊始，公开大学会继续寻求符合经济效益的方式，扩展开放及遥距教育，尽早实现成为亚太区成人及遥距教育中心的目标。”

公开大学于1993年起以自负盈亏的模式运作，广邀慈善团体、机构及个人资助办学，多年来获得二百五十多间机构和热心人士慷慨支持，筹得款项超过2.2亿港元，用作兴建校舍、增添设施、发展课程、提供学生资助、研究经费和鼓励学术活动等。港岛教学中心于1999年7月开始筹建。李嘉诚基金会捐助4000万港元，使计划最终得以落实，此项捐款是公开大学历来获得数额最高的个人捐款。基金及后更增捐400万港元，使中心的装修设备更趋完善。港岛教学中心的建立，对公开大学具有重大意义。一方面大幅扩充了大学的设施，使大学可以减省向外租借课室的开支与困难，另一方面亦改善了公开大学的教学环境，成人学生工余上课更为方便。此外，大学在未来数年可增加更多学位供新生修读。

香港公开大学秉持有教无类的办学宗旨，与李嘉诚先生崇尚知识、尊重人才、鼓励终生学习的精神，不谋而合。为进一步协助广大市民工余进修，充实自己，李先生慨捐4400万港元，资助公开大学购置于上环信德中心的港岛教学中心，中心内的持续进修学院更于2001年12月命名为“李嘉诚专业进修学院”。该学院为有志进修人士提供职训短期课程、专业课程、海外学位课程和为个别机构设计及安排雇员在职培训，另有开办学分和通识课程，专供学生修读以衔接各种本科学位课程。

李嘉诚在演讲中强调：

> 香港这多年来的成功，是我们代代人在不同的层次上努力的成果，今天面对全球在经济和知识领域的竞争，令我们必须步上新的循环，面对不同国家、不同地区，大家共同与时间竞争。当今已不能局限于资本密集，天然资源，要加上高新科技才有发展的突破。在这不断转动进步，浩瀚无际的领域里，唯一可令我们与时共进的是——恒久好学的心。
>
> 过往的成功为香港累积很大的优势，我们要有智慧客观地认清各种困境，要鼓起勇气，面对世界各种新的挑战，要有意志毅力克服重重障碍，互相鼓励，追求知识及反思，营造和谐、健康及有价值的社会，共同缔造香港新的传奇。

2001年9月，香港理工大学宣布，矗立于大学校园中央、楼高十八层、面积共约15600平方米的新大楼命名为“李嘉诚楼”，以鸣谢基金会2000年捐赠一亿港元支援该校的未来发展。此项捐赠为理大创校以来所获得最大数额的个人捐款。

李嘉诚先生了解到理工大学正致力为学生及社会创造竞争力，提供优质及更全面的专才教育，促进工商界特别是中小型企业及工业的发展，需要添注新资源，故捐款以资助理大完成“促进专才教育，推动企业发展”的期望，达到

“励学利民”的目标。

理大校长潘宗光教授表示：“随着经济全球化的急速发展，世界各地需才甚殷，尤其香港正面对经济结构性转型，更需要大量高质素人才投入，共同参与。李嘉诚博士慨捐巨款，资助高等教育发展，在知识经济中加强竞争优势，不仅令理大受惠，对香港整体来说也有莫大裨益。”他续称：“此次李嘉诚楼的命名是为对李博士的慷慨捐赠表达衷心的谢意，理大能获得如李博士这样高瞻远瞩的社会人士鼎力支持我们实践使命，实在感到非常鼓舞。”

李嘉诚对理工大学的嘉许感到由衷高兴。李嘉诚诚心诚意希望为推动香港的教育尽其力量，捐款一亿港元予理大，是为资助理大完成“促进专才教育，推动企业发展”的期望，以达致“励学利民”的目标。此项捐款对理大的长远发展，尤其在推动终身教育及拓展对中小型企业的服务方面，将有莫大帮助。

位于理大校园正中央的李嘉诚楼为理大第六期校舍发展计划的核心部分，除设有供学生使用的计算机设施、教学室和演讲厅外，亦会容纳学系与行政部门办公室及教职员餐厅等。理大为推动终身教育，创办了专业进修学院，为社会人士提供更多学习新技能及扩阔知识领域的机会。为支持政府推行高等教育普及化的计划，该学院并将致力扩展其副学士学位课程。此外，理大的企业发展愿为工商界提供一站式的多元化服务，包括科技及产品开发、经营人才培训及经贸发展三方面的专业服务。该笔捐款主要用于理工大发展持续教育及经管培训，包括添置先进设备、更新教材及开办更多课程，为社会人士提供更多学习新技能及扩阔知识领域的机会，提高他们的专业水平。

2003年11月18日，李嘉诚先生透过和黄捐出二百万英镑，设立“和黄博士生奖学金”资助内地与香港的研究生往英国修读博士课程。和黄的捐款是霍奇金研究生奖学金（Dorothy Hodgkin Postgraduate Awards）的主要部分，联同英国政府之等额捐款，未来三年可以资助多达五十三名研究生。英国首相布莱尔同日在伦敦宣布成立这项奖学金，以吸引最优秀的海外博士生到顶级的英国大学进修。

2003年7月23日，在英国首相布莱尔访港的短暂期间，和记黄埔有限公司（“和黄”）主席李嘉诚先生与他作私人会面。会面历时一小时，和黄副主席李泽钜先生与和黄集团董事总经理霍建宁先生也一起作陪。和黄目前是全英最大的亚洲投资者，占有权益的项目投资总额超过一百亿英镑。和黄在英国的投资经验愉快，项目遍及多个行业，聘用员工数目达二万三千人。集团除了是英国第一家及目前唯一一家 3G 服务经营商外，更拥有三个货柜码头，包括菲力斯杜港、哈尔威治港与泰晤士港。连锁零售业务方面则有 Superdrug 和 Savers，并在伦敦发展多项优质物业。

李嘉诚在会见了十八位“志奋领奖学金”的香港研究生时，呼吁他们把握更紧密经贸关系安排（CEPA）所带来的每个机会，利用他们的知识及专业技能协助香港打破目前的经济困局。“志奋领奖学金”深得英国首相布莱尔大力支持，奖学金计划旨在吸引外国留学生前往英国大学及专业学院进修。李嘉诚先生透过和黄集团捐出共 202 万英镑予该奖学金，于四年内每年额外提供六十三个奖学金名额予香港与内地的研究生赴英深造。英国政府与剑桥大学对奖学金计划也做出了等额拨款。剑桥大学一直鼎力支持这项奖学金计划，而新奖学金名额约有四分一将分配予往剑桥大学进修的学者。

李嘉诚深信持续教育与终生学习的重要，他表示很高兴“和黄志奋领奖学金”可为香港和内地的优秀大学毕业生与商界才俊提供资助，让他们继续深造。

> 希望这些学者可借着“和黄志奋领奖学金”增广见闻，我更盼望他们在英完成学业后，把他们的力量与专业知识反馈社会。

布莱尔首相赞扬和黄集团高瞻远瞩，认同高层次人才的重要性。他说：“我较早前到访中国时，曾与和黄集团主席李嘉诚先生会面，我非常高兴他们能捐出二百万英镑予这项奖学金计划，这巨额捐款将有助加深我们与中国的关系。”

李嘉诚深信知识改变命运，因此一直大力提倡持续教育与终生学习。他表示很高兴有机会支持这项奖学金计划，为内地与香港培育更多科学家和医学研究人才。李嘉诚在演讲中说：

> 我深信通过教育，人文精神和知识可承传和发展。我希望和黄的奖学金可以帮助学生扩阔国际视野，更希望助他们学成回国后，为祖国贡献一己的力量和专业知识，加强英国、内地与香港的联系。

英国首席科学顾问 David King 爵士说，在竞争激烈的环球经济中，英国必须吸引精英学子到顶尖的学系研究进修。他说："这些学生学成回国时，他们具备的专业知识将成为推动国际发展的关键。"霍奇金研究生奖学金之命名是为表扬诺贝尔得奖者霍奇金教授之贡献，将协助来自中国（包括香港），以及俄罗斯和印度等国家的逾一百位学生，由 2004 年开始在英国的大学进修科学、工程、医学、社会科学与科技等博士课程。

李嘉诚表示，他支持的慈善事业都是以教育为主。"高尖端的教育很重要，而且不要得过且过的教育，这绝对不行！"

鼓励阅读

2003 年 9 月 9 日，为鼓励社会阅读风气，李嘉诚基金会特别捐资赞助香港电台制作十集全新电视节目"愈读愈快乐"，并由开始逢周日分别在亚洲电视本港台和无线翡翠台播映。李嘉诚一向热心公益，以"推动教育医疗"为其终生不渝的职志。李先生年少时由于战乱失学，平常只能在工余时偷闲自学，阅读不同书籍自我进修。李嘉诚相信知识可以改变命运，所以非常支持这个鼓励阅读的节目，过往李嘉诚基金会也曾赠送书籍予本港大中小学图书馆及传媒机构以转送读者，鼓励大家阅读。

为了鼓励推动更多年轻人阅读，香港电台在中央图书馆举行了一个名为"愈读愈快乐"的听书会，并邀请了民政事务局长何志平、助理广播处长（电视）张文新、TOM 集团首席执行官兼执行董事王兟、光华新闻文化中心主任路平、节目主持马家辉和艺人方力申与一众中学生交流阅读经验与心得。

"愈读愈快乐"由 9 月 14 日起逢星期日下午 3 时 55 分于亚洲电视本港台播映（若当天为赛马日将改为同日上午 7 时 50 分播映），下午 5 时 50 分于无线翡翠台播映。"愈读愈快乐"以书本的题材划分成不同的主题，每集围绕一个特设主题推介两本相关书籍。

夏萍所作的《李嘉诚传》一书中，在描写李嘉诚对社会的奉献精神时用了"传说诺亚方舟"归航的标题，特别在其中讲了一个令人感动的故事：八十年代初期一个烈日炎炎的下午，外出洽谈生意的李嘉诚为了节省时间，坐出租车赶回中环写字楼。下车时，碰见一位年逾花甲、白发苍苍的老太太在中环地铁站门口向路人兜售有奖债券。在炎热天气里匆匆忙忙赶路的行人，自然不会去搭理这位老太太，而这位老太太却更加声嘶力竭地喊着，恳求路人买下她的有奖债券。李嘉诚见此情景非常不忍心，忙上前询问说：“您老人家这么大年纪了，在这么热的天气里，为何做这么辛苦的工作。”老太太叹口气说：“没办法的，不做就没有吃的。”李嘉诚听后心里很不好受，想起当年为了糊口，母亲也是这般辛苦。回到公司后，李嘉诚急忙派人找到这位老太太，并买下她全部的有奖债券。

李嘉诚正是以其固有的善心爱心，将自己头顶的片片阳光尽情地无私地施予任何需要的人士。哪怕是点点滴滴的知识传播。

2005 年 9 月，李嘉诚向香港著名直资中学[①]——圣保罗男女中学捐款八千万港元，打破香港中、小学单项捐款纪录。继捐赠八千万港元予圣保罗男女中学后，李嘉诚再透过李嘉诚基金会捐赠图解历史书籍——《世纪三国——曹操之霸者胜出》予全港中学及公共图书馆，该书更由李嘉诚亲自撰写序言，全港五百间中学各获赠两本，由于反应相当热烈，部分中学已实时要求多取数十本，甚至有学校提出一人一本，基金会更印行一万册，视乎各间中学的要求做出配合。此次已是李嘉诚基金会第二度赠书，上一次捐赠的书籍为《写给年轻人的世界简明史》。

集文字、绘图及漫画于一身的《世纪三国——曹操之霸者胜出》，是李嘉诚最近阅读的书籍之一。李嘉诚阅后认为，该书以正史为脚本，以图解的方式来介绍三国的时代背景及战略政策，十分具历史感，加上他自己一直深信教育对学生的重要，故特别推介此书予各中学学生。

李嘉诚以“愚昧是世上最大的敌人”为题，亲自为此书撰写序言。他希望借此书带出中心思想，就是能力再强的人，尽管能征服全世界，若没有容人的胸襟，也装载不了成就。李嘉诚是成功的商人，他在序言中赞扬三国是最佳的管理学教材，因每场战役、每个决策，就如上了宝贵一课。另外，三国史亦是出色的人力资源课，其中曹操帐下将士如云、孙权知人善任及刘备三顾茅庐请出诸葛亮等。三国亦能教人学会计成本课，企业追求利润，必须做好损益评估，

---

① 直资中学：1997 年前港府公共政策之一，系扶持非公立学校的措施；受此政策资助的中学称为直资中学。

其中官渡之战，曹操与袁绍的兵力是一比十，有指曹操因狡诈而获胜，李嘉诚则认为，曹操的每个计谋均有雄厚的资本作支持，例如他首开“屯田制”提高粮产，实在是有备而战。李嘉诚指出真正能破曹操，不是某人之智，某人之勇，而是孙刘两人的战略合作，周瑜和诸葛亮的配合，所以看《三国演义》，必须用真实角度，全方位的思考来求其真智。

香港的成功商人可能很多，但爱看书又爱送自己的心得好书则非李嘉诚先生莫属。

《三国演义》是中国文化遗留下来我们的一个知识宝库，我大概在小学四五年级时第一次看这部历史小说，那时有几位同样爱看书的同学，组成读书会，专门研究《三国演义》。我猜想香港很多人都同我一样，是通过阅读《三国演义》而走进中国历史大门。

李嘉诚更以现今的理论来分析《三国演义》，“挟天子以令诸侯”就是古代的品牌学，诸葛亮的“隆中对”，就是发挥中小企业联盟。近年商界强调人才，把人事部门改为人力资源部门，但把人力资源发挥得淋漓尽致，就是《三国演义》表面成功的三位霸主。李嘉诚以“愚昧是世上最大的敌人”为题来推荐这一本书，愚昧当然是相对知识而言，知识可以帮助找到正确的支点。文中并引用阿基米德的名言，“给我一个支点，我可以撬起整个地球”，李嘉诚在知识之外，再加一条，就是胸襟。他在文章的结论是：“《三国演义》中大家都想得到天下，但天下却未见归何人囊中。”个中因由究竟何在？这正是当今每个人都应该探索思考的人生命题。李嘉诚更亲自撰文点评介绍这部书籍：

沉迷于戏剧情节，却造成一个隐形陷阱：误导人以为战争或竞争凭仗个人英勇就可以决胜负，凭忠肝义胆就可以定江山，而诈术是必由的手段。更可悲的副作用，是造就了一种中国人之间以个人自我表现为重，重个人、轻团队意识的正当性。

孙刘联手抗曹，周瑜和诸葛亮本应合作无间，才能同心破敌，哪能彼此相害呢？许多人受了《三国演义》的“毒”，每每不能真心合作，即使大敌或大难当前，还大搞费时失事的瑜亮情结。

媒体的文化力量，自古就无远弗届，一纸风行，观念偏差也能代代相传滋长。愚昧是世上最大的敌人，唯有培育独立思考和慎思明辨的能力才能确保传统文化的持续更正更新。我们需要用真实的角度、全方位的思考，来看有考证、有分析的三国，取其所长，弃其所短。

拨开印象的迷雾，三国其实是最佳管理学教材。历史不会重来，但经验会有重叠。如果能从历史的基本面、技术面等各个层次，深入分析三国的每一场战役、每一个决策，就如同上了一堂宝贵、实用和有趣的管理课。

在为《写给年轻人的简明世界史》一书所作的序言中，李嘉诚强调：

你千万不要认为历史是陈旧和与生活脱节，阅读历史也不仅是“以史为镜”而已，要知道我们是活在这“镜”内，往事和未来同样是一条走不完的路。处身在这诡谲多变的全球化世界，我们要懂得如何比较历史，观察现在与梦想未来，才可清醒地回应物质丰盛灵魂分裂的挑战。

救助病童

2003年5月6日，百佳超级市场即将进行筹款运动，希望筹得一百万港元以帮助受传染性非典型肺炎疫症影响的本港儿童。活动于5月8日至5月21日期间举行，为期两周。百佳希望透过此项活动鼓励香港市民发挥为善最乐的精神，为社会福利署辖下的“护幼教育基金”筹募善款。“护幼教育基金”专为父、母或双亲死于传染性非典型肺炎的儿童而设，所得善款将拨作这些儿童的成长及教育经费。当这些儿童日渐成长，基金亦会提供假日、运动及音乐课程的津贴，让这些儿童也能过正常的童年生活。受影响的儿童大部分就读小学，而其中最年幼的一位只有几周大。

负责经营百佳业务的屈臣氏集团食品、电子及百货部的行政总裁艾一帆先生表示：“在某程度上，香港几乎每位市民都受到非典型肺炎的影响。”他说：

“不幸的是，此疫症不但使人惶恐不安，更为很多家庭带来无法形容的伤痛，至少有三十名儿童因家人死于传染性非典型肺炎而成为孤儿。百佳希望以实际行动向这些家庭寄予同情，并与社会人士一起表达深切的痛惜。”

百佳三管齐下，协助筹款：第一，百佳将按一个百分比，捐出其在筹款首日（5月8日）和最后一天（5月21日）在香港的营业收入，作为善款；第二，百佳将于各分店的收银柜台放置善款收集箱，鼓励顾客捐出找赎零钱；第三，百佳将鼓励所有员工捐款支持，由于儿童成为孤儿的新闻深深触动了许多员工的心灵，因此他们肯定会慷慨解囊。

“护幼教育基金”是由特区政府多位高级官员成立，她们首先向公务员募捐，然后向公众筹款。社会福利署长林郑月娥表示，希望这项基金可筹得一千万港元的善款。艾先生说：“我们对主动创设这项基金的官员表示赞赏，并希望为此项基金略尽绵力。若百佳超级市场能筹得一百万港元，便能造福受影响的儿童。我们希望社会各界人士，包括我们的顾客和员工在内，共襄善举，帮助我们达成目标。”

2003年11月30日，和黄义工队正式成立后展开首两项活动，为幼儿园老师、家长和学生举行连串饮食健康讲座，旨在帮助儿童明白身体均衡成长的重要性，并保持健康体格，以抵抗病菌的侵袭，毋惧近日在香港幼儿机构肆虐的诺沃克病毒和轮状病毒。第一次讲座已于11月22日举行，和黄义工队当天派出多位“健康大使”，前往保良局易泽幼儿园主持讲座。和黄义工队已有超过三百位队员，分别来自和记黄埔集团属下多家公司，是全港人数最多的企业义工组织之一。他们在11月16日的和黄运动同乐日上举行誓师仪式，立志走到群众当中，为社区服务。

2005年2月，李嘉诚更捐出两瓶“李氏干邑”公开拍卖，支持公益筹款活动。该两瓶Desmaurin“李氏干邑”的出产年份与李嘉诚的出生年份1928年相同，因此很有纪念价值。瓶樽上面分别有李泽钜与歌星黎明的亲笔签名。据悉，李嘉诚早年在法国塞贡扎克（Segonzac）尝过Desmaurin，甚为赞赏其味道，恰逢酒庄对外求售，李嘉诚干脆买下心头好。

李嘉诚的爱心，不分国界，不分族群，不分肤色，不分时空。2002年5月20日，英国剑桥大学一所最先进的癌症研究中心于2002年5月18日开幕，开幕仪式由和记黄埔有限公司主席李嘉诚先生及英国科学及创新部部长桑兹伯里勋爵主持。这所新建立的癌症研究中心名为和记黄埔/MRC研究中心，乃由剑桥大学、英国医学研究委员会（MRC）及英国癌症研究中心联合成立。李嘉诚及和记黄埔有限公司捐款530万英镑，而MRC亦拨出相同数额，为研究中心建成这座新厦。

我们十分高兴能够与这所世界第一流的大学和英国医学研究委员会合作，推动癌病的深入研究。癌病现已成为人类的头号杀手。通过先进的研究和实际应用，医学界定能发现更好的预防和治疗方法，减轻众多无助病人的痛苦，造福全人类。这项计划实具有重大的意义，因此我非常乐意支持。

英国科学及创新部部长桑兹伯里勋爵陪同李嘉诚主持该研究中心开幕仪式，对李嘉诚的慷慨捐助，深表谢意。这所新研究中心的开幕，将可提供更多机会，开拓科研知识的领域，令癌症病人受惠。中心的目标是把细胞生物学及遗传学的基本研究应用到癌症的预防、诊断和治疗方面。为此，中心的建筑设计特别着重加强相互交流，尤其是医生与基本实验室研究人员的交流。中心毗邻Addenbrookes医院，方便科学家和临床医疗人员与病人进行更紧密的合作。中心的核心资源部分更配备先进的设备，包括用于DNA排序、分子细胞遗传学及分子病理学研究的专门仪器。有关研究设施有利于进行肿瘤细胞及组织的分析，检验基因病变以至染色体及癌病标记的变化。

2004年12月28日，为救助东南亚受灾地区的灾民，和记黄埔有限公司与李嘉诚基金会捐出2400万港元。李嘉诚呼吁香港市民：

如有能力，应该贡献一己的力量，联手帮助受灾的国家。因为对于灾民来说，点滴关怀都会起到作用。

长江集团（长江实业有限公司、和记黄埔有限公司、长江基建集团有限公司及香港电灯集团有限公司）一向积极支持香港的社会公益事务，并与香港公益金合作良多，已连续五年蝉联公益金五大最高筹款机构之一。

2005年，长江集团举办的“长江童心砖心公益心”，更将艺术创作的元素融入慈善筹款活动内。小朋友只需为公益金筹募最少一百港元善款，即有机会参加此次活动，由本地著名艺术家“蛙王”郭孟浩先生亲自教授绘画瓷砖画的技巧和心得，让小朋友发挥无限创意，绘画自己的作品，所有完成作品将会制成艺术展品作公开展览；参加的小朋友更可获发证书，以表扬他们乐善好施的精神。而长江集团亦将捐出同等金额的款项，令公益金的善款倍增。来自韩国的童星“小长今”赵贞恩更担任特别嘉宾，并送出一幅由她亲自绘画、以香港风景为题的瓷砖画作慈善竞投，“小长今”更以广东话呼吁香港的小朋友踊跃参加，为公益金筹募更多善款。

长江实业（集团）有限公司执行董事吴佳庆女士于启动仪式上表示：“‘长江童心砖心公益心’突破以往的模式，将艺术创作的元素融入筹款活动内，我们希望透过这个活动，启发小朋友的创意，培养他们对艺术创作的兴趣，同时鼓励他们从小参与公益事务。此次活动筹募到的每分每毫，包括小朋友参与活动之捐款，长江集团亦会捐出相同金额，令公益金的善款加倍。我希望全港家长能够慷慨解囊，鼓励小朋友参加这个有意义的筹款活动。”

公益金筹募委员会联席主席余锦基太平绅士称：“多年来，长江集团为公益金构思举办了许多新颖活泼，饶富创意的活动。这些活动均为公益金筹得为数可观的善款。我们非常高兴见到长江集团再度发挥创意，举行‘长江童心砖心公益心’。本活动不但可以推动本港儿童在艺术创作方面的造诣，更进一步培养与教育下一代关心社会、乐善好施的公益精神，令人十分钦佩。”

长江集团一向积极支持公益金各项慈善筹款活动，2004 年 9 月，集团发动旗下三十家成员公司一同参与公益金便服日，合力筹得近百万港元善款。在 3 月 21 日举行的 2004 年度公益金便服日支票递交仪式及颁奖典礼上，长江集团分别获颁“十大杰出筹款机构”亚军及“杰出筹款奖——机构及团体组别”亚军，充分反映集团对活动的积极参与和支持。

许多大的捐款，李嘉诚都坚持不公开报道，因此，迄今仍鲜为世人所知。早在 1989 年，李嘉诚捐款 3200 多万港元，资助香港正觉莲社兴建大坑道护理安老院，使孤寡老人能在那里安享晚年。这座护理安老院于 1990 年建成之后，李嘉诚还经常去探望院中老人，了解他们的生活情况，拨款添置护理器材。此外，李嘉诚还承诺在 1994 年至 1997 年间，资助香港兴建三所护理安老院和一所疗养院，预计捐款总额逾一亿港元。

1991 年年初，李嘉诚承其夫人庄月明之遗志，为香港大学的校舍第四期扩展计划，慷慨捐资 3500 万港元，兴建两座八层高的“庄月明楼”（物理楼、化学楼）和一座五层高的“庄月明文娱中心”。这些建筑于 1994 年举行开幕典礼，为香港大学增添了簇新而美观的校舍。

1992 年，李嘉诚捐资 500 万港元作为香港警察子女教育基金，同年又再捐助卫奕信文化信托基金会及大口环根德公爵儿童书院共 1900 万港元。

1993 年，李嘉诚长子李泽钜结婚时没有举行婚宴，将 460 万港元捐予天主教教会，同年又捐助大屿山羌山观音寺重建工程 1000 万港元。

1994 年，李嘉诚捐资重建明爱庄月明职业先修中学、善后服务会及香港癌症基金会，共逾 1600 余万港元。

1995 年，捐赠明天更好基金会 500 万港元。

此外，多年来李嘉诚及下属集团在港尚有许多其他的捐助，未能一一细列。数十年来，千千万万的香港人获益无穷，成百上千的香港机构组织受益良多。这里，仅列举其中获得捐献的部分机构与项目：

香港大学、香港中文大学、香港理工大学、香港公开大学、香港管理专业协会、李嘉诚专业进修书院、中文大学数学科学研究所、中文大学新纪元全球华人青年文学奖、三育书院、香港加拿大国际学校、儿童奇迹慈善计划、明爱庄月明中学、天才教育基金会、屯门裘锦秋英文书院、真铎启喑学校、联合交易所培训基金、香港大学毕业同学会、张鉴泉纪念教育基金、香港 -Oxford 奖学基金、世界幼儿教育联会、联合世界书院、喇沙学校基金、“智乐”协会、国际社会服务社、香港大学语言教育学院、九龙华仁书院、基本法咨询委员会、爱丁堡奖励计划、三育小学、尤德爵士基金、迦密中学、香港科技协进会、警察子女教育基金、东亚大学——何贤会议中心、罗怡基博士奖学基金、东亚科学历史基金、华侨日报、救童助学运动、港九劳工子弟学校、香港加拿大同学会、姬达爵士奖学信托基金、外展信托基金、浸会书院、东华三院李嘉诚中学、低能儿童教育协会、圣士提反书院、圣保罗男女中学。

“未买先想卖，当我买入一件东西，会做最坏的打算，这是我在99% 的交易中做的事情，只有 1% 的时间，是想会赚多少钱。”

第七章

引领 3G 网络

L i K a - s h i n g

▲ 和黄董事总经理霍建宁在李嘉诚商业王国的扩张中，发挥了非常重要的作用。

▲ 3G 投资是李嘉诚为和黄未来发展勾划的最大蓝图。左二为霍建宁。

19世纪英国现实主义作家查理·狄更斯在他的著名长篇小说《双城记》的卷首，写下这样一段饶有哲理的名句："这是最好的时候，这是最坏的时候；这是智慧的年代，这是愚蠢的年代；这是信仰的时期，这是怀疑的时期；这是光明的季节，这是黑暗的季节；这是希望之春，这是失望之冬；人们前面有着各种事物，人们前面一无所有；人们正在直登天堂，人们正在直下地狱……"

李嘉诚的3G蓝图牵动着很多人的心。分析师，喋喋不休地唠叨着；银行家，胆战心惊地注视着；投资者，全神贯注地跟踪着；小股民，一如既往地期待着；李嘉诚，满怀信心地经营着。

狂热鼓吹3G、不惜一掷千亿金竞投3G牌照的欧洲移动通讯运营商，2002年以来纷纷偃旗息鼓，从3G的战场上大踏步后撤后退。在这一片萧杀声中，有一个顽强的声音，在支撑着欧洲电讯业虚弱的神经，一支"亚洲超人"率领的3G舰队，正在左右欧洲3G的命运。

李嘉诚已经放风说，2003年一季度后在香港开始3G的运营。全球都盯实李嘉诚，是力挽狂澜？还是功亏一篑？全球都期待李嘉诚，是战略投资？还是豪情赌博？相信这是2005年前的疑虑焦虑。

稳中求进

任何一个战略投资家，都会选择成熟的赢利模式而不会将处在试验阶段的业务作为主流。而3G，无论是硬件产品还是软性服务，仍处在不能最终完全确认的变革状态，而终端客户的定位也无法圈定，而且随时面临着被更为先进的技术取代的可能。至少外界无法界定，这也是市场忧虑3G前景不明确的真正的内在原因。

而这所有的一切，都需要有更多的和更大的资金投入才能奏效，盘点李嘉诚的账面，就算有足够的现金支撑，也不能不令投资界担忧——在前无古人，后无来者的3G项目上，李嘉诚肯定看中的是未来的希望之光。六十年来，从没有人怀疑过李嘉诚的投资眼光。即便是暂时的怀疑，也很快被客观现实所否定，变成不能不肯定的态度。人们更看到，李嘉诚是在许多其他公司纷纷推迟或放弃3G雄心时，大张旗鼓地进入欧洲电讯业务的。他于2002年11月份在英国和意大利开始测试3G网络，是除了日本以外在3G上测试运气的第一个人。虽然李嘉诚一世运气出奇的好，但是，李嘉诚从来没有碰运气的心态。

李嘉诚未必喜欢吃螃蟹，至少以其过往投资历史，不曾成为吃螃蟹的第一人。李嘉诚投资41亿美元，只不过是购买了在英国进行3G服务业务的权限，仅仅是英国的许可证而不是整个欧洲。李嘉诚没有现成的网络业务或者说没有已有用户作为基础，他必须同四个强劲的竞争对手开展竞争，然后一个一个客户的蚕食争取，才有赚钱的可能。而这些竞争对手每个都是拥有一千万以上用户的本地老姜。这四个强悍的竞争对手是Deutsche Telecom、France Telecom、BT公司先前的分部MM02和沃达丰。更可怕的是，他们都是十足十的地头蛇。李嘉诚不过是个过江龙尔尔。俗话说，强龙压不住地头蛇。当然，这些地头蛇一点也没有掉以轻心，因为他们面对的是真正的东方强龙。

2000年7月17日，香港和记黄浦宣布与日本最大的移动通讯公司NTT DOCOMO及荷兰最大的电讯公司KPN组成欧洲3G移动多媒体策略性联盟，这个由全球三大电讯经营商组成的联盟，和黄获得英国3G牌照的子公司，分别向二者出让20%与15%的权益，共同经营英国的3G移动电讯网络。该网络将会覆盖欧洲四大市场，包括英国、德国、法国及比利时，消费者人数超过两亿。

预计到2010年，上述市场总值将达2000亿欧元，即1.482万亿港元。

和黄集团与NTT DOCOMO还和荷兰电讯另组三方联盟参加德国的3G牌照竞标，但和黄在眼看德国3G牌照就要到手的最后时刻毅然退出。全球的电讯业，欧洲是龙头，欧洲最火爆，欧洲最超前。当然，欧洲市场的钱最好赚。至少目前看来是这样。李嘉诚的气吞山河壮举，足以让欧洲人再次惊呼：狼来了！广袤的欧洲大地，又何止一次传出这样恐怖的惊呼。只不过这次欧洲似乎不很惊慌，而是抱定请君入瓮的心态。

三家联盟的协定重点包括：和黄分别向NTT及KPN出售其先前投得的英国3G牌照的20%及15%的股权，和黄仍保留65%的股权；然后和黄与合作伙伴分别组成新公司，进军德、法、比利时电讯市场。具体而言，和黄与KPN组成合资公司E-Plus-Hutchison，并于月底竞投德国全球移动通讯系统（UMTS）牌照；与NTT及KPN合组财团，参与角逐法国的UMTS牌照；与KPN组成财团，角逐比利时的UMTS牌照。

据悉，和黄之所以选择NTT及KPN作为欧洲3G市场策略伙伴，主要是看中DOCOMO拥有高科技、移动互联网服务专长，其第三代电讯技术更可通行全球，更是看中DOCOMO曾经率先经营过3G的刹那辉煌的历史；KPN则在欧洲具有强大的基建网络基础。同时，和黄通过出售英国3G部分股权套现资金又可引入技术，更有利于降低经营3G业务的成本及风险。

和黄董事总经理霍建宁则指出，德国与意大利的3G业务日后可能安排分拆上市，欧洲3G业绩回报率将超过15%，超过一般人的预期。欧洲在电讯网络方面的迅猛发展势必使其成为带动全球流动商贸的火车头，和黄通过与日本及荷兰电讯巨头的合作将占领欧洲三分之二的电讯市场，为其打造的电讯帝国打下坚实的基础。

从2000年4月，和黄成功投得英国最大频谱的3G牌照，到2003年6月英国3G服务正式投放市场，长达三年的时间里，和黄饱受业界的质疑和批评，甚至近乎病态幼稚的嘲弄，人们普遍怀疑如此昂贵的3G牌照是否物有所值。另外，和黄在日本NTT DOCOMO公司之后，做“勇尝W-CDMA的第二人，”其投入的时机是否恰当，也备受人们的关注。当然，在这三年期间，IT业也经历了太多的风风雨雨，从那斯达克的崩盘、互联网企业的大缩水、法国和德国电讯的债务风波、环球电讯和世界通讯的破产案，到NTT DOCOMO推出

FOMA 服务的步履维艰。人们没有理由相信，3G 的冬天转瞬即逝。人们有理由相信，3G 的春天还早呢。

在这种时候，李嘉诚能以 170 亿美元投资的大手笔在欧洲多个国家推出 3G 服务，其逆流而上的胆识让人钦佩，但推出的服务依旧没有得到舆论的普遍认同。或许，生意场上，所需要的不仅仅是胆识。李嘉诚如何说服他的投资伙伴荷兰 KPN NV 公司以及日本 DOCOMO 公司，在价格最高昂的时候从德国 3G 牌照拍卖过程中急流勇进，依然是一个饶有风趣令人关注的核心的商业秘密。在竞投之前，他对投资伙伴说：

> 我们公司一向的经营宗旨是要有一个预算，超过了便要放弃。虽然你们会感到可惜，但这是我综观的决定，绝对不会出错，否则由我承担全部责任。

不过，经过三年的积累和沉淀，和黄也不再相信 3G 能提供“杀手级应用”的预测，为其服务打头炮的竟然是无线语音业务的低价战略。这一战略也许是一种面对市场的不得已选择，因为这并不是当年设计 3G 的初衷。其实，早在 80 年代末，和黄就开始投资英国电讯业，为其以后进军全球的电讯市场打下基础。90 年代初，和黄入股英国的电讯公司“橙”，1996 年通过重组，使之上市，1999 年一转手卖给曼内斯曼换得其 10% 的股权，后曼内斯曼被沃达丰收购后，和黄摇身成为英国电讯巨擘沃达丰的大股东之一，还从这些并购中获得 1000 多亿港元的现金入账，而和黄当初仅投资了 84 亿港元。

卖“橙”一役大获全胜后，和黄东征西伐，积极拓展电讯市场。通过加拿大的 TIW 公司用 522 亿港元投得英国 3G 的牌照，将其 35% 的股权以 250 亿港元出售，反映牌照估值高达 714 亿港元，而和黄短期内已获得英国 3G 高达 36% 的溢价。

此外，和黄凭着手头 1000 多亿港元的充裕现金，势若秋风扫落叶，在瑞典、荷兰、意大利、西班牙等国同时竞投 3G 牌。在亚洲，和黄相继在印度的孟买、加尔各答及新德里投资当地的流动电话业务，2001 年 5 月曾斥资 11.3 亿港元购买加尔各答 Usher Martin 电讯公司。看到入世后中国的电讯业将开放的巨大商机，和黄不失时机成为中国联通的战略投资者，并与之达成框架协定，此举使和黄日后与外资在抢夺内地庞大的电讯市场时又占得先机。在美国这样一个移动电话渗透率出奇低的先进国家，和黄也不放过，早前就入股仅在起步阶段的全美最大GSM流动电讯网络经营商Voice Stream，占其23%的股权，目前该公司获得德国电讯的青睐，对方出价已超过300亿美元，看来和黄又在不经不觉中意外进账一笔大财。在香港，和黄更是近水楼台，已连手NTT联手出击当地的3G牌照……就这样，和黄通过在欧洲及亚太地区四处购并，一个全球性的庞大的电讯帝国已然初具雏形。

李嘉诚认为，本港商人如果要到外地寻求发展，必须倚重人才、知识及深入的研究。他以和黄放弃发展德国第三代流动电话牌照3G为例，当竞投价已超过他订下的最高限额，他断然决定退出。

2000年8月20日，天气闷热的香港，让人喘不过气来，所有的动物也都静悄悄地躲了起来，只有那些不知好歹的知了，在疏疏密密的榕树上，放肆地吵叫着。南区深水湾道李宅的房间里，一个人来回踱着步，虽然屋里面开着冷气机，但是仍显闷热。柔和的灯光照在他那宽阔的额头上，一层细细的汗珠密布其上，那众人熟悉的黑框大眼镜，不时被呼出的雾气所遮。但是这些丝毫不影响这个人深邃的眼神与看似漫不经心的踱步。此时此刻，历时十四天，172个回合的德国3G牌照竞投，正在热火朝天地进行中。窗外传来隆隆的雷声，李嘉诚走到宽大的落地窗前，拉开窗帘，默默地注视着港岛南静谧的夜空。忽然，一道闪电划破了漆黑的天空，紧接着一串巨雷轰轰滚过，瓢泼大雨倾盆而下。不知是长久理性的思考受到这炸雷的惊醒，还是平静中神灵的开启，或是多年来南征北战的惯性思维。李嘉诚即刻拿起电话，给在德国的代理人发出了一个明确的指示：退出德国3G！商圣的决定震惊了世界，翌日，和黄的股价应声下跌3.8%。

李嘉诚的和黄集团与荷兰KPN合组的E-Plus Hutchison，参与了这次德国3G牌照的竞标，终于以599亿港元投得一个有两组频谱的牌照。但是李嘉诚在竞投结果公布数小时内，却出人意料地宣布，退出E-Plus Hutchison财团。面对来自各方的质疑，李嘉诚专门出来解释说，这次退出的原因是“一来因为价钱太贵，二来因为投得的频谱由15兆赫频谱（即三组5兆赫频谱）降为10兆赫（两组频谱），整个经营模式不同了。”李嘉诚称，他个人的宗旨是超过了预算之后，就不会情绪化地继续竞投下去，以前在竞投地皮的时候也是如此。

我的主张从来都是稳中求进。我们事先都会制定出预算，然后在适当的时候以合适的价格投资。尤其在电讯项目上，你需要时间来创建网络和消费者群体，然后收获的季节才会来到。

逞一时之强，不顾后果，这从来都不是李嘉诚的风格，李嘉诚在其一生大大小小的并购案中，始终保持着清醒理智的头脑。李嘉诚曾经讲过：

与其到头来收拾残局，甚至做成蚀本生意，倒不如袖手旁观。

他不相信欧洲 3G 牌照的价格会无止境地高下去，虽然 3G 前景非常好，但商业社会任何东西都有一个价格，一定要预算多久才可以回本。假如 3G 价格无止境地倍增，和黄一定不会竞投。很显然，这张 3G 牌照远远超出了李嘉诚的预算，因为在 2000 年 4 月，英国电讯当局拍卖五张 3G 牌照，和黄集团以 44 亿英镑（69 亿美元）的竞投价格获得了这张 A 牌照。

李嘉诚说，放弃德国牌照并非因为资金不足，但和黄并无足够“弹药”去独霸全球 3G 市场，在发展电讯业务时，一定要正视自己的能力，他强调：

生意失败最重要的原因，往往是太过高估自己。

李嘉诚还以一个小故事来解说他对 3G 前景的看法：一个周末，他乘游艇到西贡以东十多海里的一个海湾过夜，但翌日要返回市区应约。可是，翌日一早醒来，只见大雾弥漫，十米外伸手不见五指。船长担心安全而劝说李嘉诚放弃实时回航，等待太阳升起驱散大雾后再返航。但是，李嘉诚环视左右，眉头一皱，计上心来，轻松说到有办法。李嘉诚叫船长放下游艇上的小型快艇，由他亲自驾驶快艇，并以一条绳将快艇牵引游艇前进，因为雾往上升，愈贴近水面能见度愈高。而快艇船身小，机动性能高，又贴近水面，加上李嘉诚熟悉当地的地形和海岸线，结果安全地前进了十多分钟，雾明显减少，能见度较高，李嘉诚此时才返回游艇。李嘉诚的 3G 生意经，又何尝不是这样。在旁人看来是冒险，甚至是赌博，但在李嘉诚这位对地形地利了然于胸的老舵手看来，虽然大雾遮掩，但是路就在自己的脚下，只要小心驾驶，决不会一叶障目，一样可以顺利到达彼岸。

虽说已年近八旬，但李超人依然表现出了旺盛精力和对多元生意的了如指掌。李嘉诚的生意经是许多人梦寐以求的秘方。其实，让李嘉诚来说，再简单不过了：“顺境时，不会盲目乐观；逆境时，也不会盲目悲观。”这就是李嘉诚的原则。

在衰退时，我们总是进行充沛的投资，我们的主要标准是看这个资产有无长远的利润潜力，而不考虑它现在是否一文不值或者遭人摒弃。

我们的投资总是长线的，如果能够改进我们的战略地位，我们也会卖掉一些生意，这样做的目的除了实现良性的利润外，还基于这样一种更重要的考虑：如果得到一些利润后，能在同一生意上进行更好的投资。

举个例子来说，把Orange2G电讯生意卖掉了，卖了117亿美元，而我们估计全球3G生意的成本，包括牌照费、设备、利息，建立消费者基础的费用等，不会超过144亿美元。假设这两种生意拥有同样多的消费者，要在两者之间进行选择，我会选择3G，因为它的潜力更大。

我个人对全球电讯业务很有兴趣，并始终在寻找新的机会。我同样相信，无线资料传输将是经济发展的新动力。

横扫电讯市场

和黄绕过德国，继续扩张它在欧洲的3G版图。2000年10月，和黄以20亿美元投得意大利的3G牌照，11月与12月又分别获得奥地利与瑞典的3G牌照。2001年与2002年，再添加丹麦和爱尔兰的3G牌照。除欧洲外，和黄还获得了香港、澳大利亚与以色列的3G移动牌照。和黄集团及其合作伙伴为在全球九个移动市场中投得的九张3G牌照总共支付了107亿美元，其中和黄付出78亿美元。

李嘉诚的欧洲3G帝国有两艘旗舰，分别是和记3G英国公司与和记3G

意大利公司。和黄的欧洲3G之战将首先在英国与意大利点燃。和黄集团在和记3G英国公司占有65%的股份，在和记3G意大利公司占有88%的股份。和黄英国的3G网络启动资金主要来源于2001年4月达成的包括32亿英镑（约49亿美元）银团贷款与7.77亿英镑（约11亿美元）卖方信贷在内的融资安排，其中卖方信贷由诺基亚、NEC以及西门子提供，和黄自己再提供2.75亿英镑（约4亿美元）的股东贷款。这次融资安排约够和黄在英国的3G业务为期三年的发展。意大利的3G网络启动资金主要来源于2002年1月与一个由十一家银行组成之包销集团达成的32亿欧元融资安排。

由于和黄在欧洲其他国家的3G项目离牌照规定的最后启动期限也为期不远，2002年9月，和黄再次谋划发行15亿美元企业债券，但是其时股市与债券市场中电讯板块的市场状况不断恶化，和黄最后取消了这次债券发行计划。

2002年11月26日，身在罗马的意大利电讯部长和米兰一家商业日报的总编辑以及身在伦敦的李嘉诚长子、和黄董事局副主席李泽钜通过和记的意大利与英国3G网络拨通了可视电话。和黄在意大利的3G网络初定在2003年1月开通，开通时可能不会有大规模的市场推广活动，3G之花将静悄悄地开，避免日本NTT DOCOMO这一年多来所遭遇的公关与形象尴尬。无论是英国还是意大利，和黄都没有现存的2G移动网络。可以想象的是，3G通讯最早的用户一定是现有的2G高端用户，因此和黄注定是所有其他3G运营商严加防范的敌人。

和记英国3G一个由几千“友好用户”组成的试运营网络已经运营了几个月的时间，然而试运营的状态与结束从未向外界透露；原定2003年10月先后启动的英国与意大利的3G网络服务已经推迟到圣诞节前，但是在启动日期越来越邻近的时刻，和黄集团却变得越来越沉默，公司向外界传达的口径也不统一，引起业界广泛的猜疑。

11月5日，和黄确认外界的传言，由于手机测试尚有一些技术问题有待解决，2003年年底前和黄已经不太可能启动英国的3G业务。由于3G的前期基础设施投入要远远大于2G，3G运营商的盈利显然是取决于能否迅速占有相当比例的市场份额，而一家移动通讯公司在一个饱和的市场环境下迅速取得足够的市场占有率，目前尚无先例。巧妇难为无米之炊，米在哪儿？米就在市场。这是和黄3G项目的困难所在。

据《华尔街日报》报道，市场调研公司Forrester Research在对欧洲的移动通讯业进行了广泛的调查后撰写的一份分析报告指出，匆促上马的3G计划犹如尚未学步的孩子一心想奔跑那样免不了头破血流。著名的IT咨询公司Gardner则在针对和黄集团的3G项目发布的一篇评论文章认为，凭借不稳定的技术进入市场是有风险的。如果不慎踏错第一步，将会惹恼消费者，使该品牌从一开始就在消费者中留下恶劣印象，而其竞争者则将从中获益。

这些狂妄自大的分析家，说话丝毫不留有余地，他们难道就没有想到，自己有可能被历史事实碰得头破血流。这仅仅是如果而已，而且对李嘉诚而言，将是不存在的如果。李嘉诚对3G的态度虽然是进取积极的，但绝对是慎重万分的。

和记3G英国公司在向欧洲十六家银行递交的3G业务发展报告中对它的3G英国用户数的期待是，2001年底，发展40万用户；2002年底，增加到150万用户；2003年底，增加到250万用户；2004年底，增加到630万用户；2005年底，则达到1000万用户数，占有15%的市场份额。其实在2005年4月底客户已达650万，并使ARPU（每个3G用户平均每月花费）50英镑（75美元）以上。英国的移动用户中，包括企业用户在内只有6%每月的花销超过50英镑。由于欧洲3G的全面推迟，这些目标似乎已经成为不可能完成的理想。和黄3G的近期赢利目标，短期来看，似乎无可避免地成了空中楼阁。

2002年以来，和黄除了在与英国3G项目地理上互补的爱尔兰投得一张3G牌照外，对其他3G牌照似乎已经完全失去了应有的兴趣与食欲。和黄集团在瑞典与丹麦都拥有3G牌照，一张可以拼合和黄北欧3G网络的免费的芬兰3G牌照本来极配胃口，但是和黄不要。和黄当初以44亿英镑投得的英国3G牌照，三个月后将20%与15%分别以12亿英镑和9亿英镑卖给日本NTT DOCOMO和荷兰电讯公司，从中赚了5亿多英镑。2002年8月，荷兰电讯将它在英国和记3G牌照中的15%权益撇帐后剩下不足1亿英镑，并且声言愿意售回给和黄或者转售第三方，但和黄竟然无意接手。可见当初高价投得的红得发紫的欧洲3G牌照，事实上都有相当程度的贬值。

不过与荷兰电讯和日本NTT DOCOMO等其他运营商在资产负债表上对3G牌照与3G投资作撇账处理不同的是，和黄集团坚持认为3G的营运与商业环境未有实质性的重大变化，因而不需要对集团的3G投资估值做出调整。而“千呼万唤始出来”的欧洲3G移动通讯，有可能成为世界电讯业在今后几年十几年中的崭新希望，更有可能成为李嘉诚晚年战略投资的新的辉煌。

“3G帝国”是李嘉诚有生以来最大的一笔投资，远不像他以前的投资那样总是稳操胜券，因而其成败最受世人关注。1999年10月“和黄卖橙”这一盛传一时的神话，虽然获利超过千亿港元，但是背后或许另有玄机。当时正处3G山雨欲来风满楼之际，欧洲电讯巨头为抢占先机，巧取豪夺，作为第二梯队的Orange公司自然容易成为猎物，其身价自然水涨船高。Orange自李嘉诚脱手后竟三易其主，出手价格节节攀升。

1999年10月从和黄集团购得Orange的德国曼内斯曼公司，不出一个月即遭到欧洲最大的移动通讯公司沃达丰公司的恶意围攻，曼内斯曼多方努力仍功亏一篑，2000年2月终被沃达丰兼并。受欧洲电讯条例的限制，沃达丰购入曼内斯曼后将其子公司Orange吐出，法国电讯乐享其成欣然接手，并将其法国移动业务并入Orange，Orange然后在伦敦与巴黎证交所重新挂牌上市。经过连番洗牌，法国电讯借Orange进军英国、荷兰、比利时与瑞士市场，沃达丰借曼内斯曼巩固其在德国的第二大运营商地位，和黄则从欧洲全线撤出。

又有谁能想到，在欧洲电讯业已经金盆洗手的李嘉诚，居然前脚刚走，后脚又卷土重来。而且势若南亚海啸，以秋风扫落叶之雷霆万钧之力，横扫欧洲电讯市场。欧洲震惊了，欧洲困惑了，欧洲的电讯商看傻看呆了。这次，李嘉诚所期待的绝对不是简单的哗的一声的感觉。

2000年4月，英国电讯当局拍卖五张3G牌照，为加强竞争，其中最大宽带（2X15MH z配对宽带+5MH z不配对宽带）的一张A牌照特意拍卖给在英国本土尚无2G移动网络的竞标者，并在拍卖价格上给予优惠。李嘉诚当仁不让，以44亿英镑（69亿美元）的竞投价格获得了这张A牌照。和黄集团广泛参与竞投3G牌照引起了市场关注，外界极度担忧和黄集团可能因此财务负担过重。或许市场太过了解李嘉诚，或许，市场根本不了解李嘉诚。

李嘉诚的和黄集团对第三代电讯事业的兴趣极为浓厚，积极参与全球各地的牌照竞投。在欧洲，和黄集团参与了德国、法国、荷兰、瑞典、瑞士、丹麦、比利时及其他较小的国家的竞投。在亚洲，和黄集团除了有意参与3G牌照竞投，还有兴趣在印度及一些东南亚的国家参与3G牌照经营。一个问题是，经营一个市场除了牌照之外还需要大量的资金，大量高素质的管理人才，以和黄现有之力显然是难以做到了。

李嘉诚为什么还要执意这样进取呢？甚至被外界视为豪赌呢？难道和黄的投资全无资金之虞吗？难道 3G 的“钱”途真的如李嘉诚所料，一片光明吗？难道 3G 真的是一座蕴藏量无限的金矿吗？美林证券对这个问题做了深入研究，他们的结论是：和黄集团可以通过各种财务安排来筹集到所需资金。

综合过去和黄在市场运用的一系列的策略来看，和黄坚持这样做是有另一层深意的。李嘉诚的主要考虑是，通过这一系列的竞投真正使和黄集团发展成为国际性的大型跨国集团，将 3G 扩张成具垄断意义的支柱性产业。在确保港口赢利的同时，为长和系未来发展寻求更大的赢利空间。

在这种思路下，竞投得来的 3G 牌照只是李嘉诚手中的一个战略工具，一方面这可以作为和黄集团今后交换国际资金，进行国际资本运作的王牌与砝码，也就是美林公司所说的可以进行的各种为 3G 而进行的“财务安排，”或因 3G 而衍生的各种财务安排。另一方面，集中资源在有市场潜力的地方，以控股（或拥有股权）的方式真正发展电讯业务，这些股权和黄将会视乎国际电讯市场之变化长期持有。或分拆上市，或套现取利，或变卖换股。做最坏的打算，实在不行，和黄集团还可通过利益交换等方式，卖掉所持有的牌照，照样可以收回资金。主动权永远在李嘉诚手中。

当然，从李嘉诚对 3G 的投入程度来看，显然是作为一个长线的战略投资，也许十年，也许要二十年，才能够看出真正的效绩来。因此，总的来看，李嘉诚为和黄集团设计的战略策略并没有什么难以捉摸的风险。如果有风险，这种风险也一定是在可预料可控制的范围内。

充实运营

经历了长时间的等待，和黄于 2003 年上半年，在英国、意大利、澳大利亚、奥地利和瑞典五个国家相继开通了以“3”为品牌的 3G 服务，其采用的技术标准均是 W－CDMA。

按照和黄公司 8 月提供的 2003 年上半年的财务报表显示，英国已有 15.5 万 3G 用户，意大利约有 30 万，澳大利亚约有 5 万，加上瑞典与奥地利在内，共有3G用户约52万，而和黄的3G业务上半年收入为2.45亿港元，未计利息支出及税项前亏损为38.95亿港元。表面来看，和黄的3G业务财务状况并未如预期理想。不仅发展的用户数与其他电讯运营商的2G用户数无法相提并论，而且出现了巨额亏损，以至于有人认为和黄开启的不是“掘金之旅”，而是货真价实的“烧钱之途”。

公正来看，和黄迈出了至关重要而又异常艰难的第一步，或许能提早布局，先人一步，在未来的3G格局中占得先机。至少，抢占得制高点与主动权。事实上，和黄在三个月的试运行中还是取得了令人心动的成果。

首先，7月份英国3G手机用户的ARPU（每月每用户平均收益）为45英镑，而意大利用户的ARPU为78欧元，这些数位都分别超出了20英镑和27欧元的市场平均值。其次，和黄向摩托罗拉和NEC订购了大批量的3G手机（后来又追加300万台），以促使手机制造商降低价格、提高质量和增加出货量。在英国，3G手机的价格已从700英镑下跌到300英镑，达到高端2.5G手机的相若价格；次之，和黄早在2002年8月就收购了欧洲第三大药房连锁店Kruidvat集团，加上旗下屈臣氏集团的门市，提前建立了一个庞大的3G服务和手机零售网络，另外英国最大的手机分销商Carphone也已成为和黄3G服务的正式分销商。

再次，和黄的低价策略和套餐服务对中高端用户吸引很大，特别是语音服务价格比对手低一半左右，体现了和黄务实的战略思想和稳健推进的操盘作风。

最后，和黄在多媒体服务方面花了很多心思与功夫，除了与英国广播公司签约，为3G网络提供各种体育信息服务以外，还与十余家游戏开发公司签约，为其用户提供四十余种可下载的游戏服务。

和黄相信，在发展3G用户的最初阶段，低价战略会更有杀伤力。和黄在推出低价包月服务的同时，还吸取了NTT DOCOMO公司、韩国SKT公司和韩国KTF公司经营3G网络的经验教训，另辟蹊径，提供自助式的包月服务，最大限度地满足各种层次用户的需求。在这种包月服务中，用户在交纳一定的基本费用之后，就可以获得足够多的通话时间。比如在英国，3G用户选择59.99英镑包月服务，可以获得1000分钟通话时间、100分钟视频通话时间、100条SMS短讯、100条MMS短讯和40条视频消息。而另一种服务包月费为99.99英镑，能获得2000分钟通话时间、200分钟视频通话时间、500条SMS短讯、

120条MMS短讯和80条视频消息。另外用户还需签订十二个月的服务合同，在购买3G手机的时候得到大幅度的折扣。在意大利，和黄也推出两种类似的包月计划，定价分别为85欧元和140欧元。

细细看来，和黄推3G的招数基本上是低价抢客的策略，并没有太多的创新，不过其在语音业务上的“慷慨大方”，却也让欧洲人大吃一惊。甚至亚洲的日本、韩国也怦然心动。通过简单的加减乘除计算可以发现，和黄3G服务中语音业务每分钟收费约0.27港元。相形之下，英国电讯的高端用户每分钟收费约0.267港元，而Orange（橙）的低端用户每分钟的收费为约0.35港元。由此可见，高端的2G/2.5G用户转用3G服务，所付出的价钱基本相当，低端用户则比较划算。值得注意的是，上述的对比仅仅是语音业务的价钱，如果算上多媒体业务及其他服务项目，和黄的价格确实非常低廉。

由于3G电话网络在传输语音和资料时效率更高、容量更大，运营商管理3G网络资料流程的成本下降，当然前提是要有一个庞大的用户基础。美国最大的手机运营商Cingular Wireless正在采用与和记黄埔同样的技术建造3G网络，Cingular是西南贝尔（SBC Communications Inc.）和南贝尔（BellSouth Corp.）的合资公司。显然，降价对于消费者来说绝对是个好消息。欧洲电讯商焉能坐视。

但和记黄埔的激进做法，也给欧洲竞争对手带来了沉重压力，招致包括英国沃达丰空中通讯公司（Vodafone Group PLC）和德国电讯（Deutsche Telekom）在内的电讯商的口诛笔伐。“这太可笑了，以最便宜的价格出售最新的技术和最好的服务。”Telekom Austria AG旗下子公司Mobilkom Austria的首席执行长奈姆希克（Boris Nemsic）愤愤然地说道，“和记黄埔是在摧毁整个市场。”不错，李嘉诚的策略就是要摧毁旧的过时的第二代移动电话技术，为欧洲引入全新的3G新技术。好在，这是一个成熟的利伯维尔场，他们只是说说而已，也只能说说而已。

这项低价推销策略似乎显示了预期的成效：和记黄埔的3G用户迅速增加，2004年9月宣布全球3G订户达到了590万人，高于8月份的320万，一个月暴增270万。当被问到价格策略时，和记黄埔管理人士表示，欧洲手机市场早就竞争非常激烈了。和黄采取低价策略是欧洲电讯市场的客观反映，但这不代表公司将长期采取同样策略，和黄将随时根据市场变化做出相应调整。

情势所逼，和记黄埔的竞争对手也在纷纷削价来接受挑战。其中，法国电讯（France Telecom SA）子公司Orange也在英国免费赠送手机，前提是签署一份服务合约。而在和记黄埔并未打入的法国3G市场，Orange最便宜的3G手机也要265英镑左右。在英国，沃达丰不得不给零售手机更多优惠、给经销商更多佣金才能推广自己的3G服务。这些措施导致沃达丰英国子公司截至2003年9月30日六个月内营运利润减少11%。

自2002年以来，和黄集团的股价已经跌去28%，股市市值损失则高达1200多亿港元，10月初更创下了五年来的股价新低。投资银行高盛则为和黄集团撰写了一篇评估报告，报告称，鉴于3G前途的不确定性，做最坏打算，就算到2004年和黄集团的整个3G项目以失败告终并全部撇账，以和黄账面高达160亿美元的流动资金和来自3G以外的公司其他产业部门每年30亿美元的现金盈利测算，和黄也完全能够抗得住失败的冲击。报告是客观的，但结论未必是完全正确的。

2002年以来，当欧洲各国的3G运营商偃旗息鼓、纷纷后撤的时候，李嘉诚的和黄集团成了醒目的唯一一面3G旗帜，它始终如一地逆风飞扬，将在很大程度上决定着欧洲3G未来的命运，在某种程度上也决定着亚洲等地区的3G未来的命运。事实上，3G的命运决不单是和黄集团一家企业的成败。也因此，3G更受世人关注与期待。

面对世人的焦躁疑虑，李嘉诚坦然道来：

在以往一片e潮之中，大家对科技市场发展空间充满憧憬，现在突如其来的市场重大调整，又被过分渲染为南柯一梦。无可否认，那些缺乏实质业务的科技公司尤其不堪一击，其价值一下子可以化为灰烬，但其实今日的e潮，与十七世纪欧洲的郁金香热（Tulipomania）这种疯狂经济行为实在大有分别，因今天有大批实质稳健的科技公司，在此巨大无限的商机中，悄悄地茁壮成长和在世界经济中占一席位。

新科技的能量，伸展至各行各业领域之中，不单为自身市场创造价值，更令很多传统企业成功地重新整合，创出新的生产、经营及销售方式。

更重要的是，它将不可避免地改变人们惯性思维的旧有模式，改变人们旧有的生活方式、生活习惯。

在普通中国人看来，甚至在香港人看来，每月100英镑（合165美元）的通讯包月费无疑过于奢侈，但在欧洲这些富裕的国度，特别是信息高度发达的地区，这个价格确是一般老百姓都能负担得起。分析家甚至认为，和黄作为一个后入者，用低价战略争夺市场，将从竞争对手中抢得大量的用户，并有可能挑起一场席卷欧洲的价格大战。

在和黄建设3G网络的初期，用户很难获得无微不至的优质服务，因为光是网络覆盖和优化就需要耗费大量的时间和金钱。因为，通讯网络的建设绝非一朝一夕之功，可一蹴而就。不过，和黄集团既有雄厚的资金实力，又有背水一战的决心，更重要的是W-CDMA网络能向下兼容GSM/GPRS网络。很多人很难理解“向下兼容”的重要性，举个简单的例子：一旦和黄3G用户离开了W-CDMA网络的覆盖范围，他的3G手机将能自动切换到GSM/GPRS网络，从而继续得到服务。要知道欧洲的GSM网络已经非常成熟，几乎无所不在。和黄正是拥有了W-CDMA的这一优势，所以在3G网络建设的初期，就能提供高质量的语音服务。从某种程度上讲，也减轻了初期的建设资金压力。

据和黄称，在欧洲的3G网络覆盖工作进展顺利，这为和黄开展3G服务提供了基本保障。在英国，已有超过4300个基站投入运营，覆盖英国逾70%的人口与各主要城市；在意大利，有超过3200个基站投入服务，覆盖该国逾50%的人口和70%的大城市；在澳大利亚，网络覆盖已扩展至该国最大的五个城市；在瑞典，3G网络覆盖大部分主要城市，有超过950个基站投入服务；在奥地利，已经推出前期的3G业务，预计在后半年将有新的推广计划；在香港，网络已经完全覆盖港九新各角落，并且与和黄旧有的第二代流动通讯技术自动兼容。

对于信息内容，和黄重点在内容服务上煞费苦心，特意选择了欧洲用户最喜欢的体育节目，尤其是各季足球比赛，以期尽快吸引足够多用户的青睐。过不了多久，英国的3G用户能就用手机观看精彩的英国足球超级联赛、瑞典用户能看到最爱的冰球赛事、澳大利亚用户能看到独特的板球比赛。2004年年中，和黄还与Playboy达成协定，成人用户能通过3G网络检索到Playboy的1300万张艳照及2000小时成人录像节目。这对那些成千上万的年轻的好此道者来说，比任何内容都更具吸引力。以上服务显然都是 GSM/GPRS 网络无法提供的，这也许是 3G 网络致命杀伤力的所在，尤其是对年轻人的强磁吸力之所在。更是 3G 网络诱人的希望所在。

至此，和黄的 3G 战略已经凸显出来：在快速布置 3G 基站提高网络覆盖率的同时，以低价的语音服务开拓早期市场、抢夺用户；当用户达到一定规模的时候，再凭借 3G 的技术优势，大力开展高速移动资料业务，提高资料业务在 ARPU 中的比重，从而获得高额利润。

任何精明的商人都明白，新纪元的波动蕴藏无穷的商机和不稳定的变量，也由此必然带来无穷无尽的，变动中的任何可能性。当然，这中间也确实潜藏着陷阱与风险。毕竟，每个人，包括商圣李嘉诚都不能逆历史潮流而动，一切都须顺势而为。

> 今天我们在不同程度上都能分享科技及信息革命所带来的成果，令效率更高、生命更丰盛，但我们亦面对天然环境及社会结构遭受惊人的破坏。

2004 年 1 月 27 日，在香港推出的 3G 运营服务是香港的 3G 牌照颁发三年以来的首次实际运营。尽管这次推出的香港 3G 服务已经是和记黄埔在全球的十张 3G 牌照中第七张进入实际运行的牌照，但香港与内地在地缘和经济上有着天然的密切关系，而且在全球提供 3G 服务的所有电讯运营商中，和记黄埔亦是覆盖国家和地区最多的一家，亦是拥有用户最多的一家。因此，香港 3G 服务刚一面市，即引起了市场广泛关注。

除了上述常规业务外，和记黄埔为适应香港人“怕麻烦”的心态，针对用户的消费习惯，每天分四次主动向用户发送电影、新闻等内容信息，供用户选择。和黄 3G 在香港的顺利运作，让业界第一次看到了 3G 未来实实在在的希望所在，而不是停留在过去的计划与推测上。至于困扰业界已久，并且成为 3G 尚不成熟原因之一的内容问题，和记黄埔也给出了解释：“经过近年的实际运营与磨合，这个问题已经得到了很好的解决。3G 的大方向毋庸置疑，例如路透社等全球的娱乐和信息机构都在积极迎合 3G 的浪潮。在我们这次推出的香港 3G 网络中，本港的主流媒体，比如无线电视也都参与进来。”

实际上，和记黄埔最初的计划是2003年年初在香港推出这项3G服务，但3G技术存在的故障迫使公司将这一计划延迟至2003年8月份，随后又再次延至2003年年底。此次，技术和手机供应的问题解决后，这项比初始计划晚了一年的业务终于得以面市。

在电讯业务已经实现充分竞争的香港，和记黄埔的这一举动自然对其他运营商形成不小的冲击。即使它们都还处于守望的状态，但有消息称，包括Sunday Communications、澳洲Telstra集团的Hong Kong CSL（香港流动通讯）和SmarTone Telecommunications（数码通）等三家香港移动电话运营商都积极在“某个时候”在香港推出3G服务。

此次和黄公布的3G收费标准，选用533港元月费计划的客户可于最初两个月，无限次免费使用各项文字和多媒体特定内容的下载或媒体播放服务；选用263港元或383港元月费计划的客户，除了包括超过一千分钟的话音通话时间外，还包括视频通话时间、短讯、多媒体下载及上网使用量则可获加倍。至于带号转网的用户，其最初三个月的国际语音及视频通讯服务，均可获半价优惠。在这方面，只要我们稍稍留意李嘉诚对和黄的增持之势，就可以从另一个侧面，看出3G的希望与市场价值。

2005年1月5日，香港联交所资料显示，和记黄埔主席李嘉诚继2004年10月入市增持和黄后，再度出手，连续四天买入627万股，动用资金超过4.5亿港元。分析人士指出，和黄旗下3G业务表现远超预期，2004年3G全球客户突破650万只是时间问题。受此利好刺激，新年伊始和黄股价便创出近三年新高，已经高开73港元。

2004年12月15日，和黄宣布拥有590万3G用户，而数日后的12月24日，和黄董事总经理霍建宁又宣布全球3G用户接近630万名，增长势头迅猛。而据和黄新闻发言人杨小姐称，630万还只是集团内部极保守的预测数位，实际情况肯定比这还要好。因为李嘉诚不希望这一预测分析造成误导投资者的情况出现。这也就难怪李嘉诚会在12月28日，即公布上述消息后的首个交易日，立即出手再度增持和黄。

未买先想卖

拿破仑说："我不能为吃一只鸡蛋而杀了我的母鸡。"3G 不过是李嘉诚眼中的鸡蛋，和黄才是李嘉诚眼中的鸡。在这一点上，李嘉诚远远超过了拿破仑的眼光，拿破仑为了鸡蛋而远征俄罗斯，最终杀了鸡。李嘉诚为了吃鸡蛋，把母鸡养得更肥更壮更大更强，因为，只有这样，才可以生出更多更好吃的鸡蛋。只能够看到今天与明天，而不能够看到后天或更远的人们，看来确实是多虑了。

面对人们的忧虑，李嘉诚依然成竹在胸。2003 年 5 月，李嘉诚通过资产重组的方式将和记环球电讯在香港借壳上市，这一交易可以在一定程度上，侵消公司耗费巨资进军 3G 所带来的亏损。在现实意义上，此次香港 3G 的推出不仅使李嘉诚领先于其他三家也计划在港推出相同业务的竞争对手。而且，其业务在香港开展成功顺利，对其在亚洲特别是中国内地的未来 3G 业务拓展都将打下坚实的伏笔。对所有欧亚电讯商来讲，更有稳定军心之意义。至少，可以减轻 3G 营运的部分资金压力。

进入 2004 年以来，中国内地部署 3G 的日期虽尚未定论，但也为期不远了。鉴于 3G 本身的风险，内地上马 3G 的运营商极有可能选择战略合作伙伴以共担风险共同开拓市场。如此以来，在 3G 运营上已积累了相当丰富的实际营运经验的李嘉诚，将以其惯用的长线投资而厚积薄发，而内地的电讯商势必草船借箭，取李嘉诚之势，借势进取，因势扩张。当初中国电信上市时，李嘉诚掌控的和黄斥资约 4 亿元人民币认购中国电信股票，当时有识之士就已认为，李嘉诚看上的绝对不只是中国电信富有吸引力的股息率，而是和黄洞悉中国电信必为中国 3G 牌照的拥有者之一。醉翁之意不在酒，提前介入，李嘉诚必将收获于金秋季节。但是，3G 投资，其风险在于一日未获利，仍是高悬在和黄头上的达摩克斯利剑。

2004 年对李嘉诚来说生死攸关，该投的资金已经投入，如果不能取得质的突破，李嘉诚将面临更大的资金压力和信心压力。虽然有不少人等待 3G 梦幻泡影的破灭，以从中渔利。但是，更多的人还是满怀信心，期待李嘉诚 3G 的成功。因为这不仅关乎这位华人商业领袖的个人命运，而且将直接影响全球 3G 的前途命运。

如果了解李嘉诚，则会对他的这一句话记忆深刻，他曾经说：

> 未买先想卖，当我买入一件东西，会做最坏的打算，这是我在99%的交易中做的事情，只有1%的时间，是想会赚多少钱。

而按照他的为人和投资的策略，大家吃进的时候他撤退，大家撤退的时候他吃进，这正是其一生把握机会的作风和利器，是他由小小的塑胶花商演绎成今时今日多元商业帝国的秘密武器，也是其“脱胎换骨”的真正秘诀。而对于李嘉诚这样的超级商人来说，从某种程度而言，无论潮流冷暖，他都必须在全球范围内对新技术的革命与重大转移做出无法避免的战略审视与超前抉择，这种深远的影响将关系到以十年乃至数十年为周期的战略利益。这其中当然包括各种可预见及不可预见的投资风险，在充分竞争的环境之中，最重大的利益总是伴之以最重大的风险，而杰出商人的本质恰恰在于大胆进取与准确把握风险，化风险为强大利益驱动器。当然，这种冒险应该是李嘉诚基于科学判断的冒险，而绝非头脑发热的冒险。不过，李嘉诚有足够的实力与运气避免“撞板”，李嘉诚是一个公认的投资高手，兼且真正老辣老道老成老谋老气。他手头拥有足以击退任何挑战者的千军万马——角逐全球3G所必需的宽裕的资金与人才。

李嘉诚说，他要确定自已有游一个来回的能力，然后才会下河，游到对岸。这或许是3G投资的最大脚注。因为，投资者确实能够在相对安全的环境中购买长和系的股票。而事实上，长实、和黄近年股价已大幅度攀升五成以上。

事实上，在香港做3G，横亘阻滞着诸多条件，而对于3G的决策者来说，这些条件还真难全部满足。当然，李嘉诚的五十年投资历史，从来都没有一项是条件完全具备的情况下的万无一失的决策。当然，李嘉诚也绝不是那种有条件要上，没有条件创造条件也要上的人。

首先，3G需要大量的资金后备。由于3G的回报周期较长，前期投入较大，希望从股市筹到所有资金难度较大，但对于李嘉诚来说，尽管其全球3G霸业需要更多资金支持，他显然已做好准备，长和140亿美元的流动资金，足可以保证李嘉诚有充足的弹药，在市场左冲右突。

其次，3G需要有吸引人的信息内容。和黄在港推出的3G服务包括十九个娱乐频道，提供体育、音乐、视频信息、电子邮件以及股票和外汇信息等内容，并且还在不断增加括容放大中。更重要的是，路透社及多家主要音乐公司包括环球唱片、华纳唱片等成为和黄的供应商，甚至花花公子的艳照，解决了长期的内容提供问题。

第三，硬件，特别是网络覆盖和手机是3G推广不可或缺的环节。和黄此次准备了五万部NEC 3G手机以应付市场需求，手机的价格只比2.5G手机贵30%。同时，该公司已设有1200个发射站，并将不断增加，其客户于十五个地铁站及三个机铁站月台均可使用3G服务，并正在隧道增设发射站，以全面覆盖地铁。

第四，3G的推广要克服用户转网的障碍。用户购买新业务，首先关心的是自己的已有业务是否受影响。和黄的策略是以服务月费的形式，提供逾千分钟的话音通话时间，折算下来比2.5G的话音还便宜。同时，和黄还提供包括视像通话时间、短讯、多媒体下载和上网浏览等大量增值业务，使客户享受到差异化、优质化、快捷化的服务。

第五，和黄已与多家手机供应商达成协议，根据市场反馈信息，在未来数年尽可能短的时间内，推出更为轻巧、时尚、耐用的多款新手机，以适应香港潮流的瞬息万变，吸引更多的客户。

最后，也是最重要的，3G的实施需要勇气。尽管发展3G的风险还客观存在，但没有风险就没有机会。21世纪将是体验经济的世纪，3G市场将会催熟体验经济，到那时，善于冒险的李嘉诚无疑会成为最大的赢家之一。

欧洲的3G牌照拍卖是电讯业的热点，也同样是和黄的"重头戏。"和黄在向海外发展3G业务的过程中，积极与其他大的电讯运营商结成策略联盟，以期优势互补，同时减轻资金的压力，化解市场风险。例如由和记黄埔、NTT DOCOMO、荷兰KPN三大公司共同合资组成3G英国新公司。其中股份：和黄拥有65%，DOCOMO占20%，KPN占15%。

虽然3G英国新公司是英国移动通讯市场的新进入者，但这三家股东都是世界著名的跨国通讯运营公司。而DOCOMO则是世界上第一家3G系统正式商用的公司，其移动资料业务（i–Mode）的成功经验是各国移动运营商学习的榜样。KPN公司是老牌的电讯运营公司。由此可见，由这三家公司共同组成的3G英国公司无论在资金上、技术上、经验上都有独一无二的先天的市场优势。

投资电讯业不仅需要长远的市场眼光，更需要具有能够承担巨大风险的资本实力，更要有国际资本市场运作的张力。李嘉诚过人的胆略，是以雄厚的实力及缜密的思维为后盾的。尽管和黄2003年3G运营严重亏损，但其全球业务销售额却高达84亿美元，净利润达7.78亿美元，较一年前增长了2%。毕竟和黄的3G运营出师未如预期顺利，为了对3G做出巨额坏账准备，和黄已推出十亿欧元的十年期债券。和黄在3G上奉行“先进入者先发”的先行战略，甘做第一个吃螃蟹的人，敢于冒着巨大风险向全球3G挺进，无疑会引领电讯新技术、新概念、新思维之风气，借势进取，李嘉诚无疑挺身站在了电讯世界的最前端。

在李嘉诚的经营哲学里，资本经营和资本运作从来没有被严格区分，两种发展手段的相辅相成实现了财富的快速积累。甚至今天的资本经营就是明天的资本运作。这样，下一步的扩张、下一阶段的3G牌照争夺也顺理成章。至于对香港越来越重要的内地，和黄方面坦陈：“确实对内地市场很有兴趣，而内地对和黄此次推出的香港3G服务怀有浓厚兴趣，显然也部分基于香港与内地密切的商贸关系。但内地3G的具体时间表尚未敲定，甚至连发放形式也没有定论。”也因此，和黄在谈及内地市场时保持了一贯的内敛：“我们掌握的只是一些关于内地的零星资料，也不排除与内地的运营商任何形式的合作，但一切要视政府发放3G牌照的政策决定。”

李嘉诚是一个内向和外向性格兼有的人，而且两种性格都很强烈，因此，“他的张力很强，韧性也很强”在李嘉诚创建、并且始终直接掌控的和记黄埔，高速扩张与沉稳等待相融的经营风格是李嘉诚本人性格的另一种体现。对于和黄的掌舵人李嘉诚来讲，押在欧洲3G的资金是其余生中最大的一笔投资，在许多人眼中，当然也是一次巨大的冒险，甚至是赌博。

和黄之举虽然有一定风险，但并不危险。历史经验表明，任何产业都要经历起起伏伏，电讯业更是如此，对于引领科技潮流的3G来讲，就更加如此。李嘉诚卖“橙”获利千亿的神话表明，在产业低潮的时候坚持将企业做大做强，再在产业高潮的时候出售企业，能够获得巨额的回报。从形势来看，正是3G拉动通讯业复苏的特殊时期，也是和黄乘虚而入，抢占欧洲市场的最佳时机。在欧洲，政治稳定，经济发展，国民富足，国与国之间限制较少，适合组建大规模的3G网络。绝大多数欧洲用户都在使用GSM/GPRS手机，并以语音服务为主，大部分用户具有使用移动资料业务的经验及社会需求。

当然，和黄能否获得成功仍有太多的变量：陷入价格战的泥潭、投资过大后续乏力、技术仍不能完全稳定、用户数少亏损严重，供应内容单调及不能完全满足不同阶层不同年龄的需求等。就发展潜力和价格策略而言，和黄依然看好，但是如此庞大的投资，将在何年何月获得回报，两年三年，五年十年？确实难以有一个明确的结论。作为一项战略投资，在能够确保获利的同时，时间并不是李嘉诚考虑的主要因素。加拿大赫斯基石油期待了差不多十年，前期也是不断遭人非议，才有后来的高额利润，3G为什么不可以等多十年？况且，2005年8月传来的信息已经说明，3G最迟2009年可以赢利。不管怎样，既然种子已经播下，步子已经迈开，运作已经顺畅。况且，全球经济再度从谷底复苏。那么，剩下的只是在什么时间收获了。

2003年3月27日，和记黄埔表示，它已经在争取意大利第三代流动电话牌照的竞标中，取得竞标财团之一的主导地位。和黄表示，它收购了意大利Andala名下51%的股权，以便和拥有Andala25.5%股权的意大利互联网供应商Tiscali结盟。根据和黄与Andala 的合作协定指出，和黄完成并购程序后，将占有Andala 五成一的股权，成为该集团的最大股东，到时，和黄将以Andala的名义，在意大利竞标3G牌照。

Andala 的母公司是欧洲著名的电讯集团Tiscali，该集团主要的业务是提供综合的互联网、入门网及电子商务等，服务范围遍布欧洲六国。和黄董事经理霍建宁表示，和黄认为Tiscali 集团是一家实力雄厚的公司，相信透过这次合作，将有助和黄顺利标得意大利3G牌照。Tiscali总裁索鲁也表示，这项结盟将使他们如虎添翼，能够取得意大利3G发放的五张牌照之一，并且把Tiscali的力量扩展到极限。

在全球3G产业陷入困境的时候，和黄电讯依然逆流而上，继续扩张它的3G帝国。和黄先是于2002年8月23日宣布，将通过旗下的屈臣氏以13亿欧元收购了荷兰健康和美容产品零售商Kruidvat Group，欲为其3G手机构建一个庞大的零售网络。

2003年10月底，李嘉诚竞投获得意大利第三代移动电话（3G）牌照还没进入实质运作角色，意大利政府的反垄断部门就宣布一个惊人的决定：将调查有份参与此次竞投的六个国际财团之间是否有任何协定或行为违反公平竞争法。

意大利3G竞投一共颁发五个牌照，由于牵涉面巨大，引起了传媒和公众的高度关注。竞投开始进行到第十轮后，英国电讯公司与意大利服装制造商贝内通家族共同控股的竞投财团Blu，鉴于实力不济宣布退出竞投。殊料意大利的3G拍卖出现核发牌照总数与登记申购公司数相等的“等额选举”的戏剧性局面。于是，意大利政府宣布取消拍卖，直接将五个牌照授予原本有意出价竞标的业者。结果，余下的五家财团共以102亿美元的价格夺得牌照，较早先市场预期的200亿美元总竞投价减少一半。

成功投得其中一个3G牌照的意大利电讯行政总裁卡莱里奥表示赞成政府的调查行动，认为可以澄清外界对本次竞投的疑惑。而和黄的发言人在接受记者采访时确认意大利正在展开事件调查，但不会评论意大利政府这一行动。发言人相信调查不会影响和黄投得的3G牌照，而且会尽量配合意大利政府的行动。和黄并强调，公司自身资金充裕，且对3G未来充满信心，不会经任何非正规途径谋取3G利益。和黄在已获取的欧洲众牌照中，从未发生如此事端，市场应有足够理由相信和黄在该问题上的商业立场与公正原则。

第三代流动电话3G牌照的出现，除了标志着电讯业新一轮汰弱留强的竞争外，亦扭转了市场对电讯业前景的看法。2005年9月22日，和记黄埔证实，公司在9月20日已经正式向意大利国家企业及证券交易委员会提出分拆该集团在意大利的3G业务上市。有分析师指出，和黄的3G意大利只要上市集资额在17亿欧元（约160亿港元）以上，和黄2005年下半年就会有现金回笼。

意大利3G是和黄3G业务中增长及财务状况最好的一个国家，截至2005年8月24日意大利3G登记用户达452万户，而3G意大利在2005年8月份的除税、利息、折旧及摊销前盈利（EBITDA）已经由负数转为正数。

英国的3G业务也具备了上市条件，不过根据李嘉诚在和黄业绩公布会上的说法是“英国业务不急于上市。”英国及德国以高价拍卖3G牌照，引来市场哗然，银行界已发出警告关注风险，而德国两家获牌公司也大呼政府故意推高价码。

自欧洲各大电讯运营商在3G豪赌上惨败以来，全球舆论对3G的前途多持悲观态度。事实上，在前有日新月异的4G技术，后有2G、2.5G运营商对市场阵地整固围追堵截的双重压力下，3G 仿佛奔驰角逐在前景无法预测的“无间道”上。但李嘉诚的真正价值，恰恰体现在举世皆退我独进上；体现在人弃我取的成功之道；体现在超前超高超快超人的非凡之举；体现在坚持不渝持之以恒的固执与执着。

3G 技术不是赌博

李嘉诚在 3G 之役上并非没有资金之虞，除了其在当年高位卖“橙”成功赚得千亿港元外，尚缺口 300 亿港元。但无论内外压力有多大，李嘉诚自始至终口径如一地对 3G 充满信心，并不断地积极采取措施来面对各种困难。

在和黄 3G 业务推出后，2003 年 6 月份英国的媒体对 3G 业务进行了一次市场调查，搜集消费者对英国 3G 服务的主要意见如下：

1. 手机短缺，款式单一。和黄 3G 在 2003 年 3 月开始运行的时候，许多用户只可以登记注册 3G 业务，并没有手机可以供应，而且要等几个星期才可以得到手机。

2. 手机太大、太贵，而且耗电。此次在英国销售的 3G 手机价格高达七百美元，如果下载几个影像片段，打几个电话，手机便没电了，部分消费者因此拒绝使用。

3. 掉话率高、接通率低。在行车速度上，手机上网经常断线，即使在静止状态也会间歇断线，这是英国 3G 普遍存在的问题，即使在伦敦，平均每八个电话会掉话一次，电话经常会接连失败两三次后才接通。

4. 资料传输速度太慢。感到有时延，浏览资料服务也不方便，想看漫画、足球片段，要花大约一分钟的时间才能下载完。

5. 资料业务内容不够丰富。资料业务虽然提供了包括新闻、游戏、视频下载、位置服务等大家所预期的东西，但内容太少，所有东西都可以在两小时内看完，而且经常在浏览时发现有些网页不能正确显示或不存在。

造成这些投诉的原因主要是 3G 技术问题和网络覆盖不足。和黄在英国的 3G 的投资共计：3G 牌照费用 43.8 亿英镑，网络设备 3.09 亿英镑，无线终端 7 亿美元，再加上机房建设、租用全长二千公里的光纤网络等，其建网投资是非常巨大的。这还仅仅是英国的投资。而且，其网络覆盖只达到英国各主要城市和70%的人口，为了全面覆盖，还要继续投资扩大覆盖和优化网络。

此外，和黄已经认识到，他们提供的服务质量未能令客户完全满意，短期内还不太可能优化完善，要想获得市场占有率唯一有竞争力的就是价格。为了争取用户，不得不采取降价行动：对签署一年服务合同的用户，价值几百美元的手机仅售七十八美元，其差额由和黄自己来贴补。同时，由于3G真正新增服务并不多，仍以话音业务为主，开始和黄的业务套餐每月以59.99英镑和99.99英镑收取，业内许多人认为其资费门槛太高。因为英国只有6%至7%的移动用户每月花费超过50英镑，所以大家认为以这个套餐费用根本不可能在年底达到一百万用户的目标。和黄不得不选择低价策略，其套餐与其他运营商相比，平均每分钟的价格大约低20%至30%。到了2003年6月份，为了改善用户发展迟缓的局面，和黄在英国的移动通讯市场上打起了价格战。与前三个月份的资费不同，新一轮的资费套餐主要针对中低端用户，其话音的资费水平比现有的通讯市场的资费大幅度降低50%。价格战的结果必然降低ARPU值，更加剧了公司的亏损面。

3G投资无疑是李嘉诚有生以来最大的一笔投资，高达167亿美元（最初预算），在世界电讯业务普遍遭遇寒冬，科技股瞬间爆煲，全球经济发展放缓及存在诸多对经济不利因素（如美伊战争）的情况下，李嘉诚很难再演绎“橙”（Orange）神话，至少在短期内，很难再现昨日辉煌。由于该项投资普遍不被看好，和记黄埔股价曾从高位时的83.5港元下降至最低点的41.7港元，跌幅达50%。英国3G公司注资风波，曾令和黄市值日损73亿港元，标准普尔已将和黄的信用等级调低为“负面”。为应对巨大的投资压力，和黄原定发行15亿美元长期债券，因金融市场低迷而被迫取消，面对如此巨大的投资风险，对经历数十年资本起伏的李嘉诚来说是一个严峻的考验。

和记黄埔在全球许多国家和地区经营2G业务，包括英国、意大利、美国、澳大利亚、香港、以色列及印度。欧洲电讯业的发展速度全球第一。移动电话越来越多地被用做资料传输，而不是语音传输。和记黄埔已将自己定位在这一经营领域，并且在英国、意大利和奥地利获得了营业牌照。

> 我们绝不能为了获得每一个3G营业牌照而无限制地竞标。例如，在德国的牌照成本过于高昂，超过了我们的预算，我们别无选择，只有退出。知道何时应该退出，这点非常重要，在管理任何一项业务时都必须牢记这一点。

李嘉诚对欧洲电讯市场有着一贯的恋恋不舍的特殊感情，并且选择欧洲市场作为耗资巨大的3G业务的主战场，原因在于欧洲市场具备种种有利于电讯运营商开展业务的优势，特别是即将启动的3G业务。

其一，欧洲市场属于高端市场，有着较为先进的消费理念。欧洲人均消费一直保持在很高的水平线，电讯消费的水平高于全球大部分的其他地区。也就是说，只要运营商能够提供符合用户的电讯业务，大部分用户都有能力消费。

其二，高消费背后是先进的消费理念，意味着对先进技术的追求。而3G正是代表着移动通讯最新、最高的水平，欧洲市场为其提供了广大的潜在用户。

其三，欧洲市场一向是电讯运营商的必争之地。运营商一旦占领了这个高端市场，对于其业务向低端市场的拓展，有着重要的意义。对于和黄来说，欧洲市场无疑是其推广3G应用最好的舞台。

其四，政策相对稳定的欧洲市场有利于移动业务开展。欧洲电讯市场属于成熟的自由经济市场，因此在政策稳定性上相较于新兴市场要高出许多，稳定的市场政策有利于市场公平合理的竞争。

其五，欧洲市场透明度极高，不存在市场以外的无形的手。公平合理的竞争不仅使得运营商因政策变动而产生的市场风险大大降低，而且还使得运营商的市场战略不会因竞争的不正当而扭曲破坏。3G属于新兴的业务，其市场规则的合理性在一定程度上还略逊于传统的电讯业务，因此必须要有一个具备足够经验、成熟稳定的市场来作为“试验田”，而欧洲市场显然是最佳的选择。

其六，欧洲市场开放程度高。欧洲市场属于高度一体化、开放的市场，各国之间在政策、市场上的互相协调程度比较高，这就有利于运营商在国与国之间开展业务，而不必受到国家之间的一些保护政策放置的障碍。另一方面，一体化市场也使得用户在消费心理上产生趋同性，某项业务一旦占领了某国的电讯市场，就可以以同样的方式把业务扩展到其他的国家。

其七，欧洲市场整体环境好。欧洲移动电话的市场渗透率高于美国和日本，平均达76%，为全球之冠。这可以给运营商带来两个方面的好处：一是广阔的市场空间，平均达76%的移动电话普及率蕴藏着巨大的市场，使得运营商有了用武之地；二是良好的市场氛围，高普及率预示着良好的市场氛围，证明高端通讯消费成为人们日常生活中必不可少的一部分。

其八，欧洲运营商还未恢复元气，正是攻城拔寨的大好时机。之前开始席卷全欧主要国家的3G牌照拍卖，掏空了欧洲各大电讯运营商的金库，加上电讯业的不景气，使得各大运营商元气至今还无法恢复。因此，各大运营商对于3G业务也是心有余而力不足。而这正是和黄进攻欧洲市场的最佳时机，因为若论受伤前的实力，和黄相比于欧洲各大运营商并不占优势，正面硬拼未必胜券在握。借欧洲运营商状态疲软的绝好时机，和黄通过首先推出的3G业务来一举占领市场，必将为和黄在3G信息时代获得一席之地奠定良好的基础。

其九，欧洲市场一直主要是2G市场，3G的推广并不会出现像日本一样受到2.5G阻碍的局面。3G在日本遭到失败，其中重要的原因之一是有2.5G这只拦路虎。

3G有着迷人的前景与旺盛的生命力，3G是不会夭折的。3G所代表的是第三代移动通讯技术。全球的移动通讯技术多处于第二代和第二代半的时期。据统计，全球注册的移动公司约一千家左右，其中GSM手机大约占到68%，CDMA等2.5代手机占到15%。可见，全球的移动通讯仍处于第二代时期，并且正在向2.5代过渡。可以预见，从2.5代到3代的前进也是大势所趋。但是跨越3G进入4G就可以预见的未来技术而言，可能性不大。路还是要一步步循规蹈矩走。

2002年12月，李嘉诚在他的办公室里接受了布隆伯格新闻网站的专访，谈到了他从身无分文的穷小子变成身家230亿美元的全球商业巨头的传奇经历。

在事业上我是一个从来不知满足的人。

3G技术不是赌博，其卖点是将手机的便利与互联网结合起来，手机和互联网是人类历史上两大带有革命意义的消费技术，而3G将其融为一体一定能够获得成功。

和记黄浦已经为3G电话网络建造了一系列的基站和路由装置，这一网络的传输速度将比之前的蜂窝电话网络快15倍，这意味着用无线网络召开电视会议和收看实况电视转播将成为可能。李嘉诚表示其在欧洲的电话网络业务在2005年实现收支平衡，不过一些分析人士对此表示怀疑。Forrester公司2004年9月曾在一份报告中表示，李嘉诚要实现上述目标至少要等到2017年。因此，一位资深证券分析师在剖析和黄财技时表示，反对业界普遍认为李嘉诚3G是一场豪赌的看法。“2G业务的盈利可以为3G业务的亏损实现曲线上市融资，和黄电讯业务的发展模式从来都是依靠资本财技滚动发展的。”说白了一句话，李嘉诚的3G能否赚钱，绝不能只看和黄卖出了几部手机，收到了多少话费这么简单。

跟随李嘉诚多年的下属对他的成功深信不疑。一位曾经在李嘉诚手下工作了七年的美国主管表示：“李嘉诚是世界上最精明的交易人，他知道什么时候买入什么时候卖出，他对时间的把握简直是完美之极。”

李嘉诚在采访中信誓旦旦地表示，在他的一生当中曾有过很多冒险斥巨资投入某项业务的经历，因此这一次并不是什么新鲜事，他也并不担心自己会失败。相反，如果能够给股东带来利益，那将是一件令人高兴的事情。

3G的希望究竟在哪里？虽然世人对李嘉诚的答案依然半信半疑。但是，3G确实受到了欧洲、亚洲地区的追捧与欢迎，这是不争的事实。3G确实受到了香港人的追捧，尤其是年轻一代的青睐。毕竟，它将人们的生活概念提升到一个新的层次新的水平。既然如斯，毋须杞人忧天，毋须为3G担心，更毋须为李嘉诚担心。

和黄董事总经理霍建宁强调，2005年底前分拆上市的意3G业务将不涉及出售旧股套现，分拆为反映和黄合理股价。2005年4月1日，霍建宁表示，意大利3G业务3月已得扣除SAC后除税、利息、折旧及摊销前盈利（EBITDA）收支平衡，加上刚完成透过外判工序节省成本，故在4月份应可录得1000～2000万欧元（约1.01亿～2.03亿港元）的正现金流，并开始抵销SAC。他并补充，至于英国方面，已于2004年12月录得扣除SAC后EBITDA收支平衡。霍建宁强调集团非常有信心达到目标。

3G战略完全能够经受长期的考验，因为和记黄埔3G公司有多种收入，具有相应的财务和管理能力。如果能站在李嘉诚的角度看电讯业的问题就更清楚了：这对自己的公司并不是一个生死抉择，只是一项战略投资。当全球忧心忡忡时，李嘉诚轻松自然。尽管，与几年前相比，全球的电讯投资气候现在要冷得多了。

李嘉诚为什么要在大家都感到悲观的时候逆势而动呢？因为他总是能做别人做不了的事情。根据最近一个财年的业绩报告，电讯业务只占到了和记黄埔收入的13%和EBITDA（未计利息、税项、折旧及摊销前的利润）的3%。和记黄埔管理层认为电讯业在收入增长和投资回报率方面有很好的前景，但这只是该公司港口、公用设施等稳定收入来源的补充。与沃达丰、AT&T、Verizon等企业不同，和记黄埔对于全球电讯泡沫的破灭意外沉稳。虽然该公司被迫取消债券发行计划，股价低潮时已经下跌了30%，但是充足的现金储备使其具有足够的运作空间。

野村证券估计和记黄埔当时拥有145亿美元的现金和可流通资产，这足以让公司对3G再投资102亿美元。这就是怀疑者的失败之处：与纯粹的电讯公司不同，和记黄埔不需要3G业务立即取得盈利以应付庞大的支出。他可以继续大力资助和记黄埔3G公司，只要他们相信3G最终能带来回报就可以。批评家虽然质疑和黄电讯操作的盈利能力，但是没有任何人否认，或者能够漠视3G模式在未来的赚钱前景。

李嘉诚是全球最富有的人之一，他并不是一个喜欢挥霍的人。李嘉诚常说不过分沉迷于一项投资是他最好的心理优势。Gartner分析师英格布莱希特表示："他很务实也很沉着，如果认为一件事不能成功，他敢于壮士断腕。"即使在电讯领域，他也证明自己敢于撤出失败的投资，如1994年从Rabbit中撤出，就是最好的证明。

李嘉诚曾经对《财富》说：

> 知道何时退出是很重要的，在从事任何业务时都要牢记这一点。

成就

2005年4月20日，和黄宣布落实于年底之前，分拆旗下意大利3G业务上市。H3G行政总裁Vincenzo Novari透露，将于2005年11月底公开招股，现正挑选财务顾问，相信5月底会有决定。有证券分析员认为，预期和黄可套现约232亿港元。Vincenzo Novari表示，此次3G将会发售两成至两成半股份于米兰交易所上市，又预期集团将于当年第三季（可能8月份），取得扣除利息、税项、折旧及摊销前盈利（EBITDA）收支平衡。

和黄董事总经理霍建宁月初曾表示，3月份3G基本上已取得未计入上客成本的EBITDA盈利，此次上市只会发售新股，又说分拆计划并非要套现，只是上市可令市场对3G业务有一个肯定的价值。至于意大利3G业务的估值，他拒绝透露，只表示于和黄的账面值约40亿欧元。不过，早前有报道指出，部分银行对意大利3G的估值，平均为100亿欧元（约1000亿港元）。分析员指出，和黄2004年购入意大利3G伙伴Cirtel的股权，令到和黄的意大利3G股权增加至91.3%，若按上述估值约100亿欧元，以及发售两成半股份计算，和黄可套现约232亿港元。

2005年1月7日，李嘉诚在长江集团周年晚宴上致词时，十分欣慰地讲到："2004年世界经济环境整体上有所改善，尽管面对种种挑战，集团各项核心业务仍有满意的进展，其中投资庞大的环球3G业务，去年发展尤为理想，我可以很高兴地告诉大家，截至今日，全球上客数量已达680万，我们的3G业务正处于领先地位，EBITDA将可于本年达到收支平衡，尽管面对各方面的挑战，我们已向前迈进一大步。"

2004年3月26日，刚从英国回港的和黄董事总经理霍建宁，甫下飞机的他，就匆匆赶来记者会。虽则难掩疲态，但他仍不减幽默风趣的本色，当有记者追问大班3G何时达至"日理万机？""李生（即李嘉诚）说现在日理万机是'一般般'啦，要日理二万机才行！"大班回应。

犹记得不久前霍建宁偕母女及爱妻等一家大小迷上3G来宣传，这次"3"为NEC C616推出更耐用的电池，他就以上司及同事当"生招牌"。"好似李生在车上都用"3"手机看信息，他是高用量用户，对新的电池非常满意。李生都不用换电池，你们更加不用啦。”频频被霍建宁冠以“靓仔”之名的C616手机，最新的卖价再调低。“我们Agnes（即“3”的策划者李家慧的洋名）是靓女，她就说我们的电话咁‘靓仔’，所以要卖平些。幸好我不是靓仔！”对于C616这次减价，抢先买该手机的用户顿变成“负资产”，当中不乏是传媒，趁机向大班“呼冤”。霍建宁回应，“我们有计划照顾到‘负资产’人士，很少有其他公司会这样做，买家唯有话自己衰仔行得快啦！”

谈到市场关注3G手机的供应、降价后的C313会否更缺货？大班就答，如果出现这个情况，C616马上加价。“单叫西还不加价？价钱都是因应市场供求调整嘛。”以此推论，大班闲时也爱攻打四方城呢！既然霍大班如此风趣，老记热情高涨，猛问其他热门话题，包括早前电讯管理局有意增发3G牌照，大班怎么看？做事以专注见称的霍建宁，对于回答“3”以外的问题似乎不感兴趣，只简单说下个礼拜一再谈，因他拟再现身就此话题发炮。但又声明要看看记者们今天的表现如何？有多疑的老记忍不住追问，难道大班想“干涉”传媒的报道？霍马上澄清，“我只是要看看你们明天，有没有人马上去买3G手机啦！”

问到率先分拆意3G业务上市，霍建宁表示：“分拆与否完全取决于市场而定，非和黄‘话事’。和黄并不等钱用，故3G上市时只会发行新股，主要希望借分拆旗下的3G业务上市，将和黄潜在价值反映出来，而非套现。”他拒绝透露意3G的具体估值，只透露该公司的股本值及负债分别为40亿欧元（约405.6亿港元）及50亿欧元（约507亿港元）。

瑞士一波发表报告指出，和黄管理层表示不会以低于账面值分拆3G业务，该行对意大利3G折现现金流（DCF）估值为63亿欧元（638亿港元），若意大利3G最终估值每增加10亿欧元，相等于和黄每股资产净值增加2.5港元，若按高于账面值分拆上市，每增加10亿欧元将会为和黄增加特殊溢利100亿港元。

这里，只是引用了一堆极其枯燥无味的阿拉伯数字，相信可爱的读者不见得个个如同李嘉诚那样喜欢阅读公司报表。但是，这组数字，足可以在相当程度上，消除人们的疑虑，不论是银行家，还是投资者，不论是投机者，还是小股民，悬在心头的大石，可以慢慢放下来了。

当然，李嘉诚早已看过这些数据，并了然于胸。和黄分拆旗下意大利3G业务于当地上市一事，虽然较早前曾传出分拆将延迟进行，但在2005年12月初出现重大进展。和黄通告表示，已获香港联交所确认接受分拆意大利3G独立上市的建议，并将向合资格和黄股东授予优先认购权。和黄指出，分拆建议需待股东大会通过、意大利证券交易所及监管机构批准，及承销协议落实。和黄并表示，建议优先发售之规模不得超过2500万欧元，合资格的和黄股东每持有一手和黄股份，将有权认购总值不超过5.86欧元的保留股份。然而，海外股东将不获保证配额。

李嘉诚坦言，有信心2005年下半年3G业务可以达致除利息、折旧、摊销及税前（EBITDA）收支平衡，2006年更可望有盈利贡献。李嘉诚相信，市场已开始认同这项业务所创造的价值，并将被视为集团的机会，而非风险。集团已成功抢占全球800多万名3G客户，今年增长仍持续，首季本港日均上客量一千个，全球平均二万个，更曾创单日十万个上客纪录。集团不会低估2005年和日后的竞争所构成的影响，但集团有信心3G将续扩大在每个市场的占有率，成为强大营运商。

李嘉诚展望，2005年全球经济在利率及油价上升因素下，会持续向好，特别是中国内地、香港、印度与亚洲区，和黄基于固有业务续有盈利增长，3G业务可达自给自足，可望2005年再创理想业绩。有长江生命科技小股东在长科股东会投诉该股股价长期“潜水”，加上近年长和系旗下公司于资本市场的动作及股价表现都惹来不少批评，李嘉诚于股东会后回应表示，“长实1972年以每股3港元上市，至今日连带股本及股息回报，应该系超过一千倍。”他续指，若市场上有一项投资于未来33年有一百倍的投资回报，旗下的基金会100%投资。又说，“对自己来说，认为（为集团）是全心全力做到好，33年一千倍是已经尽了全力。”

李嘉诚重申，3G业务对2007年的损益表会“Very positive（非常正面）”。并指今后会着重合约客户，因为该类客户对盈利有保证。截至2005年10月7日，旗下3G的全球用户总人数突破一千万。和黄董事总经理霍建宁指出，这反映出集团持续上客的能力超过市场预期。而3集团各个市场的ARPU（客户平均每月消费），都超越市场的平均水平。

和黄3G全球用户超越一千万，长和系主席李嘉诚其实在2005年8月25日的长和中期业绩记者会上已做出预测。李嘉诚当日表示，3G业务有机会于2007

年有盈利，并且维持3G业务于2005年达到EBITDA收支平衡、2006年达到EBIT收支平衡的目标。2005年会是3G投资高峰期，料3G业务资金需求于下半年急速下降，而2006年将完全没有注资需要。

李嘉诚还充满信心地特别强调，集团对3G业务的前景有信心。2011年3月29日，李嘉诚旗下长和系发布2010年度业绩。李嘉诚在记者会上表示，随着3G业务完成投资期及取得EBIT正数业绩，3G业务将不再对溢利构成负担，反而提供正面贡献。长和系业绩均优于市场预期，和黄2010年度纯利200.38亿港元，同比增加47%；长实2010年度纯利264.78亿港元，同比增长35%。

这一成就，似乎是稍嫌来得迟了点。但不管怎么样，总算是迟来的爱。

“站得牢，挺得腰，走正路，有理想。我不认为自己是百分百的完人，但希望自己对国家和民族做出贡献，成为一个有价值、值得人们尊重的国民。我个人不惧怕死亡。假如我是一盏灯，能够照亮一条路就好了。”

第八章

成为一个有价值的人

Li Ka-shing

▲ 南方报业 2013 年 11 月在长江集团中心专访李嘉诚的报道。

▶ 有关李嘉诚的各种传记演绎评述书籍，在各地书店图书馆相当抢眼。

进入 2013 年，有关李嘉诚资本撤离香港及中国内地市场的议论，传遍全世界的每个角落。各类报刊、杂志、电台、电视连篇累牍，不厌其烦地分析、介绍、评说这一似是而非的伪命题。欧洲白人欢欣鼓舞，尤其是不列颠人，更是摆出了各种诱人的姿态，频抛媚眼，暗送秋波，唯恐李嘉诚移情别恋。内地人忧心忡忡，欲言又止。香港人爱恨交加，五味杂陈。难道这是历史的真实景象吗?

在香港，李嘉诚和他的家族影响力无处不在，影响着数百万香港人每时每刻的生活，每天清晨从睡意朦胧中听到的电话铃声，再到匆匆上班路上穿透大气的电台播音，到急急忙忙登电梯到达的写字楼，再到晚上拖着疲惫身躯回家所居住的居所，再到打开能给你带来光明的盏盏明灯（香港的电力公司“港灯”有李嘉诚的投资），再到茶余饭后心神向往、放松自我的虚拟网络世界与电视娱乐，乃至去超市买日常生活用品（百佳超市、屈臣氏等都是李嘉诚控制的集团旗下产业），甚至到临睡前的沐浴（李嘉诚持股生产飘柔等洗浴产品的宝洁集团）。

难怪有人耸人听闻地说，香港，顾名思义，就是李家的城。所以当李嘉诚突然提出要为关乎半数香港人日常消费的百佳超市寻找新主人的时候，香港社会哗然，一时间种种关于“李嘉诚欲撤资香港”的传闻、报道传遍大街小巷。

至于对内地人的影响，举个最小的例子，你每日洗头用的洗头液，你每天口渴喝的王老吉，当你感冒可能要吃的板蓝根与感冒清，都可能是出自李嘉诚之手，也就是说，你每天的一举一动，都有可能在为李嘉诚做贡献。

连番收购

其实，有关李嘉诚撤资的传言与议论，近二十年从来都未曾停止过。让我们把聚焦的长镜头拉向历史的纵深。

2011 年 7 月 12 日，英国 Northumbrian Water（NWG）公告称，长和系主席李嘉诚旗下长江基建与其修订一份不具约束力的收购提议，双方将收购代价调高至 24 亿英镑（约 297.36 亿港元），相当于每股作价 465 便士。长建伙同长江实业及李嘉诚基金会组成财团，以总代价 48 亿英镑（618 亿港元），收购 NW。根据修正后的提议，Northumbrian Water（NWG）股东将获得每股 9.57 便士之股息，并于 9 月 9 日派付。公告发出后，其股价随即升至八年以来的新高位，至 447.6 便士。NWG 为英国最大的水务公司之一，其同意给予长建以有限的时间内，进行验证性资产审查。报道引述一名分析员表示，“目前的出价水平，连同末期股息，已接近 475 便士，而我们认为这是公平的，现时的价钱似乎是由英国水务董事会推荐。”该分析员并认为，现时持股 27% 的加拿大退休基金安大略教师退休计划，很可能接受这项提议。

英国市场为长江基建第二大盈利来源，长建并已持有英国南方水务（Southern Water）4.75% 策略性权益。10 月 17 日，长江基建宣布，有关收购英国水务公司 Northumbrian Water（NWG）事项已经完成，该公司已成为 UK Water 全资附属公司。UK Water 由长江基建牵头之财团全资拥有。Northumbrian Water（NWG）股份分别已取消纳入英国上市监管局之正式名册，以及在伦敦证券交易所之上市证券主板除牌。

2011 年 3 月，美国电力生产商 PPL 集团宣布，成功收购德国 E.ON 旗下的英国电网。PPL 为美国宾夕法尼亚州第二大公用事业公司。此前，李嘉诚的长江基建以 37 亿英镑成为出价最高的竞购者，但仍然失手。根据香港媒体此前统计，李嘉诚家族控制着英国大约四分之一的电力分销市场，10% 左右的天然气供应市场，以及大约 5% 的供水市场。如果本次交易成功，李嘉诚将掌控几乎占英国一半的电网设施。因此业内人士称，李嘉诚此次失手，很有可能是由于竞争的原因，具体讲，是英国当局担心李嘉诚收购会造成新的不可避免的电力市场垄断。

稍后，李嘉诚又以1.5亿英镑（约20亿港元）竞标英国森茨卡集团（Centrica）的风力发电厂，该集团是英国天然气（British Gas）的母公司，拥有全球最大的风力发电厂。参与竞标者还包括美国私募基金KKR、德意志银行旗下基础建设部门RREEF和中国大唐国际发电公司。森茨卡是英国最大风力发电厂的投资者，但该公司一度以成本不断升高为由，考虑检讨兴建风力电厂的方案，确定这些计划符合预期的投资效益才会开始进行。据《每日电讯报》当时的报道，森茨卡可能已找私募基金业者Riverstone等潜在投资人筹资。

2010年5月，皇家荷兰壳牌公司（Royal Dutch Shell）以成本变高为由，撤出伦敦阵列（London Array）风力电厂计划。伦敦阵列是全球数一数二的离岸风力电厂。《泰晤士报》报道，森茨卡执行长莱德洛（Sam Laidlaw）打算趁国际油价下滑、天然气田相对便宜的时候，大举收购全球的天然气田，因此正努力寻找资金来源。

欧洲和加拿大业务占和记黄埔2011年收益总额的比例分别为42%和16%，远高于其在香港的收益。李嘉诚当时即明确表示，若欧洲未来出现合适的业务，仍会继续进行收购与投资。2012年6月5日，和记黄埔（0013.HK）宣布，透过旗下子公司Persall Pte Ltd与李嘉诚基金会旗下的Kelburgh Pte Ltd合作，分别购入Scailex Corporation Ltd（下称“Scailex”）50%和25%股权，总作价1.25亿美元。Scailex持有以色列主要电讯服务商Partner Communications Company Ltd（下称“Partner”）44.5%控股权。

2009年，和记黄埔曾以13.81亿美元向Scailex出售所持Partner的51.31%股权，如今再以1.25亿美元重获Partner的控股权，低买高卖差价约12.56亿美元。通过这笔交易，和记黄埔至少可以确保自己获得的收益超过抵押物仅1.28亿美元的价值，而且，这笔交易还让李嘉诚再次拿回Partner的控股权。李嘉诚高出低进的投资手腕再次得到淋漓尽致的发挥与不折不扣的验证。

2012年9月，李嘉诚收购英国燃气分销公司的交易获得欧盟批准。上述交易完成后，长江基建在燃气市场上的市场份额将大大提高至英国人口总数的25%。李嘉诚旗下长江基建有限公司发布公告，称欧盟委员会已批准由长江基建牵头的财团斥资6.45亿英镑收购英国燃气分销公司“威尔士与西部设施”有限公司（Wales & West Utilities简称“WWU”）。此外，还要负担其13.12亿英镑的债务，即本次收购的估值为19.57亿英镑。

WWU为英国八个主要配气网络之一，网络覆盖4.2万平方公里，为威尔斯及英国西南部约740万人口提供服务。该网络的管道总长度为3.5万公里，并设有18个气体储存场。交易完成时，WWU的受规管资产价值估计为17.93亿英镑。长江基建方面透露，本次收购为长江基建与电能实业于英国配气行业的第二项气体网络投资。完成收购WWU后，长江基建与电能实业将拥有英国八大配气网络中的两个，总网络覆盖面为该国的27%土地面积，将覆盖全英国四分之一人口。

2012年10月，电讯盈科（00008.HK）主席李泽楷斥资167亿港元，成功收购得荷兰国际集团（ING）港澳及泰国业务，再次踏足保险市场，下一步将强攻东南亚地区，包括印度及马来西亚，从而建立泛亚保险王国。《华尔街日报》引述消息人士指出，李泽楷的发展策略，主要针对撤出亚洲的欧美保险集团，透过收购其区内业务，或直接在区内收购规模较小的保险公司。重投保险市场的李泽楷，早于1994年透过收购鹏利保险，随后易名为盈科保险，并重组上市。他在2007年金融海啸前，以高价出售盈科保险予比利时富通，套现逾31亿港元，既成功避过金融海啸，同时亦在13年内赚取逾10倍的回报。

从2000年开始，李泽钜已斥资2000多亿港元收购了十一项英国、加拿大和澳大利亚等国的基建项目，涉及电力、水务、天然气供应等项目。按照英国媒体的说法，李泽钜几乎已经“买下了英国”——李嘉诚父子控制英国天然气近三成的市场，英国四分之一人口的天然气供应由他们提供，英国大约四分之一的电力分销市场以及约百分之五的供水市场都是李家的资产。

李嘉诚近来积极抢攻环保商机，他旗下的企业更宣布斥资13亿美元收购荷兰的废弃物处理公司，获得全欧洲最大的废弃物处理产能，这也是2012年以来李嘉诚第二度出手并购海外的废弃物处理事业。李嘉诚旗下的长江基建、长江实业、电能实业、李嘉诚基金会合组一个竞标集团，集资9.437亿欧元（约13亿美元）并购荷兰的废弃物处理公司AVR AFVALVERWERKING BV，该公司的废弃物处理产能与垃圾发电量位居全欧洲第一。

对于李嘉诚的并购动作，香港渣打银行的分析师认为，AVR的获利成长相当可观，在欧洲各国重视环保的情况下，废弃物处理事业具有很大的成长潜能。AVR 在 2012 年的净利为 4230 万欧元，比起 2011 年的 2070 万欧元成长超过一倍，而 AVR 在荷兰废弃物处理的市占率约为 23%。这次并购动作也有助于再度提高李嘉诚旗下集团在欧洲的获利能力。在并购 AVR 的消息公布之后，李嘉诚旗下相关企业的股价明显上涨，长江基建上涨 2.98%、长江实业上涨 3.73%、电能实业上涨 2.96%，都远高过恒生大盘 1.22%的涨幅。

长江基建在 2012 年 1 月时曾经斥资 4.05 亿美元收购新西兰第二大废弃物处理公司 ENVIROWASTE。长江基建董事总经理甘庆林表示，长江基建集团在纳入废弃物处理方面，有不错的进展。在全球各地废弃物处理成为迫在眉睫的问题，我们看到这个产业的商机。

李嘉诚的欧洲电讯事业版图也在进一步扩大，李嘉诚旗下上市公司和记黄埔，有意收购西班牙电信旗下的爱尔兰电信业务 O2，该业务市场估值高达 70 亿欧元。爱尔兰对和记黄埔并非全新的市场，和黄旗下的欧洲 3[①] 集团已在意大利、英国、瑞典、丹麦、奥地利和爱尔兰等地经营业务。

2005 年，西班牙电信以 260 亿欧元（约新台币 1.01 兆元）的价码收购 O2 的 90% 股份，使自身用户数量跃居为欧洲第二、世界第四大的电信集团。时隔六年，受欧债危机冲击，债台高筑的西班牙电信不得不考虑剥离 O2 这类非核心资产，减少负债总额。先前公司已经以 5 亿美元出售拉丁美洲业务 40% 股权。西班牙电信希望能将债务总额从原来的 510 亿欧元降至 470 亿欧元以下。李嘉诚对欧洲电信事业兴致勃勃，市场持续传闻和黄有意将旗下电信公司 3 意大利与当地电信龙头意大利电信（Telecom Italia）合并，提高欧洲业务效益、抢占当地市场。媒体指出，和记黄埔有意取得合并后新公司约 30% 股权，唯价钱仍在商议中。

近年来，欧债危机的冲击提供陆企吞下欧洲资产的绝佳机会，善于投资的李嘉诚也已多次出手。早在 2011 年 2 月，旗下电信公司 3 奥地利订立一项具约束力的协议，收购 Orange Austria 的 100% 股权，再出售所收购的 Yesss！品牌与若干其他资产给 Telekom Austria Group，通过该交易，3 奥地利的客户总

① “3”：和记电讯香港控股有限公司 2009 年 5 月 8 日接管和记电讯国际港澳业务，从事港澳以获特许授权使用。“3”品牌经营 GSM 双频及 3G 流动电讯服务。是和记黄埔的子公司。

数达到 280 万名。

在大举进军欧洲各行各业的同时，李嘉诚也有在按部就班地抛售香港与内地资产。2013 年 9 月 29 日，在上海自贸区挂牌之际，李嘉诚再出招，规划以分拆方式，出售旗下重要资产——香港电灯五到七成股权，预计最多套现近 600 亿港元。担心外界过度解读，控股港灯的电能实业更特别声明，纯粹是资本组合的商业决定，不应视为撤资。李嘉诚 9 月中才郑重其事地宣示，绝不从香港迁离，没几天就大卖具准垄断性质获利丰厚的优质资产港灯，难免不令人猜测其真实动机。

据了解，港灯主营项目有发电、输电与供电，2012 年营收达 104 亿港元，盈利 45.5 亿港元，向来都是李嘉诚在港的最重要资产；分拆出售股权后，电能仍持港灯 30%至 49.9%股权。令人关注的是，向来投资都以控股为目标的李嘉诚似乎并不在意港灯上市的控股与否。其实就盈利层面来看，李嘉诚旗下最重要的和黄集团，欧洲就占总获利 35%，比内地 13%、香港 15%总和还多，仅就这一点来说，李嘉诚早已“撤港入欧”，世人不过是后知后觉而已。

李嘉诚的“欧洲情结”尤其浓厚。从 2000 年第一次海外投资被人熟知后，2010 李嘉诚长子李泽钜率领长江基建、电能实业和李嘉诚基金会联手，斥资 58 亿英镑（约 700 亿港元）从法国电力公司（EDF）手中拿下英国电网业务后，李嘉诚的海外投资版图迅速拉开。

2013 年 6 月，和记黄埔旗下 3 爱尔兰将以 7.8 亿欧元（约 80 亿港元）收购其爱尔兰 O2 业务。英国媒体更戏言称，李嘉诚海外并购几乎买下“整个英国”。李嘉诚在长江实业的 2013 年半年报业绩报告中称，海外基建项目为新增稳定优质收益来源，将以多元化发展模式，把握新业务领域的收购机遇。据 2012 年度的业绩报告，欧洲已经是和黄集团收入的主要来源，上年贡献的收入总计 1689.5 亿港元，占收入总额 42%，其中，欧洲三集团带来的收入总额年增长 3%，高达港 587 亿港元，是和记电信香港控股收入的近五倍多。其中，和记黄埔在欧洲的基建业务都来自英国，盈利约 56 亿港元，比整个中国内地和香港的盈利之和还要多。

2013 年以来，从出售百佳超市、广州西城都荟、上海东方汇经中心，到出售家族在 A 股唯一的上市公司长园集团，业内担忧李嘉诚正在部署大规模向海外转移资产。广州西城都荟被李嘉诚以 30.3 亿港元的价格售予离岸公司

GCREF Acquisitions 22 Limited——这一位于荔湾区黄沙地铁上盖的资产，曾多次被诟病延迟开业且招商不见起色。这是继长江实业出售上海陆家嘴写字楼项目东方汇经OFC、和记黄埔出售百佳超市之后，李嘉诚第三次抛售内地项目，涉及金额总计约为410亿港元（323亿元人民币）。

2011年5月，李嘉诚旗下的和记港陆称，以44.38亿元人民币出售其位于上海长乐路的世纪商贸广场写字楼物业。

2011年6月，和记黄埔位于古北的高档公寓御翠豪庭降价销售，价格跌幅最高达24%。

2012年年初，和黄再次以“改租为售”的方式抛售黄金城道商铺。与此同时，“长和系”持有并收租长达10余年的别墅物业御翠园一期“四季雅苑”也被传出计划出售。

2014年1月15日，李泽楷旗下公司盈大地产，就出售北京盈科中心股权，与独立第三方处于深入磋商阶段。尽管尚未签订具约束力的买卖协议，但这项资产出售案，预料将创下80亿元人民币高价。位于北京朝阳区的盈科中心集办公大楼、商场、休闲美食及服务式公寓于一身，位置邻近北京使馆区，周边为著名的三里屯酒吧一条街。早在去年2月时，已传出盈大地产有意以80亿人民币的高价出售。

除了拿现金到欧洲抢相对便宜资产外，香港商界传闻，逐渐由第二代李泽钜接班的长和集团，有意减少香港投资。香港中文大学高级讲师蔡子强认为，李泽钜显然从商业利润角度考虑，父亲李嘉诚则对香港有感情，但随着李泽钜逐步掌权，李家势必淡出香港。作为新一代的掌门人，李泽钜当然不会如同父辈般继续对香港背负沉重的道义上的十字架。

以往的繁荣，不一定是明天的序幕，每个人都该提高警觉，反问自己应在这个社会中扮演什么样的角色。

近年来，李嘉诚不仅大卖香港的资产，连上海、广州地产项目，也是他换现金的标的物。经济学者说，李嘉诚看到深圳前海、上海自贸区陆续成立，势必侵蚀香港基石，势必削弱香港仅有的微乎其微的优势。李嘉诚曾说：“上海自贸区成立，对香港是重大威胁。”当然，李嘉诚的每项收购都十分谨慎。例如外界普遍认为，在欧债危机肆虐的经济低潮期“捡便宜货”，当经济出现周期性回升，这些项目回报必然十分丰厚。

李嘉诚曾表示自己并非对英国情有独钟，“无论什么项目，只要是在政治稳定，有法律保障的地方，都有可能投资。”投资所在国度的体制优势，是李嘉诚海外投资收购大举拓展商业版图的另一个重要衡量要素。奉行英式制度的国家“一切运作都有规矩”，对基建等受管制行业有高透明度及利润保证。长建主席李泽钜近期与分析师会面时透露，未来主要在英国、澳大利亚、新西兰和加拿大寻找投资机会，理由是它们有“Well-established Regulatory Regimes(完善的监管体制）”。

此外，内地企业家对李嘉诚资产转移也深感不安。万科董事会主席王石说：“这是个信号，小心了。”娃哈哈集团总裁宗庆后独生女宗馥莉说：“李嘉诚都搬出去了，我为什么不可搬出去。”

有来自英国的分析人士指出，英国是全球第二大，也是欧洲最大的国际外资投资地。同时，英国是欧洲排名第三位的“商业便利”国家，加上英国政府的服务意识和效率备受很多投资者青睐。此前，也曾有IMF的官员指出，投资者和英国政府是一件双赢的事情，而英国对外国资本持非常开放的态度。这一点从伦敦的第二大机场——盖特威克机场（Gatwick Airport）的股权结构中便可见一斑。数据显示，这个机场的所有100%的股权都被外国机构投资者所持有。其中，一个来自美国的名为全球基建合伙公司（Global Infrastructure Partners）的私募股权基金全球拥有这个机场股权的42%，阿布扎比投资局拥有15.9%，而澳大利亚政府投资基金拥有17.3%，一个来自美国加州的养老基金CalPERS拥有12.7%，剩余的12.1%股权则被韩国共同养老基金所有。正是由于英国对外资收购国内基础设施资产权益持开放态度，英国的基础建设也成为了李嘉诚青睐的投资对象。

不会从中国内地撤资

对于炒得沸沸扬扬的“撤资中国，移情海外”事件，李嘉诚多次不厌其烦地出来公开回应说“不会从中国撤资”。但细细分析李嘉诚的话，却有许多耐人寻味之处。首先，李嘉诚说：“我爱香港、爱国家，长实和黄绝对不会迁册。”把“爱香港、爱国家”作为前提条件，显然是在做“政治表态”。

其次，他解释道：“但生意规模大小会随香港及世界的政治和经济情况而做出决定，当然股东的利益，我也要负起绝对的责任。”“今天又在英国进行其他投资，将来也可能会出售部分外国项目”。其言外之意最少有这么几层意思：一是，从股东利益和商业角度考虑的；二是，再次暗示近期出售内地和香港部分项目确有其事；三是，集团的决定永远以股东利益为首要考虑因素，如果有大规模的欧洲投资，甚至以出售香港资产为代价，那也是股东整体利益的集体决定，而非个人意志所能左右；四是，在任何情况下，都不排除以盈利为目标的投资，投资赚钱是集团首要的考虑因素；五是，公司香港注册地不会改变，虽然集团可能继续在外国投资赚钱。

那么，李嘉诚为何出售内地和香港包括房地产在内的项目呢？主要是考虑内地和香港房地产已经存在巨大的泡沫风险。一方面担忧继续握有这些项目，一旦泡沫破裂会造成较大风险损失，另一方面出售这些项目，价位正好处于高位，获利巨大。作为生意人，李嘉诚自始至终都强调绝不赚尽最后一个铜板。这也是李嘉诚生意经中规避风险的信条之一。同时，欧洲以及美国房地产整体处于低谷阶段并且正处于触底反弹位置，是抄底的绝佳机会。比如，2012 年以来，美国经济延续温和增长态势。多数地区的住宅楼市回暖，全美各地对商业地产的需求都在增加。欧洲虽然稍有滞后，但是房地产复苏就在眼前。因此，李嘉诚从内地和香港撤走部分资金投资欧洲，其眼光独到，把握商机准确。

德国哲学家尼采曾有过如斯传神的描述：“假如我不能从自身产生力量，假如我必须依赖外部世界寻找勇气、舒适和快乐，那么我将身居何处！”李嘉诚毕竟是李嘉诚，我们不能用凡人俗人常人的心态眼光去看待他具战略性的投资决策，更不能因此就非议妄议。就算真的用俗人撤资的心态分析，作为一个成功的战略投资家，其完全基于商业的投资决定，在今天高度开放的资本社会，又有什么值得别人说三道四的呢？难道李嘉诚的投资经商还需要你我指手画脚吗？难道李嘉诚的钱投到哪里去，还需要征得你的同意你才能够心安理得地接受吗？

实际上，从亚洲等新兴市场体国家撤资的何止李嘉诚呢？美国银行等外资金融企业基本把持有的中国银行股份清空撤走，印度、印度尼西亚等国正在遭受外资撤离的痛苦。印度卢比2012年以来对美元累计贬值约20%。虽然印度采取限制进口等措施，但仍无济于事。卢比兑美元汇率8月份依然暴跌11%。而巴西雷亚尔、印度尼西亚盾、南非兰特和土耳其里拉等其他新兴国家货币也跌势严峻。一时间投资者对新兴市场信心告急。中国作为第一新兴市场经济体大国，绝对难逃外资撤离一劫。

其实，李嘉诚抛售物业，或许和内地正在进行的不动产登记制度改革有关。将不动产登记统一到国土部门，是十八届三中全会做出的决定。这个决定，是最能打动房地产价格的决定。原因很简单，几乎所有的人都明白，不动产统一登记完成之后，接下来国家就要征收房产税，而房产，已经成为中国人最重要的资产。

数据显示，城镇全国自有住房拥有率2011年为84.7%，2012年增加为85.4%。2011年有13%的家庭拥有两套房，2.5%的家庭拥有三套或以上住房。2012年，有两套房的家庭增加至13.9%，而三套或以上家庭则大幅增加至3.4%。这个比率，一定是逐年稳步上升的。所以，对于不动产登记制度的改革，对于不动产登记背后的房产税，很多的人在睁大眼睛看着，心里也在盘算着。房产税的实施，不仅仅是缴税这么简单，其中更大的影响在于，个人资产的完全透明公开，这对于习惯闷声发大财的中国人来讲，确实很不习惯，也因此势必会抛售房产，隐藏财产，也因此必然带来房价下滑。

李嘉诚抛售内地物业说明，惦记着不动产登记和房产税的，不但有老百姓，还有商人。精明的商人，不但惦记着，而且已经开始动作了。李嘉诚就是这样一个精明的商人。相关的蛛丝马迹，已经有人点破，不过没被重视罢了。早在之前，就有业内人士分析，房产税，也许会从商业地产开刀。房产税在最开始的时候，曾给民众一种误区，以为房产税开征以后，会将房价打压下去。但是上海、重庆试点的结果证明，房产税在打压房价方面，作用很小。于是大家逐渐明白，政府征收房产税的最重要目的，醉翁之意还在酒，是在房地产开发接近尾声之前，给地方政府找补一个稳定的税收财源。

如果不出意外，房产税的征收，应该是从商业地产开始。李嘉诚作为精明的商人，作为一个在内地拥有庞大商业地产项目的商人（住宅项目都是边开发边出售回笼资金）早就预料到了这个结果。商人，当然是趋利避害的，他抛售内地物业，也就在情理之中了。

外资从新兴市场体国家的逐渐撤离，仅仅是美国第三轮量化宽松政策出笼的信号而已，如果真正到了实实在在退出时，不仅新兴市场体国家，欧美国家经济金融都将遭受不同程度的冲击。从这个方面讲，李嘉诚撤资内地和香港部分资金合情合理、无可厚非。无论李嘉诚怎样回应，但确实撤离内地和香港部分项目投资是事实。这提醒中国一定要做好应对美国量化宽松退出带来的风险，央行应该有充分的应对政策工具储备。也提醒投资者，李嘉诚都惧怕房地产泡沫风险了，都撤离了，抵御风险能力极低的投资者更应该谨慎涉猎楼市。

尽管李嘉诚的管理团队强调目前不缺资金，对任何资本密集、回报稳定、可预测度高的业务都感兴趣，且不限于欧洲，但翻阅长江实业及和记黄埔的半年报可见——长和系已有近一年未在内地拿地，以李嘉诚过往发展地产都会高储备土地的一贯手法来比较，其“撤资内地转战欧洲”的轮廓已经是清晰明确毋庸置疑的了。反过来讲，在一个资本开放透明的经济体系内，资本板块的游移自然是趋利避害，避高就低。这也应验了中国那句老话，三十年河东三十年河西。

李嘉诚在 2013 年 3 月的和黄业绩会上表示，2012 年集团的欧洲业务“赚多了”，又称欧洲业务到现在都很好，“90% 都很成熟”，除非世界经济有大的变化，发生“特别的意料不到的事”，如无意外集团今年业绩应该都很稳定。他并着重提及码头业务，指集团虽然在欧洲的几个国家有码头，但同时在南美洲、中美洲、欧洲，甚至中东一带也都有码头，在亚洲就更多。据他介绍，欧洲的码头生意增幅为 3% ~ 4%，而在南美洲、中美洲每年增幅更高达 10% ~ 20%，收入都很稳定。

对于市场关注的 3G 业务，李嘉诚指，相信 3G 业务在 2013 年应该会有好的表现。和黄董事总经理霍建宁亦表示，3G 业务于 2012 年的 EBIT 增长逾 100%，表现向好，加上期内成功收购 3 奥地利，对此感到高兴。他又称，澳洲 3 业务也有很好的成绩，但“走的步伐过快”，且合作伙伴 Vodafone 换了新的 CEO，需要一段时间来执行新的预算。但随着新 CEO 执行了新的策略，成本已较前降低。

李嘉诚在多个场合都一再重申，集团从来没有撤资，有边际利润就会继续做，但上市公司始终要向股东交代，若外国回报率较香港高，自然会到外国投资。

又指部分业务如电网、葡萄园等在本港买不到，水务项目在内地亦由政府拥有，故唯有转移到外国寻求。不过他说：“我们在香港有很多业务，不会撤资，如果香港有投资机会，我们当然会研究。”

李嘉诚与李泽钜都口径一致，多次说明“香港是我家”，从来没有“放软手脚”投地。李嘉诚更说，回报如果相若，例如海外赚100元，香港赚80或90元，“我都会投资在香港，因为始终有感情。”又指香港没有地产霸权。李泽钜亦说：“香港怎么说都是家乡！”集团会继续在港投地，继续卖楼，总之货如轮转，不会放慢更不会放弃在港投资。

2013年11月，处在风口浪口尖上的李嘉诚，接受南方报业旗下媒体专访，回应“长和系”从内地香港撤资传言，扬言“长和系”永远不会离开香港。并且语带双关地说，这是我的一个反击。面对“撤资”传言，李嘉诚郑重地做出了反驳。

南方报业：李先生，您的集团出售了上海、广州超过百亿元的商业物业，以及香港部分资产，还曾经洽谈过转让百佳超市项目。由此，关于“长和系”要从中国内地及香港撤资的传言沸沸扬扬。

李嘉诚：回答这个问题的确最为重要。我想用数字说话：“长和系”去年毛收入约4300亿港元，而本年度投资海外（新西兰和荷兰）两个基建项目动用的资金只有80亿港元，所占比例不足2%；而我们在香港货柜码头项目的投资已经有40亿港元。这怎么能说是“长和系”撤资？真是天方夜谭，是一个大笑话！

集团在50多个国家和地区有业务，不管是在香港、内地还是外国，如果有价钱合理的地会继续买，也可能会卖掉一些资产，或将资产上市，这都是正常的商业行为。百佳超市后来不卖了，也是因为价格不合适，以及有更好的打算。

南方报业：您觉得为什么“撤资”传言愈传愈盛？

李嘉诚：我对这种传闻感到非常奇怪。最开头这样说的人也许是想挑起事端，而其他人不了解情况，跟着说而已。但是这样说对政府和营商者都是不健康的。

南方报业：“长和系”今年在香港出售的物业特别引人注目。

李嘉诚：大型住宅类的地产项目是我们的核心业务，项目建成后90% 以上是出售的。实际上，今年到目前为止，我们在香港卖楼只得40 亿港元，是近 13 年来最少的一年，仅为过去两年年销售额的 15% 左右。其中包括这两天被媒体炒得火热的太平山顶物业，出售金额其实非常少。今年在港的业务紧缩了，主要是因为政府批出的楼花额度不多，我们在与香港政府协调，希望可以加大额度。

再说，“长和系”在香港还拥有不少出租物业，包括长江集团中心、华人行、和记大厦、中环中心等，总面积大约有 380 万平方英尺（1 平方米等于 9 平方英尺）；内地包括北京、上海的出租物业，总面积有 500 万平方英尺。这两地出租物业总市值加起来至少 1700 亿港元，这些物业都不会卖。而外国出租物业与之相比，只有 0.5%。

南方报业：您曾说，长江实业与和记黄埔绝不会将注册地迁往别处。现在还是这样吗?

李嘉诚：是的。我的家在香港，“长和系”的基地在香港，永远不会离开香港。我再强调，即使日后出售业务都只是商业考虑，跟“撤资”没有关系。

南方报业：过去，大家都称呼您是“超人”，现在却用“垄断”之类的词汇形容您，怎样看待这种现象?

李嘉诚：贫富悬殊是全球现象。我们在香港投资较大，就容易引来误解。30 年前，我已预见香港会出现这个情况。有香港记者问我，为什么不多在香港投资零售事业。我说，我们集团在全球有 12000 间零售店铺，其中香港则只占600多家，如果再增加香港容纳得了吗？集中在香港投资是愚蠢的，所以我们多年前就开始投资海外。

南方报业：您宣布，把三分之一的个人财产捐作公益慈善之用，放入名下的李嘉诚基金会。您捐这么大笔钱是怎么考虑的？又将如何选择捐助项目呢？

李嘉诚：我深爱自己的国家和民族，力图做一个值得人们尊重的人。如果没有这个理想，就不会将辛苦赚的钱捐出来做公益事业。基金会主要做两大范畴的项目：教育和医疗。我虽然在全球不少国家和地区经营业务，但我规定基金会80%以上捐款要用于大中华地区，今年的公益捐款就有40亿港元。

我相信，建立自我、追求无我是一种境界，因此做这些不是为了树碑留名。我在家乡捐建医院时，当地领导要我挂上先父的名字。我说，如果父亲天上有知，不挂名也知道我做了好事。

南方报业：您捐资在广东建设汕头大学。我们知道，汕大的教育改革曾遇到不少争议，您觉得如今收效如何？

李嘉诚：我坚信"知识改变命运"。我捐建汕大，想为教育做出贡献，做个样板。

南方报业：在全球经济危机的形势下，普通民众生活艰辛。企业家能够为他们做什么？我们知道，李嘉诚基金会在全国特别是西北，资助几百万个贫困儿童做唇裂、白内障和小肠疝气手术。特别是为贫困癌症患者提供临终关怀服务的"宁养服务"，做这个项目您是如何考虑的？

李嘉诚：一个很冷的冬天，我一位朋友患癌症，住在私家医院。我去探望他，他看见我非常高兴，拉着我坐在他床边。他后来睡着了，也没有放开我的手。我心想：这个朋友很富有，得到一流的医疗照顾，但到这个时候仍然痛苦不已。而内地贫穷的病人没钱接受治疗，又怎样度过呢？于是想到要去开展“宁养服务”。

汕头大学医学院设立了第一家宁养院，我鼓励医护人员：如果你们做得成功，我保证会在全国设立数十家宁养院，为贫困癌症患者提供免费“宁养服务”。

南方报业：现在的社会言论较为多元化，即使您在公益上做了那么多事，仍然常常有不同的声音，您会否对此感到困扰？

李嘉诚：如果认识儒、释、道的精粹，便会明白人生很短，不应浪费时间去理会这些事，而应做正确的事。我看到基金会的工作每天都在进步，像在荒芜之地种下大树，让后人有收获，这是很高兴的事情。基金会的资金，每一分一毫都是税后才注入的，我心安理得。

南方报业：您认为一生最难的是什么时候？

李嘉诚：人生各个阶段都会有难处，但我最难的是日本入侵香港的那些年。父亲病逝，不足十五岁的我要挑起照顾母亲和弟妹的重担，当时还得了肺病，病情接近危险程度。但我还是充满信心，告诉自己：我身为大儿子，要支撑这一家人的生活，还要为了前途“抢学问”。那些年，我除了干活，就是在别人用来生火的废书堆中找书看，修完中学课程。直到如今，我每天晚上都要看书，了解新的科技知识及与事业有关的信息。

南方报业：您最看中和反感人的哪些质量？

李嘉诚：我重视人与人之间的真诚交往，并且要实事求是，有什么问题要讲求数据，而解决问题要一矢中的，用最直接、最清晰的方法解决问题。我不会认同不诚实和自欺欺人的质量，也不喜欢思维固化、做事死板的性格，对于怒急攻心的人，更加不会妥协。

饱受非议

2013年3月29日，和黄集团旗下香港国际货柜码头（HIT）爆发严重工潮，码头外判工[①]不满15年来工资有减无增，做足24小时只得1300港元，较1997年的1480港元还要低一成三。百多名外判工冲击码头抗议，要求加薪两成，其间与保安员发生激烈冲突，五名保安员受伤，示威人士堵塞通道，越来越多人加入声援。示威人士带同印有李嘉诚的纸牌，高举多张横幅及标语："还钱呀李老板！""欠债还钱，天公地道。无尽剥削，忍无可忍。"示威人士其后占据码头回旋处，堵塞通道，令货柜车大排长龙，之后货柜车在工作人员安排下绕道离去，劳工处人员到场斡旋，大批警员一直在场戒备。

香港国际货柜码头董事总经理严磊辉否认剥削工人，指有关工人是承判商[②]的工人："不是我们的员工，个人待遇福利非HIT管理范围。"而公司将工作外判已有三十年历史，共有三十多个承判商，雇用承判商因为更专业及灵活。他又指工人1997年日薪只有1150港元，近两年已大幅加至1400港元，即月薪有逾2.1万港元。他又指，堵塞码头形同围堵机场，对国际航运中心地位影响大，促海事处及警方保障码头安全。

HIT董事总经理严磊辉对媒体公开表示，工潮令码头每日损失五百万港元。四十天的工潮，估计有两亿损失，这足够工人两至三年的加薪。"为什么宁愿损失这么多钱，也不和工会谈判，就是不想工会做大。和黄是香港的商业帝国，百佳、屈臣氏、丰泽，业务渗透香港方方面面，他们不希望这次码头罢工给予工会地位，使得其他行业的员工找工会组织。他们借此打压工会，将工会边缘化，形成一个先例。和黄一直批评职工盟李卓人等政治化，捞政治油水，现实上这是政治抗争，他们不想改变不平等的劳资关系，希望维持现有的权利，不想工会确定劳资关系的地位。"有分析人士道出其中因由。

货柜码头工潮持续，香港码头业职工会其后更在中环举行"围堵长江中心晚会"，要求和黄尽快回应工人诉求。虽然不时下大雨，参加活动工人连同声援团体及市民，仍坐满中心正门对面人行道及一条行车线。工人及学生代表又

① 外判工：劳务或工程外包的用工方式中，派遣方组织的工务或工程人员。
② 承判商：招募派遣外判工的公司。

在台上用拖鞋拍打李嘉诚头像，并读出十大声讨理由，宣泄对李嘉诚的不满。

虽然罢工社运最终以双方让步和解收场，但李嘉诚本人在经历过这一系列风波之后无疑备感神伤失望之至。李嘉诚对香港肯定是极富感情的，但香港发生的一切，甚至将社会矛盾的矛头指向李嘉诚，这亦或多或少有些逐离李嘉诚的味道。将心比心，如果你是李嘉诚，面对这一系列的社会困境，说你李嘉诚在香港搞“霸权”，锱铢必较，赚尽香港人的最后一个铜板，那不如自己主动退出一些很容易令人产生“霸权”印象的面子上的东西（比如百佳超市，全港大街小巷都能见到），干脆把钱套出来，投向欧洲、南美洲等回报更高的市场。另一方面，在商言商，哪里可以钱生钱，哪里可以生更多的钱，商人们自然会选择哪里，李嘉诚卖“百佳”也当然包括这个最实际的商业道理。

一波未平一波又起。李嘉诚近年重建位于深水湾道七十九号大宅，刚获批出入伙纸[①]，即有报道指大宅获赠万尺楼面，其实，李家新大宅可住楼面只有九千多平方英尺，何来获赠万平方英尺楼面？所谓获豁免的尺数其实绝大部分是将露天车位变成有盖车位，并于2008年向政府做出补价5413万港元，完全没有“赠送”楼面的意味。李家大宅的总楼面面积8842平方英尺，获批豁免的面积如环保露台等少数楼面，一般人也可申请得到，即使将五六千平方英尺的本来是露天车位变成地下那一层的有盖车位，一般人也完全可以申请得到。

政府在2008年要求李家补地价5413万港元，主要理由是将露天车位变成有盖车位，令建筑物外观改善而要求补价。李家当时原本认为该补价顶多值几百万港元，而非5413万港元，但李家最后决定不争拗，并接受政府的补价建议，因为这是一次性的私人发展，无后续的影响，而且谅解政府考虑事件牵涉李家，为避嫌疑，故要求较高补价，所以最后不争拗而接受补价建议。

据政府内部人士透露，政府有关人员在评估该项目补价时，亦是左右为难，明知按照一般惯例，该等车位补价确实只需三四百万港元，甚至可以豁免。但是，若然依照惯例补价，难免会被外界质疑变相照顾李家，让李家承受招惹特权疑云，不如征收高额补价，尽可能避免不必要的闲话。堂堂若李嘉诚这样的身份，也只能哑巴吃黄连，有苦往肚里咽。

此事被扭曲为李家获赠万平方英尺楼面，而事实真相是这些面积既非政府

---

① 入伙纸：指香港屋宇署发出的“占用许可证”。

相赠，李家亦超乎寻常地补高地价，而所涉及主要是停车位而非室内可供使用的住宅楼面，本来李家大宅亦可在室外停泊七八部车辆，车位亦无增加，而有关报道扭曲为李家有“舔尽的本色”，完全与事实不符。按现行条例下，申请人的旗下项目只要可以赶及2014年4月1日前批则，无论属洋房还是分层住宅，均可以不按总豁免上限一成的要求做发展。事实上，在“旧制”下，政府相关部门可按个别项目的实际情况，而决定各部分（如车房、冷气机房等）的豁免楼面比率。李家大宅的车位改变及补价完全没有利益输送，普通人亦可申请得到，李家补价比一般人要补得更高，可以一项一项拿出来讲清楚。李家动辄得咎，有关报道将事实扭曲，胡乱暗示政府同李家有利益输送，让李家享受豁免特权，这对李家极不公平。

立法会建筑、测量及都市规划界议员刘秀成，同“超人”李嘉诚一家交情不浅，身为建筑师的刘秀成接受香港电台《旧日的足迹》访问时说，他第一个私人楼宇项目正是长江实业赛西湖大厦。刘秀成说最难忘超人之节俭美德，不过李超人不只省在其他人那里，对自己一样省。超人还教刘秀成做人之道，就是“省得一毫就一毫”。对于好多人说李超人孤寒刻薄，刘秀成就帮超人辩解：“他不是刻薄，他都捐好多钱，每个人对钱财的理念都不同，他有他的道理，不能这样指责他。”

李嘉诚长子李泽钜同刘秀成是老朋友，不过他们两个不是合作伙伴，而是幼时相识，李泽钜在美国读完书返回香港还接受刘秀成邀请，去香港大学做讲座，并专门去港大纪念他母亲（庄月明）的大楼参观，刘秀成大赞李泽钜家庭观念重。

2010年6月7日，中国《财经》杂志的一则报道震惊华人世界，传李嘉诚与周凯旋涉卷入中国商务部高官郭京毅、邓湛贪腐受贿的系列大案。《财经》以“新贵之盟”为题揭露，前中国商务部条法司副司长郭京毅、外资司副司长邓湛与律师张玉栋等人勾结，暗自对外资在中国设立投资公司审批设置“收费站”牟利。这不但牵涉前中国首富黄光裕，更涉及香港首富李嘉诚，西门子（Siemens）、飞利浦（Philips）等著名外资企业。《财经》杂志点名声称李嘉诚旗下公司早年为打入中国，透过中介搭上郭京毅和邓湛等人，在他们协助下，长江实业（简称长实）及和记黄埔（简称和黄）在中国注册。为此，长实、和黄以“咨询费”名义，向郭、邓等人行贿约50万美元。报道引述法院多份判决书称，周凯旋曾答应北京律师张玉栋，提供50万美元律师费，张玉栋再向邓湛等人行贿，换取商务部审批长实及和黄在内地开设投资公司。

李嘉诚予以强烈否认，长实、和黄、周凯旋和香港维港公司并实时向《财经》杂志发出律师信，控告该杂志不实诬蔑之辞。李嘉诚愤然回应说："我一生都不会做这些事，我不会这样做。"长实及和黄联同香港维港公司发表声明，香港维港公司执行董事王秀玲并无说过诸如"周凯旋为感谢邓湛在相关项目审批中的帮助，支付50万美元的咨询费，由张玉栋、邓湛和王秀玲分配"等内容。

2011年12月26日，李嘉诚旗下两公司及李嘉诚好友周凯旋，认为被《财经》杂志影射成原商务部官员郭京毅案件中的行贿者，以报道侵犯名誉权为由起诉《财经》杂志、财经网及和讯在线信息公司一案宣判，原被告到朝阳法院领取一审判决书，《财经》杂志和财经网被判向三原告公开道歉，此外，李嘉诚旗下一公司和周凯旋分别获赔公证费3000元人民币和4000元人民币，其余索赔被驳回。

李嘉诚认为，尽管世道无常，矛盾错杂，游戏规则也每每有不公平和不公正的时候，大家仍然要"平衡良知与理性，规划最高期望；凭仗能力与心力面对人生，追求梦想，"要在灵魂的深处充满着反省的活力与仁心的朝气，以果敢的人格与诚信活出精彩。

"我的目标——建立自我，追求无我"

2009年6月19日上午，李嘉诚再次勉励即将走向社会的大学生，"建立自我，能让个人梦想成真；追求无我，能让更大的理想成真。汕大人要活出超越梦想的人生。"李嘉诚在汕头大学发表演讲《超越梦想的人生》时，欣慰地说："我的决定是正确的，教育是掌握未来的关键，命运与坚持让我和国家共创汕大。"

你们都知道权力、财富与责任相连的绝对性；你们都知道有同情心、相互尊重和兼容不同，是和谐社会真正的支柱；你们意识到排斥、歧视、贫穷和屈辱等形形式式的不公平无处不在，你们永远不会把这种不公平加诸别人；你们会乐于参与社会，勇于承担责任。我们怀着助人的热忱，必能对抗消极与彷徨。

李嘉诚在采访记者拍照的时间，任由摄影记者指挥，或站在这里，或坐到那里，不厌不倦，像是一个和蔼而幽默的老先生。这位“李超人”扬起胳膊说：“我喜欢新科技的东西，选手表也看有什么新的功能。”他的助手笑着说：“那只是价值 26 美元的表。”他却继续认真地说：“但是这真是好。太阳能的动力设计，吸收 15 分钟自然光就可以运行 62 小时……”

比起内地许多领导干部和企业老板，他的办公室简洁到像个乡镇企业。但能够显示他非比寻常的身份的是，窗外壮丽的维多利亚港风景，以及一幅张大千先生赠送的画，还有一幅是郑板桥的《竹声萧萧》。窗前，悬挂着一副语出左宗棠的于右任书法对联：“发上等愿结中等缘享下等福，择高处立寻平处住向宽处行。”这里还放着一幅股票影印件，上面有中文写着以“此为鉴，可惕未来。这曾经是全世界最大的保险公司 AIG。在 2007 年 5 月 11 日每股为 72.97 美元，总市值 1895.76 亿美元；2008 年 9 月 16 日两者分别为 1.23 美元和 167.78 亿元美元，市值跌幅逾 91%。”李嘉诚助手说，他是想以此来告诫后辈，以史为鉴。

李嘉诚还有一个雷打不动的习惯——闭目养神。越是繁忙时，越是需要闭目养神。这一点做起来很容易，即坐下来，闭上眼睛，脑子里什么都不想，直到呼吸平稳、全身放松为止。一般大约 10 分钟左右。李嘉诚称此为提神醒脑的“绝招”，每天至少保证闭目养神三次。现代研究证明，人脑是“元神之府”，主管思维，眼睛则是大脑直接的“外显物”和“心灵的窗口”。在眼球那小小的视网膜上，布满了密密麻麻、数量上亿的神经元。人脑近一半信息来自视觉。因而，只要闭上双目，就几乎阻断了视觉信息对大脑思维活动的干扰。

李嘉诚位于长江中心顶层七十楼办公室，除有特定保安人员陪同拍密码卡，否则电梯根本无法抵达。李的办公室占了七十楼全层，办公室、休息室、小型会议室、餐厅一应俱全。李嘉诚日常的办公事务都在这里进行。周一至周六上午九时前，年近九旬的李嘉诚都会准时出现在这里。李嘉诚的个人办公室在该层的尽头处，门前的墙上挂了一幅金属蚀刻的长江流域图。

"他是一个很有危机感的人，让他平衡危机感和内心平和的方式就是，提前在心里头创造出公司的逆境"，知悉李嘉诚的人士表示："他看到各种报道，然后设想自己公司的状况，找到那些松弛的部分，开会去改变。等他做好准备，逆境来时反而变成了机会。"

多数时候，如无实在推不掉的应酬，李嘉诚下午六点下班，回家后，他还有必修功课：阅读。除小说外，他广泛涉猎各种书籍，并每阶段设定一个主题，有时是宗教，有时是科技，有时是金融。这个持之以恒的工作意味着：他最大的愿望在于不愿错过见证世界的变化，在于永远走在世界科学技术与人类思维的最前列。

熟悉之人看来，让李嘉诚安枕无忧的，除了名利之心淡泊，还有一个更为基本的原因：他的各项业务都拥有着良好的现金流。李嘉诚对现金流高度在意，负有盛名。他常说："一家公司即使有盈利，也可以破产，一家公司的现金流是正数的话，便不容易倒闭。"在确保现金流同时，他还努力将负债率控制到一个低位。

> 自1956年开始，我自己及私人公司从没有负债，就算有都是'假贷'的，例如因税务关系安排借贷，但我们有一笔可以立即变为现金的相约资产存放在银行里，所以遇到任何风波也不怕。

此外，他永远采用极为保守的会计方式，如收购赫斯基能源公司之初，他便要求开采油井时，即使未动工，有开支便报销———虽然短期内财务报表不太好看，但能够让管理者有更强烈的意识，关注公司的脆弱环节。隐藏在数字背后的，是这样一个逻辑：没有债务威胁，负债与否取决于自己，就让多数问题不是被动决定，李嘉诚便拥有了对生意尽可能大的自主权。在与李嘉诚合作极多的人士看来，"把握自主权"正是他的核心观念。

因李嘉诚太擅长于资本市场的进退，硬币的另一面几乎很少被关注：李嘉诚是一个非常热爱借由技术改善实现价值增值的人。硬币一面的紫荆花是什么形状，什么颜色，他从来不关注，但是，硬币另一面的数字，不论是一，还是五，尚或十，也不论是什么形状什么体，他都谙熟于心，了如指掌。在多数电信运营商担心成本低廉的网络电话将抢夺其话费市场时，他听说这种新技术可以无限度降低成本，便果断敲定让和黄成为全球第一个安装有Skype软件的3G业务运营商。

李嘉诚的言语、目光和笑容，都不免让人产生疑问：早年经受的战乱、苦难，以及随后六十多年的辛苦工作，这些负面影响究竟是被一种怎样的力量化解，而没有让他成为一个性格极端的人？李嘉诚说："性格才是命运的决定因素。好像一条船，船身很重要，因为机器及其他设备都是依附在这条船里面。"过往的经历可以呈现出李嘉诚的部分性格：他随时准备自己应付挑战，同时，乐于在高度自控下获得内心自由。

早年时，李嘉诚就证明了，他从来不惮于改变自己，并永远清楚什么时候该挑战下一级台阶。因为他心中有一个恒定的方程式，那就是永远主动地把握你所面对的一切，而非被动地应付一切。

> 因贫穷的重担而产生的那种无助与孤立的感觉给我终身的烙印，是心中永远鞭策我的疑问：一个人如何可以改变自己的命运？怎样能减低困难，增加成功机会？

李嘉诚儿时因战乱辍学，后白手兴家，而他的两名儿子均曾在美国斯坦福大学就读，令他与名下慈善基金长期热心支持该校，自1983年起累积捐款逾3700万美元（约2.9亿港元）予该校，该校建立一座研究中心，并正式命名为"李嘉诚知识研究中心"（Li Ka Shing Center for Learning and Knowledge）。

李嘉诚指其先父是一位教育家，是他崇拜的偶像，但他少年时缺乏接受正规教育的机会，他在命名礼上回忆："由于战乱情况我被迫辍学，这是我人生中一直未能补偿的遗憾"，但正因有遗憾，令他渴求学习机会，重视教育和医疗的问题。"若当时没有战乱，而我的父亲也健在，那么我会希望继续学业并成为医生。或许这也是我希望支持这研究中心的原因"。

他又回忆与斯坦福大学的缘分，指二十多年前与刚入读斯坦福大学的长子李泽钜，一起踏足校园的棕榈大道上，他对儿子说："这是我一生中第一次羡慕你的福分，你有机会成为这最好大学的一分子"。他指儿子有机会就读世界级大学，正是他无缘达到的向往。或许，在这点上，儿子弥补了他内心深处的缺憾。

虽然李嘉诚在公司业绩记者会上“坐定定”等记者“问个够”，但亦不是“有问必答”。记者会刚开始时，主持人已讲明，希望记者就公司业绩发问，不要问其他问题，但记者们又岂会这样“听话”。有记者要求李嘉诚对新一份财政预算案做出评分，李嘉诚婉拒并笑言：“我不会答你这个问题，如果我答了，不就等于放个锅给你煎？”妙答引来全场笑声。其后他又被问到是否认为香港的营商环境变得越来越困难，他说：“如果我答了你，不就等于上了你钩？”他后来向记者解释，除了公司业绩之外，自己很多事情都想讲，但只能自己与自己讲。“讲出来，对香港有几多益处呢？有几多人会认同你呢？所以不讲啦。”

2011 年 6 月 29 日，广东汕头大学举行了 2011 届毕业典礼。汕头大学校董会名誉主席李嘉诚亲自为博士生颁发学位证书，并与汕头大学毕业生分享他的描绘“自己独特心灵地图”的“柠檬汁人生观”。鼓励年轻人，天上掉下一个柠檬，你就是那个有幸将柠檬榨成汁的人。

李嘉诚提及媒体热炒的“年轻人应否成为李嘉诚”的话题时说，每一个人各有不同的独特天赋、经验，并按自己的选择踏上命途，虽然没有人应附人骥尾，盲目模仿他人，但从他人经验悟出心得，也是不错的成长教材。李嘉诚说，他学到最价值连城的一课是：逆境和挑战只要能激发起生命的力度，我们的成就是可以超乎自己所想象的。

李嘉诚还透露：无论在言谈、许诺及设定目标各方面，我都慎思和严守纪律，一定不能给人脆弱和依赖的印象。这个思维模式不但是对成就的投资，更可建立诚信；你的魅力，表现在你的自律、克己和谦逊中。李嘉诚勉励毕业生们：纵使没有人能告诉你前路是一道什么风景，生命长河将流往何方，然而，在这过程中，你会领悟到丘吉尔多年的名言：“只要克服困难就是赢得机会。一点点的态度，但却能造成大大的改变。”

早前政务司长唐英年接受报章访问，指年轻人应反问自己“为什么做不到下一位李嘉诚”，成为市民热话，“主角”李嘉诚亦首次开腔回应，称对被炒作感到“莫名其妙”，勉励一众年轻人应做自己、爱自己，尽量掌控自己的生命。李嘉诚表示留意到近期媒体经常讨论“年轻人应否成为李嘉诚”，认为当中“观点之多，煞有介事的炒作令人费解发笑”。他指“每一个人各有不同的独特天赋、经验，并按自己的选择踏入命途”，勉励年轻人不应“盲目模仿他人”，不过亦不妨“从他人经验悟出心得”。

李嘉诚指事件促使他重新反思自己的“旅程”，亦令他细想“如果一切有机会从头再来”，“命运会有什么不同”。他透露自己曾想过做内科医生、科学家，甚至曾希望自己成为高球高手。不过他认为人生转折点往往不是人能够控制，他自己亦不会知道过往若遇上其他际遇，他的人生会怎样被改写，“一切永远没有答案，因为命运没有给我（李嘉诚）另类的选择，我成为今日的我”。他之后又向毕业的同学高呼“我爱当我自己”。

李嘉诚以自己小时候贫穷“捱出头”的日子勉励毕业生，要摆脱困境，就要“摆脱疾病、愚昧、依赖和惰性”，并要“慎思和严守纪律”。

> 生命抛来一颗柠檬，你是可以把它转榨为柠檬汁的人。要描绘自己独特的心灵地图，你才可发现热爱生命的你、有思维、有能力、有承担，建立自我的你；有原则、有理想，追求无我的你。各位同学，再次恭喜你们，我深深相信，今天你以汕大为荣，明天汕大将以你为荣。

李嘉诚表示，“不介意楼价低一点，只要发展商仍有利润便可。”又说：“楼价高对地产商都不是好事，应该平衡。”就本港房屋政策上，他认为新政府应该“大量起公屋，建居屋则要权衡会否打击楼市，（大量兴建公屋）亦能令申请时间大量缩短。”他又强调，自己一向希望低收入人士，收入可高一点，可以买楼自住。问及退休问题时，他笑言：“身体仍好好，开会时脑筋不会差过同事，又保持运动，无考虑过退休或停下来！”

香港社会上对长和系近年在香港的业务范围不断扩大有不同评价。李嘉诚表示，会一直坚持在香港的业务，对于别人的批评，若自己真的做错了，便会改正，若没有错，则会坚持，而自己的基金会亦会一直坚持反馈国家和香港。“你骂我我在这里，不骂我我也在这里”。

被问到如何看待社会上对自己的不同评价，李嘉诚说，根据记录，自己有三分之一的财产都放在基金会，而基金会过去有 89% 的慈善项目都集中在内地和香港，做了很多对内地、香港社会，特别是教育、医疗等方面有益的事。

对于做了那么多慈善项目仍引起批评，李嘉诚说，“没有办法的了，世界如果有公道，海上就不会有风浪”。

汕头大学举行2012届毕业典礼，李嘉诚先生寄望同学们——“敢当万绿丛中那点红”。

李嘉诚在典礼上做了题为《我很在乎未来》的演讲。李先生分享了他小时候的故事，他形容自己曾经失去求学机会、没有任何资源、“穷得只剩下希望”。

> 我一直深信，如果世界上有任何“成功秘方”，其中最关键的元素必定是你对成功的欲望远远大于对失败的恐惧。这心态像是刀锋——锐化你对什么是“可能的”触觉和激发你的梦想；这心态像是预警系统，令你对自满情绪和停滞时刻警惕，令你审慎律己、敢爱、敢说实话、敢当万绿丛中那点红。

李嘉诚先生告诉同学们，人生命运必然是你一生做出选择的总结，懂得如何选择和承担后果是谱写自己命运的入门法。他希望同学们和命运许下承诺，凭仗智慧和勇气，实现自己的梦想，贡献给大家心爱的祖国大地和彼此共存的世界。在致辞即将结束时，李嘉诚引用了爱因斯坦在普林斯顿大学办公室门上悬挂的一句话：“不是所有可以算的东西都是重要的，也不是所有重要的东西都可以被计算。”

> 你问我当年定立的目标是什么，我的答案你们早就知道，“建立自我、追求无我”。

分身家

2012年7月29日，李嘉诚迎来了人生第七个本命年生日，他已给自己送上了一份大礼——13天前，他将本来由其次子李泽楷持有的三分之一家族信托权益（Li Ka-Shing Unity Holdings Limited，以下简称LKS Unity）全部转让给长子李泽钜。此举让当年48岁的李泽钜正式掌控市值逾8500亿港元，涉及

22 间上市公司的李氏商业王国，其名下资产达 2900 亿港元，超越父亲李嘉诚成为华人新首富。这是李嘉诚在当年 5 月 25 日股东大会上主动披露的“分身家”方案的第一步。

外界对他在有生之年公开安排“长子得实业，次子拿现金”的财产分配评论颇高。多年研究香港华人家族企业的香港中文大学社会及政治发展研究中心副主任郑宏泰对《新民周刊》表示：“从继承的安排看，李嘉诚不愧一代巨商，他既了解西方制度的优势，亦明白传统价值及文化的作用。他公开透明地分身家，将不明朗因素——尤其日后有可能出现争产问题——减到最低。”

根据港交所披露的信息，7 月 16 日李嘉诚“分家产”第一步涉及的 LKS Unity，持有共 22 间上市公司，除“四大”旗舰——市值 2140 亿港元的长江实业（00001.HK）、市值 2810 亿港元的和记黄埔（00013.HK）以及市值均超过 1000 亿港元的长江基建（01038.HK）和电能实业（00006.HK）以外——还包括深圳中航、至祥置业、科联系统、长江生命、环能国际、志鸿科技、星谦化工、泓富产业、生力啤、首长四方、首长国际、首长科技、中聚电池以及市值超过 1000 亿港元的多伦多上市的赫斯基（Husky）能源等 18 家上市公司。

按照李嘉诚 5 月 25 日公开的分配方案，李泽钜将得到超过 40% 的长江实业及和记黄埔的股权，以及加拿大最大的能源公司赫斯基 35% 股权——这三块业务也是李嘉诚旗下最值钱、权重最大的资产。

而对于小儿子，李嘉诚也丝毫没有吝啬，他说会全力协助李泽楷的事业。据李嘉诚透露，李泽楷看中的新资产，并非和黄系六大业务（港口、地产、零售、基建、能源、电讯），也不是传媒和娱乐业务，属于长线可发展的行业，与之洽谈业务的，都是香港和海外的公司。

根据《福布斯》当年最新统计的数据，李嘉诚的身家多达 255 亿美元，全球排名第九。外界粗略估算，李嘉诚两个儿子分到的财产无论是实物还是股票、现金，从数量上来说应该是旗鼓相当。

李嘉诚表示，两个儿子的事业会向不同方向发展，在事业和财产方面都不会有冲突，“两兄弟一定有兄弟做。”李嘉诚表示，对于他的这种安排，两个儿子都会开心。5 月 25 日也在场的李泽钜说：“爸爸的安排我们永远都 OK。”被问及会否担心给予李泽楷的钱多于长和系，他笑说父亲没有这么多钱。

李嘉诚透露，小儿子李泽楷对于财产的分配也很满意。李泽钜被问及会否觉得父亲偏心时，李嘉诚代答，李泽钜若不满意，可以和李泽楷交换。

在7月16日完成转让交易后，李泽楷仅透过持有电讯盈科、香港电讯信托及盈大地产，账面身家为136.48亿港元，名下资产不到哥哥的1/20。不过李嘉诚表示会全力帮助小儿子收购心仪的公司，而提供的资助金额，将会是李泽楷现有资产的"以倍数计算"。在郑宏泰看来，"他现时最重要的是确保长子顺利完成接班，而次子的'创业'亦能逐步前进。"

人称"四叔"的香港恒基地产（00012.HK）主席李兆基曾有名言："全香港有钱人中，只要儿子超过三个，肯定都搞不定。"而李嘉诚仅有两个儿子，一个谨慎守成，一个张扬创新，正好是李嘉诚性格中最突出的两面。难怪不少港澳富豪都慨叹李嘉诚"好命"。在外界看来，长子李泽钜性格沉稳内敛，几十年来无功无过并不突出，这可能是因为他长期在"家族继承人"身份的高压下自我调节的结果。作为一个有着"尊卑长幼、立嫡立长"传统观念的潮州人，李嘉诚从李泽钜出生那刻起，就以"未来守业人"的目标将其精心培养。当年还在为事业打拼的李嘉诚，无论每天回家多晚都要检查李泽钜的功课，还定期打电话给老师了解情况，李泽钜稍有懈怠就可能被父亲骂得狗血喷头。

李泽钜人生中最黑暗的一幕，是他1996年5月遭绑架这一劫。李嘉诚爽快地支付了绑匪张子强10.38亿港元的赎金并没有报警，李泽钜很快安然脱险。据说，当时32岁的李泽钜获释第二天就回长江大厦上班，和前来安慰的投资人谈笑风生。由此可见李泽钜心性之淡定。李嘉诚选"1038"作为李泽钜任主席的长江基建1996年7月上市的股票代码，也是希望长子度过大劫之后事业能够平步青云。

业内人士分析，除了已经涉及的产业，今后李泽楷也许将瞄准金融业。有消息称，李泽楷已收购荷兰ING的亚洲寿险业务，该部分业务估值约70亿美元，可能成为迄今亚洲最大的保险并购。在黑石和友邦保险前任CEO马克·威尔逊（Mark Wilson）等投资者组团竞购ING面前，父亲李嘉诚的现金支持显得尤为重要。

在郑宏泰看来，李嘉诚式的分家模式颇具智能："其中两点值得指出：其一是'分身家'必须及早进行，尤其应在大家长仍在世、身体健康之时。这样可以确保分家过程没有致命争拗，即便发生，大家长出面解决最为有效，二是可以减少承继过程的风险，例如企业或家族内有‘大臣’或‘亲人’（有时会有一些未现身的亲人）做出干扰。其二，‘分身家’必须公开透明。李嘉诚的聪明之处，是将家族私人问题公开化，在公众面前说明两个儿子及信托基金如何安排，若过了一段时间没人反对则大局已成。”

曾出版《关键世代：走出华人家族企业传承之困》的香港中文大学教授范博宏表示，李嘉诚的分家方案把企业的潜在纷争降到最低。“新鸿基地产内讧的问题是三兄弟都是家族信托基金的受益人，三人都是决策制定者。这就很容易造成矛盾。”2010年，新地主席邝肖卿就私下表示，真希望亡夫郭得胜当初把信托基金一分为三，三个儿子也就可能不会闹得不可开交了。

李嘉诚落实财产分配，直接持有长实（00001）43.32%股权的家族信托公司——李嘉诚家族基金（Li Ka-Shing Unity Holdings，简称家族基金），由原来李嘉诚、李泽钜、李泽楷三父子各持三分之一，现由李泽楷转移其股权予大哥李泽钜，长子李泽钜股权已超越李嘉诚。换言之，李泽钜正式透过持有三分之二家族基金，控制长和系王国。

家族基金持有的43.32%长实，虽然市值“只有”千多亿元，但长实这艘旗舰则直接及间接持有22间上市公司，分量最重的包括和黄、长建（01038）、电能实业（00006），还有在加拿大上市的赫斯基能源，整个王国涉及市值超过一万亿元。

李嘉诚早前表示，他于长和系的资产将由李泽钜管理，长实股权及他私人持有的35.5%赫斯基能源（和黄亦持33.9%）会由李泽钜持有，而次子李泽楷，则会以资金全力协助他进行收购，而他视为第三子的李嘉诚基金会，资产也持续增长。

分配完成后，李嘉诚仍持有家族基金余下三分之一权益，却未见同时转移至李嘉诚基金会，市场都关注这“最后一手”的去向，关注李嘉诚透露“大部分会放入其慈善基金”的玄机，究竟是日后直接交李嘉诚基金会持有，抑或会售予大型基金套现后将现金存入李嘉诚基金会。

李嘉诚早前于股东大会后透露：自己尚余的三分之一家族基金股权，大部分钱都给做慈善的李嘉诚基金会，儿子二人都会管理基金，由李泽钜做主席。该基金将有自己的生命，保持每年入息高于捐款。分析员相信会维持这1∶2比例，因长和仍需李嘉诚“坐镇”，估计最早也要待至李嘉诚退休后才会再作转移，日后专门作慈善用途。

李泽钜虽处事低调，较父亲更有策略，但欠缺父亲魅力的领袖个性，亦不轻易相信人。

前和黄大班马世民在受访时称，84 岁的李嘉诚在生意上的知识，全数都传授给 48 岁的李泽钜，但有些东西李泽钜仍要学习，“他没有父亲的幽默感，亦不易信任别人。”报道又形容，李泽钜不相信人的性格，可能与他自小便面对很多有机心的人，争相取悦他有关。

兑现对自己的承诺

2012 年 11 月 22 日，李嘉诚出席长江商学院成立 10 周年庆典，以“行动英雄”寄语各学员在充满机会的时代，要谨守正知、正行、正念，兑现对自己的承诺。

李嘉诚忆述自己十四岁那一年，一位会看相的同乡对他母亲说：“你儿子眼眸无神，骨架瘦弱，未来恐难成大器。他安分守己，终日苦干，勉强谋生是可以的，但飞黄腾达，怕没有他的福分！”其时，他的母亲刚失去丈夫不久，这番话令她备感心酸，但她把失望放在一旁，安慰和鼓励他说：“阿诚！天命难算，上天一定会厚待善良、努力的人。再艰难，只要一家人相依一起就不错啦。”

他说：“我当然相信母亲，但我更相信我自己！我请妈妈放心，我内心相信，只有自己双手创建的未来，才是唯一能信任的命运。当年我们一家生活在战乱、父亲病故、贫穷三重合奏的悲歌中。抬头白云悠悠，前景一片黯愁，仰啸问天，人情茫如风影，四方没有回应。我唯一的信念是——建立更好的自己，才能建立更好的未来。”本着这个信念，他挣脱当年算命先生对他命运的批判，信靠只有双手创建的未来，才是唯一能信任的命运。

> 在我眼中，未来跟明天是两回事，天命和命运是不同的。明天只是新的一天，而未来是自己在一生各种偶然性中，不断选择的结果。追求自我，努力改善自己是一股正面的驱动力，当你把思维、想象和

行动谱成乐章，在科技、人文、商业无限机会中实践自我，知识、责任感和目标融会成智慧，天命不一定是命运的蓝图。

在成功追求自我后，下一阶段所追求的，就是承担社会的责任：“我认为人最大的悲哀是无聊，患上漠不关心的冷淡症，套上自命不凡的枷锁，在专业、行业和权力的高岗上，掌控庞大社会资源和机会，却失去自重心，那些沉醉在过往，滞留在今日，那些对社会问题视而不见、无动于衷的借口大王，一定被社会唾弃和淘汰。有能力的人，要为人类谋幸福，这是任务。”

李嘉诚勉励学生道：“你们活在机遇的时代，在这片充满机会的大地上，我深信你们的成就一定比我更高、更好，能量一定比我更大，我们不一定是拯救世界的英雄，但我们谨守正知、正行、正念，应该可以高声回应社会：我们一生未曾不仁不义、不善不正。我盼望，为下一代建立和守望未来，是每一位长江商学院同学的承诺，让我们一起共勉，同塑更美好的世界，世世代代能在尊严、自由和快乐中，活出我们民族的精彩。”

英国17岁少年达洛伊西奥（Nick D'Aloisio）获雅虎高价收购其新闻撮要应用程序Summly，其成功原来有赖李嘉诚最初打本注资。“达仔”受访透露，李嘉诚方面当初接触他时，原来根本不晓得他只有15岁。达仔开发的Summly 雏形Trimit在推出不久，即赢得多个科技网志的正面评价。2011年7月，李嘉诚成为首个接触他的投资者，由旗下公司职员发出了一封客套的电邮。可是达仔毕竟年纪太轻，不懂得怎样办，结果没理会。未料两天后他便接到李嘉诚职员的联络电话，吓了他一跳之余，对方也大吃一惊，但亦非常兴奋。他忆述：“他们不知道我15岁，所以我得解释一遍。那是战战兢兢的。研究应用程序是一种嗜好，我并无预期到会这样。不过我无须担心损失，（因为）我只得15岁。”

李嘉诚又分享了其投资心得，“如果给我一千亿元，我可以在五分钟内想好投资方案。”他表示，平时八九成的时间不是花在现有业务上，而是花在下一步做出什么投资部署。

“你们具备卓越的专业知识与才干，迎接人生的各种挑战，你们的前途成就可比我更光明。为社会缔造明天，舍你其谁！”在汕头大学2013届毕业典礼暨颁奖礼上，李嘉诚再次用激情洋溢的演讲，号召青年学子们“面对现实，创造机会和缔造希望”。

李嘉诚先生在汕头大学2013年典礼上作了题为《现实的造梦者》的激情演讲。他透露说，最近他因为急性胆囊炎进行了手术，已完全康复。在医院期间，他静静思考：世界改变的步伐不断加快，如何迎战改变，是世界上每一个人要思考的问题。他指出：“你们这一代，面对最大的挑战，是社会不平等的恶化。解决此问题需要每个人和政府积极、主动地克服这挑战。有能力的人，要主动积极，推进社会的幸福、改善和进步，这是我们的任务。”

李嘉诚说，他的一生充满了竞争与挑战，历程是很不容易的，常常要有智慧、要有远见、要有创新，身心劳累，但他还是不断在学习笑对人生，认为作为一个人、一个爱自己民族的中国人、一个企业家，要不断在各种责任矛盾中，尽一切所能服务社会。李嘉诚勉励同学们：“只有能面对现实的人才可征服现实，只有更加勤奋，更具观察力和韧力的人，才可改变困境、创造机会和缔造希望。”

以下是李嘉诚2013年6月在汕头大学毕业典礼李嘉诚致词《现实的造梦者》全文：

今天是我们2599名同学毕业的大日子，很高兴，大家一起分享这快乐时刻。

最近我因为急性胆囊炎，进行了手术，我已完全康复，依然积极向前。

在医院期间，我静静思考，世界改变的步伐不断加快，虽然过往经验是人生无价之宝，但传统应对困难与挑战的智慧和观点，今天是否依然适用？古书古语，劝人苦心志、劳筋骨、坚毅奋斗这些励志的话语，是否足够提升我们的韧力？如何迎战改变，是世界上每一个人，要思考的问题。

很多道理，说者容易，听者难。血肉之躯，在人生波涛翻滚，个中的滋味，你能体会？你愿意替代尝尝吗？你关心社会上的困难境况吗？你懂得体谅无助无奈者的叹息吗？或者你是那些曲尽心思，有万万千千借口的人，只会说：“不公义与不公平是人生必然之理”或“对不起，我不能施以援手。何为富？何为贫？我自己也是受害者。”

也许，你们这一代，面对最大的挑战，是社会不平等的恶化。解决此问题的方案，将主导社会未来的改变。需要每个人和政府，积极、主动地克服这挑战。每人有不同的能力和道德标准，恻隐足以为仁，但仁不止于恻隐。有能力的人，要主动积极，推进社会的幸福、改善和进步，这是我们的任务。不仅是对社会的投资，帮助和激励别人同时能丰盛自己的人生。政府要鼓舞民志，要在发展企业精神、创造机会的大前提下，制定和推行明智知远兼正当有效的政策。政府要鼓舞民智，要投放更多的资源，在教育范畴推动更大的改革。教育是防范社会出现持续不公平现象的可靠卫士。今天在逆境中奋斗的人，不要让内心的愤怒燃烧，而影响你解决问题的能力。

在医院期间，我非常感激医生与护士们，专业与悉心的照顾，手术的伤口没有任何痛楚，凄楚的是心上的回忆。这个小指头上是我第一个疤痕。这疤痕是我14岁的时候，愤怒的印记。那年，一个寒风透骨的冬天下午，我单独在露台外，忙了一整天，要把堆得高高的皮带切割，为明天生产工序做好准备。从窗框中，看见高层他们，坐在暖暖的室内，悠闲地品茗。我默然感到很孤独、很怨愤，我错手割伤自己，深可见骨，我还记得血从伤口由红变黑，当时心中只有一个念头——自己一定不再成为那可怜的人。

我知道，只有怨愤而欠缺思维，只会令你更软弱、更惶恐，使你付出更大的代价和承受更大痛苦。我要把愤怒转为对自己更高的要求，和更专注解决问题的动力。只有能面对现实的人才可征服现实，只有更加勤奋，更具观察力和韧力的人，才可改变困境，创造机会和缔造希望。

各位同学，在过去数十年，别人给我的昵称是“华人首富”，这是一个很复杂的滋味。我的一生充满了竞争与挑战，历程是毫不容易的。常常要有智慧、要有远见、要有创新，怎不令人身心劳累、四方风风雨雨中，我还是不断在学习笑对人生，作为一个人、一个爱自己民族的中国人、一个企业家，我不断在各种责任矛盾中，尽了一切所能服务社会。

各位同学，你具备卓越的专业知识与才干，迎接人生的各种挑战，你们的前途成就可比我更光明，为社会缔造明天，舍你其谁？你一生谨守正知、正行、正念，路漫漫其修远，你对社会永远的关怀和参与这一份坚持，就是解决不公平问题的最实际方案。我知道今天的你以汕大为荣，明天汕大将会以你为荣。再次祝贺大家！

附录一　李嘉诚大事纪年表

1928 年　7 月 29 日（农历六月十三日），李嘉诚出生于广东省潮安县府城北门街面线巷 5 号。

1933 年　入读潮安县府城北门街观海寺小学。

1935 年　父亲李云经先生受聘庵埠宏安小学校长，李嘉诚随父跟读。

1936 年　随父转入潮安县庵埠镇崇圣小学就读至 1938 年。

1939 年　6 月，随父到潮安县郭垄小学就读。

6 月 21 日，日军侵占汕头，翌日又占领潮安县庵埠镇。李嘉诚小学学业中断。

1940 年　年初，随父往祖母许氏出生地澄海县隆都镇后沟村避难。

年终，扶老携幼，随父母从文祠镇松坑村出发，长途跋涉，历时两天两夜，备尝艰辛，逃亡到香港。

1941 年　12 月 8 日，日本侵略军攻占香港，本想逃离战火的李嘉诚一家再度陷入日本铁蹄之下。

1943 年　父亲不幸染肺结核病逝。从此，年仅十五岁的李嘉诚被逼中止学业，担起养家糊口的重责。

1944 年　在西环春茗酒楼当跑堂，斟茶递水，日日辛劳十余小时。

1945 年　8 月，日本投降，李嘉诚到舅父庄静庵旗下的香港高升街钟表店当店员。

1946 年　转投一家五金制造厂当推销员，主要销售镀锌铁桶。

1948 年　转任塑料厂业务经理，专责销售塑胶桶，业绩出众，晋升为总经理。

1950 年　7 月，将交予母亲多年的积蓄和向亲友筹借到的四万多港元，开设一间小型塑料厂，取名长江。

1955 年　一度因质量问题陷入销售困境的长江塑料厂起死回生，开始赢利。

1957 年　开始推出偷师学艺生产的塑胶花，造就“塑胶花大王”。
年末，公司总部由新蒲岗迁到北角，并改名长江工业有限公司。李嘉诚任董事长兼总经理。

1958 年　经过艰苦创业，积累的资金突破 1000 万港元，决定投资地产业。

1959 年　投资兴建的北角 12 层工业大厦落成，取名长江大厦。

1961 年　在柴湾兴建 12 万平方英尺工业大厦。

1962 年　斥资 63 万港元，购买深水湾道 79 号三层洋房，作为他与表妹庄月明的爱巢。

1963 年　与庄月明结婚，继续拓展地产物业。

1964 年　8 月 1 日，长子李泽钜在香港出生。

1965 年 旗下生产的塑胶花开始打入欧美市场，为李嘉诚赚取丰厚利润。

1966 年 11 月 8 日，次子李泽楷在香港出生。

1967 年 5 月，内地“文革”波及香港，民心不稳，经济动荡下滑，李嘉诚大量购入地产物业。

1968 年 开始大规模介入房地产，在香港三十多处地盘大兴土木。

1971 年 6 月，成立长江地产有限公司。

1972 年 7 月 31 日，将长江地产有限公司正式易名为长江实业（集团）有限公司。

10 月，向香港会、远东会、金银会申请长江实业股票上市。

11 月 1 日，长实股票获准在远东、金银证券和香港证券三个交易所挂牌上市。

1973 年 年初，长实股票获准在伦敦挂牌上市。联合近二百位塑胶商成立联合塑胶供应商有限公司，专营塑胶原料供应。

3 月，长实与投资伙伴合组都城地产有限公司。

1974 年 年初，购入华人行。

3 月，与他人合作发展九龙亚皆老街地盘。

5 月，长实与加拿大帝国商业银行携手合作，合资组建怡东财务有限公司，李嘉诚出任该公司董事长兼总经理，主力发展新兴的地产按揭业务。

6 月 14 日，在加拿大帝国商业银行协助下，长江实业股票在温哥华证券交易所上市。

12 月，长实发行 1700 万股新股票，收购并控股一家地产公司。

1975年　3月27日，长实发行面值3.4港元的新股，共2000万股，融资6800万港元，成功购入香港地皮、楼宇十余处。

1976年　2月10日，与汇丰银行联手，着手改建旧华人行。

1977年　1月14日，击败置地等强劲对手，投得环球大厦及地铁金钟站上盖物业发展权。

4月4日，与地铁董事局主席唐信签约，发展地铁金钟站上盖物业。

4月，动用现金2.3亿港元，收购美资永高公司1048万股，拥有香港希尔顿酒店，开创华资财团吞并外资财团之先河。购入大坑虎豹别墅15万平方英尺地皮。

1978年　3月23日，华人行改建竣工，长实正式迁入。

4月25日，与汇丰合资的华豪公司举行隆重的华人行正式启用典礼。

5月，打造的环球大厦开盘分层出售，5.92亿港元的物业八小时内售罄，创下当时楼市价格及销售速度规模全新纪录。

8月，出售海富中心，成交总值9.8亿港元，创香港楼市开售一天交投最高金额纪录。

9月，秘密收购并已控九龙仓18%的股票，与英资老牌怡和系财团旗鼓相当。将自己掌控的1000多万股的九龙仓股票转让给船王包玉刚。

9月7日，接受《明报晚报》专访。

10月，应邀赴北京参加建国29周年国庆观礼活动。随后，和夫人庄月明女士荣归故乡潮州。这是他阔别故里38年之后首次返乡。

11月，捐资500万港元，为潮州市无房户兴建四幢群众公寓和八幢民房。

1979年　3月，与会德丰大班约翰·马登联手发展会德丰大厦。

4月，与广生行联手发展告士打道物业。

6月，与会德丰再次联手，组建美地有限公司，购入香港九龙及新界之楼宇 20 幢。

6月，与青洲英坭合作，开发红磡鹤园地段。

7月，长实与美资凯沙水泥公司、中资侨光置业公司联手，成立中国水泥（香港）公司。另与侨光合组宜宾公司，以 3.8 亿港元购入沙田火车站上盖平台发展权。

9月 25 日，从汇丰银行购入和黄 22.49%的股权，成为收购英资商行的首位华人。此举成为李嘉诚六十年辉煌历史的转折点，由此奠定了李嘉诚商业帝国的基石。

10月 2 日，应荣毅仁之邀，出任中国国际信托投资公司董事。

10月 15 日，出任和黄董事局执行董事。

12月，正式出任青洲英坭董事局主席。

1980 年 1月，以母亲李庄碧琴太夫人的名义，捐资修缮潮州开元寺。

2月，捐资 200 万港元予香港东华三院兴建东华三院李嘉诚中学。

3月，成立和记（中国）贸易有限公司。

4月 9 日，出席海富中心平顶仪式。

4月，与郑裕彤、冯景禧等签订协定，合资兴建广州中国大酒店。

5月 4 日，汕头大学筹备委员会在广州成立。广东省委副书记吴南生出任筹委会主任。

8月，联手张玉良家族，购入国际大厦与联邦大厦。

9月 4 日，正式宣布捐资 3000 万港元筹建汕头大学。

11月 19 日，香港《金融时报》称李嘉诚、夏鼎基、包玉刚、纽壁坚为香港财经界四大金刚。

11月，属下长实与港灯集团合组国际城市有限公司。共同开发港灯位于港岛南的电厂地盘。

11月 21 日，旗下的国际城市公司股票上市。

11月，增持和黄公司股份至 40%。

12月 18 日，与吴南生、庄世平考察汕头市，为汕头大学选校寻址。

12月，捐赠 2200 万港元兴建潮州市中心医院和潮州市医院。

1981 年　1 月 1 日，正式出任和黄董事局主席。被评选为 1980 年度香港“风云人物”。

3 月 2 日，香港电台向李嘉诚颁授“风云人物”奖项。

5 月，荣膺非官守太平绅士[①]（Non-official Justice of the Peace）。

8 月 26 日，经国务院批准，正式成立汕头大学。叶剑英元帅题写校名，内地著名经济学家许涤新出任第一任校长。

8 月，以私人名义收购加拿大多伦多的希尔顿大酒店。

1982 年　4 月 10 日，巡视广州中国大酒店业务。

8 月 17 日，主持香港希尔顿大酒店二楼大礼堂开幕典礼，并发表演讲。青洲英坭向大连造船厂订购“海富”、“海辉”、“海皇”、“海荣”四艘远洋货轮。

1983 年　5 月 23 日，捐资 2000 万港元成立香港李嘉诚汕头大学基金会有限公司。

9 月，捐资兴建的汕头大学正式开学。

12 月 31 日，莅临汕头并准备出席汕头大学奠基庆典。

1984 年　1 月 1 日，陪同梁灵光、吴南生、庄世平等出席汕头大学奠基典礼仪式。

1 月，宣布投资 40 亿港元，发展黄埔花园商住物业。

3 月 20 日，英资怡和财团宣布迁册百慕大，李嘉诚宣布长实决不迁册。

6 月 1 日，捐资 3000 万港元兴建的沙田专科诊疗所开业，港督尤德爵士主持开幕典礼。

9 月，捐建的东华三院李嘉诚中学落成。收购马世民公司，委任马世民为和黄董事行政总裁。

9 月 26 日，应邀赴京出席中英政府在北京草签关于香港前途的联

① 非官守太平绅士：不在政府内任职而获任命的太平绅士。

合声明仪式。

12 月 19 日，出席在北京举行的中英正式签署关于香港问题的联合声明仪式。

1985 年 1 月 21 日，与置地商讨收购港灯事宜。

1 月 21 日，和黄斥资 29.8 亿港元收购原属英资置地财团的港灯公司 34% 的股权。

4 月 6 日，巡察汕头大学，首次提出要把汕头大学办成在全国乃至东南亚及世界的一流大学。

5 月 14 日，被委任汇丰银行董事局非执行董事副主席。

6 月 18 日，被中央政府委任为香港特别行政区基本法起草委员会委员。

7 月 5 日，邓小平在北京会见李嘉诚。

10 月，收购国际城市公司。宣布私有化国际城市有限公司。

12 月，和黄下属的香港国际货柜码头有限公司投资 20 亿港元，兴建葵涌 6 号码头。捐资 450 万港元，资助家乡潮州兴建韩江大桥。

1986 年 3 月 25 日，获香港大学名誉法学博士学位。同时，被比利时国王封为勋爵。

4 月 2 日，斥资 2 亿港元收购香港 20 间传呼公司。

4 月 16 日，在北京出席香港特别行政区基本法起草委员会第四次全体会议，受到邓小平等国家领导人接见。

4 月 17 日，上书邓小平，希望他为办好汕头大学九鼎一言，推动汕大建设顺利进行。

5 月 1 日，慈母李庄碧琴老太夫人仙逝。

5 月，捐建的汕头大学大礼堂竣工。

6 月 20 日上午，时任中共中央顾问委员会主任的邓小平在北京人民大会堂会见李嘉诚，磋商汕头大学建设与发展问题。

9 月，购入伦敦皮尔逊手提电话公司。和黄、嘉宏国际投资 27 亿港元，购入加拿大赫斯基石油公司43%股权，取得公司控股权。

9月，和黄收购丰泽建材公司及丰泽电器公司，开始介入电器销售领域。长实发行10亿港元浮动利率票据认购权证。

10月，港灯发行1.03亿港元新股，集资10亿港元。长实出售希尔顿酒店予港灯，作价10.3亿港元。

10月7日，第四次到汕大。

11月，在欧洲发行价值7.8亿港元可兑换国泰航空公司股份债券。

12月，以私人名义购入英国克拉夫石油公司股权，连同月前以公司名义购入的股权，共占该公司14.3%股权。

12月，斥资32亿港元，收购加拿大赫斯基石油52%股份。

12月26日，邓小平在人民大会堂再次会见李嘉诚。

年底，成立和记通讯公司，统辖集团电讯业务。

1987年　1月1日，与胡应湘共同提出西部海港——大屿山发展计划，成为后来新机场工程的最初蓝图。

2月10日，汕头大学校董会成立，李嘉诚出任校董会名誉主席。

3月，将港灯一分为二：一为港灯，主营电力业务；二为嘉宏，主营地产、酒店、石油等业务。

3月2日，分拆嘉宏国际集团上市。

3月，捐资兴建的汕头大学精神卫生中心竣工。

5月14日，捐资兴建的汕头大学医学院第一附属医院奠基。

5月30日，捐赠山东曲阜中国孔子基金会50万港元，支持儒学研究。

6月，旗下嘉宏集团正式上市，市值100亿港元。

9月14日，集资103.27亿港元，收购英资大东电报局4.9%股权。

10月12日，美国《财富》杂志公布，估计李嘉诚拥有财产25亿美元。

10月23日，向香港证监会提交“稳定股市”方案。

10月，捐资5000万港元，兴建跑马地等三间老人院。

11月27日，联手胡应湘投得九龙湾国际展览中心地块。

12 月，以私人身份购入英国克拉夫石油公司 4.9% 股权。

1988 年 1 月 7 日，主持汕头大学医学院第一附属医院平顶仪式。

2 月 24 日，与中信、大东电报局合作，成立亚洲卫星公司，共同投资 9.3 亿港元，购买美制亚洲一号卫星。

4 月 10 日，和黄下属的香港国际货柜码头有限公司以 70 亿港元投得葵涌七号码头经营权。

4 月，与中信公司联手，获得蓝田地铁上盖发展权，兴建汇景花园。

4 月，联手郑裕彤、李兆基、加拿大帝国商业银行等，组成世博发展有限公司，投得温哥华的世界博览会旧址，兴建万博豪园。

4 月 24 日，出席在北京召开的香港基本法起草委员会第七次全体会议。

5 月 18 日，美国《财富》杂志称，李嘉诚在全球 98 位亿万富豪中居第 26 位。

6 月，和李兆基、邵逸夫、周文轩、曹文锦等联手竞投得新加坡国际展览中心发展权。

7 月 28 日，第七次到汕头大学，督导汕大各项业务进展。

10 月，全资收购青洲英坭公司，并出任该公司董事局主席。宣布私有化青洲英坭。

12 月，向迦密中学捐助 325 万港元。

12 月，捐资 420 万港元，帮助兴建海南省人民医院。

12 月，与华润签约携手发展天水围。

12 月 30 日，成功私有化青洲英坭。

1989 年 1 月 1 日，获英女皇颁发 CBE 勋爵衔。

3 月 2 日，捐建的汕头大学医学院第一附属医院正式开业。

3 月 16 日，长子李泽钜擢升为长实执行董事。

4 月 6 日，第八次莅临汕头大学，参加校董会和教职工代表座谈会，宣布在长江集团内设立一个 14 人工作组，专责汕头大学有关工作。

4 月 10 日，偕夫人庄月明女士出席港督卫奕信代表英女皇举行

CBE 勋爵颁授仪式。

4 月 18 日，和黄收购 Quardrant 集团的蜂窝式电话业务，成为和黄进军欧美市场的起点。

6 月 9 日，荣获加拿大卡加里大学名誉法学博士学位。为在北京举办的第十一届亚运会捐赠 1000 万港元。

11 月 9 日，第九次到汕头大学，参加校董会和教职工代表座谈会，并宣布再捐资。

11 月发表谈话称，长和系以香港为根基的立场决不动摇，长和系决不迁离香港。

12 月 31 日，与夫人庄月明出席君悦酒店晚会。

1990 年 1 月 1 日，夫人庄月明女士心脏病突发，驾鹤西游，享年 56 岁。

1 月 4 日，为夫人庄月明女士隆重举殡，港督亲笔致函哀悼。

1 月 7 日，和黄与中信、大东电报局合资购买的亚洲一号卫星，由中国长征三号运载火箭发射成功。李嘉诚偕次子李泽楷前往西昌火箭发射基地观看发射实况。

1 月，宣布长实投资 135 亿港元，兴建汇景花园、丽港城、海怡半岛、嘉湖山庄等四大物业。

1 月 16 日，应邀到北京。当日，姬鹏飞会见李嘉诚。

1 月 17 日，江泽民和杨尚昆分别会见李嘉诚。

1 月 18 日，邓小平、李鹏分别会见李嘉诚。

2 月 7 日，和长子李泽钜、次子李泽楷出席汕头大学落成典礼。

2 月 7 日，荣获汕头市荣誉市民称号。

2 月 8 日，汕头大学隆重举行落成典礼，李嘉诚、李铁映等主礼。

2 月 17 日，出席在北京召开的香港特别行政区基本法起草委员会第九次全体会议。

5 月，推售丽港城首期。

6 月，和黄斥资 1.6 亿港元收购美国通讯器材制造业 AT & E 集团的可换优先股。

6 月 20 日，陪同江泽民专程到汕头大学视察，江泽民题词“任重而道远”。

8 月 31 日，和觉光法师一同主持大坑道佛教李嘉诚护理安老院开幕典礼。

9 月 30 日，港灯集团举行百周年志庆，港督卫奕信爵士主持“香港电灯节”开幕典礼。

10 月，集团控股的卫视正式开播，覆盖面遍及亚洲三十八个国家和地区。

10 月 8 日，接受《纽约时报》专访。

10 月 22 日，第十一次到汕头大学，参加校董会和教职工代表座谈会。

12 月 15 日，获港督卫奕信爵士颁发“商业成就奖”。

12 月，《李嘉诚成功之路》出版。捐资 150 万港元，帮助兴建潮州市体育馆。

1991 年 2 月 4 日，建议私有化嘉宏国际。

3 月，出任卫星电视公司主席。

4 月 10 日，嘉宏私有化计划因小股东反对流产。

4 月 18 日，第十二次到汕头大学，会见留学归国教师和出席教职工代表座谈会。

6 月 12 日，和黄与英国铁行轮船公司（P & C）合作，以 11.7 亿港元购得英国最大货柜港——菲力斯杜港货柜码头 75%的权益。

7 月 11 日，以旗下四大公司的名义捐资 5000 万港元，赈济华东水灾地区。同时捐款 500 万港元帮助汕头地区的中小学修葺被台风损坏的校舍。

8 月，会见率领中国残疾人艺术团访港的残联主席邓朴方。捐出 500 万港元予残联。

8 月 16 日，捐赠中国残联 1 亿港元。

9 月 5 日，英国首相梅杰在香港会见李嘉诚。

9 月 14 日，英国前首相撒切尔夫人参观香港国际货柜码头有限公司，李嘉诚和长子李泽钜陪同参观。

10月22日，以4.48亿港元购入美国纽约曼哈顿商业中心49%的权益。

11月13日，第十三次到汕头大学，督导汕头大学发展。

11月21日，设宴款待访港的加拿大卑诗省总督。

12月17日，应邀出席汕头特区成立十周年暨特区范围扩大庆典活动，再次会晤江泽民。

12月20日，致电汕头大学，提出捐款总额增至6.5亿港元。

1992年　3月11日，被国务院聘为首批香港事务顾问，赴北京参加授聘仪式。

3月12日，李嘉诚及首批港事顾问受到杨尚昆、李鹏接见。

3月13日，再次会见江泽民。

3月26日，长实公布1991年业绩，盈利48亿余港元。

3月，与郭鹤年携手斥资60亿港元投资日本札幌。

4月2日，辞去汇丰银行董事局非执行董事副主席职务。

4月，被聘为广东省教育基金会名誉会长。

4月27日，江泽民、杨尚昆、李鹏在北京分别会见李嘉诚。

4月28日，国家教育委员会主任李铁映会见李嘉诚。

4月28日，李嘉诚及长子李泽钜、次子李泽楷出席在北京王府饭店举行的《李嘉诚与汕头大学》大型画册首发式。下午，北京大学举行授予李嘉诚名誉博士学位仪式，李嘉诚发表演讲。

4月29日，李嘉诚及长子李泽钜、次子李泽楷到北京清华大学参观访问。

4月29日，宣布对汕大捐资增至6.8亿港元。

4月30日，宣布捐资3000万港元，兴建汕头大学医学院第二附属医院住院部大楼。

5月1日，长实、和黄及加拿大怡东与深圳市投资管理公司、中国机电轻纺投资公司组建深圳长和实业有限公司，此乃李嘉诚首次在深圳投资。

5月20日，《人民日报》海外版首次撰文盛赞李嘉诚。

5 月 26 日，长子李泽钜出任汇丰银行非执行董事。
6 月 27 日，向广州市科技进步基金会捐资 1000 万港元。
7 月 10 日，股东大会通过嘉宏国际私有化建议。
7 月，陪同港督彭定康视察葵涌货柜码头。
8 月，将嘉宏国际顺利私有化。
8 月 26 日，次子李泽楷正式出任和黄董事局执行董事。
9 月，和黄与上海港务局联手，投资 60 亿元人民币（各占 50%），组建上海集装箱码头有限公司的原则协定正式签字，李嘉诚出席签字仪式。
9 月 21 日，受聘为广州市中华民族文化促进会名誉会长。
10 月 5 日，与深圳方面签约开发盐田港。
10 月，和黄将 120 万港元赠予中国参加巴塞罗那第 25 届奥运会的金、银、铜牌获得者。
11 月 18 日，长实和中电合作，重建红磡鹤园街地段。
11 月 19 日，宣布将投资兴建汕头第一城的本利全部归入汕大发展基金，以作汕大百年大计之用。
11 月，联手胡应湘发展广深珠高速公路第二期广州至珠海段。

1993 年　1 月 4 日，李鹏在深圳会见李嘉诚。
2 月，长子李泽钜被任命为长江实业集团副董事总经理。
2 月 1 日，会晤汕头大学第四任校长林维明博士，并再投放 2 亿港元，支援汕头大学的进一步改革与发展。
2 月 5 日，被授予广州市荣誉市民称号。
2 月，夏萍著《李嘉诚传》出版。
3 月 16 日，投资的汕头第一城开发有限公司正式成立。
3 月 18 日，和黄下属的香港国际货柜码头被选为第七届亚洲货运业"最佳货柜码头经营商"。
3 月 29 日，出席香港地产建设商会新会所开幕仪式。
5 月 16 日，长子李泽钜新婚大喜。
5 月，《华夏骄子李嘉诚》出版。

5月13日，长实投资35亿元人民币改造福州“三坊七巷”工程的合同在福州正式签字。

6月5日，联手荣智健收购美丽华酒店，因李兆基出手阻拦而未果。

6月11日，投资的珠海电厂签约。

7月16日，香港特别行政区筹备委员会预委会在北京成立，李嘉诚被任命为首批预委会委员，并受到江泽民、乔石、李瑞环、朱镕基等领导人接见。

8月18日，长实主导的福州“三坊七巷”工程奠基，李嘉诚等出席奠基典礼。

10月5日，赴京出席和黄与深圳东鹏实业有限公司合资组建的深圳盐田国际集装箱码头有限公司的签字仪式。签字仪式前，李鹏和朱镕基分别会见了李嘉诚。

10月5日，向中国残疾人福利基金会捐赠1亿港元仪式在北京人民大会堂隆重举行。李瑞环、宋平、李岚清、李嘉诚及李泽钜等出席。

10月6日，江泽民在北京中南海紫光阁会见了李嘉诚及其长子李泽钜。

10月6日，出席在北京人民大会堂举行的中国残疾人联合会第二次全国代表大会。

11月28日，投资的珠海电厂奠基。

12月9日，出席在京召开的香港特别行政区筹委会预委会第二次全体会议。

1994年 1月，李泽钜被长江集团董事局委任为集团副主席。

1月5日，在北京出席香港特别行政区筹委会预委会经济小组会议。

1月7日，北京首次使用长实资金进行大规模危旧房改造和康居工程建设项目，李嘉诚出席在人民大会堂举行的合同签字仪式。

3月28日，获广东省南海市荣誉市民称号。

4月，下属公司与重庆市签订“康居工程”合同。该项工程建筑面积达500万平方米，第一期工程双方投资10亿元人民币。

4月，与汕头市政府签订合同，投资20亿元人民币，在汕头兴建2万套，共120万平方米的“美观、实用、经济、安全”的微利房，可使七万汕头市民迁入新居。

4月11日，长子李泽钜被委任为第三批港事顾问。

6月，获广东省深圳市荣誉市民称号。

6月29日，在香港先后两次会见潮州市领导人陈远睦、黄福永等，表示捐资1100万港元，帮助家乡贫困山区兴建50所小学。

7月8日，在京出席香港特别行政区筹委会预委会第三次全体会议。

11月，获香港《亚洲周刊》主办的“1994年企业家成就奖”。

11月23日，出席“九七后香港与内地经贸关系研讨会”，并发表演讲。

11月25日，捐建的屯门明爱李嘉诚护理安老院举行开幕典礼。

12月8日，出席在北京召开的香港特别行政区筹委会预委会第四次全体会议。

12月13日，捐建的香港大学庄月明楼和庄月明文娱中心举行开幕启用典礼。

1995年 1月17日，李鹏在北京中南海紫光阁会见李嘉诚，并对他长期在内地投资建设表示赞赏。

2月，正式入禀高院控告《壹周刊》总编辑、一名记者及印刷公司，指其诽谤。

7月，成立家庭信托基金会，自任基金会主席。

8月5日，赞助首届华人物理学家大会在汕头大学召开，获诺贝尔奖的李政道、杨振宁、丁肇中、李远哲等出席。

8月18日，与一批关心香港前途的商界人士组织“香港明天更好基金会”。

同月接受中央电视台专访。

8月30日，新加坡新达城隆重开幕。

9 月 29 日，联同香港明天更美好基金会 22 位理事在全港大报刊登宣言："我们立场一致，全体一心为香港。"

11 月 2 日，获香港科技大学名誉社会科学博士学位。

11 月 10 日，获潮州荣誉市民称号。

12 月 5 日，被国际潮团联谊会推举为大会名誉主席。

12 月 5 日，江泽民再度参观汕头大学，李嘉诚亲自安排接待。

12 月 28 日，被全国人大常委会任命为香港特别行政区筹委会委员。

12 月 30 日，再捐资 1 亿港元支持汕头大学，截至 1995 年底共捐资 10.2 亿港元。

（以上年表参照江西人民出版社 2010 年版卢琰源《李嘉诚》画传改编）

1996 年　1 月，再捐资 1.5 亿元人民币予汕头大学，合计捐资约达 11.7 亿港元。

2 月 3 日，云南省丽江发生强烈地震，灾民陷入极度困境，李嘉诚实时做出捐资援助灾民，并希望借此带动港澳地区人士援助灾区。

3 月 29 日，决定将深圳长园应用化学有限公司正式变更为深圳长园新材料有限公司。

4 月 6 日，在汕头市领导林兴胜书记，汕头大学校长林维明和医学院领导陪同下，参观新医院建设工地。

4 月，回到家乡，亲自了解基础小学建设工程的进展情况。

5 月，悍匪张子强绑架李泽钜，李嘉诚支付赎金 1.34 亿美元。

7 月 17 日，长江基建集团有限公司上市。出任新加坡华裔馆国际董事局海外董事。

7 月，长孙女李燕宁出世。

12 月 18 日，盐田国际货柜码头动工兴建二期工程。

1997 年　7 月 17 日，美国《福布斯》杂志上，李嘉诚排名第 15 位，并被列为“全球十大最具创意和成功商人”之一。

8月，透过长实及和黄，购入3.06%置地的权益（长和系同时购入3.03%怡和控股的权益），但未有披露作价。

9月，在50所基础小学完全交付使用后，李嘉诚再次捐建了20所基础小学，整个工程耗资1600万港元。

11月19日，再次巡视汕头大学第二附属医院新院工地。

11月，出席第九届国际潮团联谊年会特别为李嘉诚举行的新闻发布会。捐资1000万美元，为北京大学建新图书馆。

1998年 1月，和记黄埔于1月份与长江集团合资组成海逸酒店（国际）管理集团，负责管理辖下位于香港、中国内地（北京、上海、重庆、沈阳和昆明）与巴哈马群岛的酒店物业，以及集团日后收购的酒店。

2月，赫斯基石油收购加拿大萨斯喀彻温省政府旗下劳埃德明斯特炼油设施余下50%股权，李嘉诚在加拿大石油权益进一步扩大。

3月，决定从1999年1月1日起，将不再担任长实总经理职务。

4月，香港和黄集团捐出巨款，支持肝炎研究工作。

5月，首次介入内地水务。长江基建签署1.5亿元人民币的湖南省水厂合约。长江基建持有这项合资业务的49%权益，合作期为十八年。

6月，和记黄埔（中国）有限公司与两家内地公司在黑龙江齐齐哈尔共同发展高科技大型稻米农场。这是和记黄埔（中国）在内地第一项农业投资。

6月4日，香港和黄集团捐款资助剑桥大学创建大型医学研究中心。

6月，旗下屈臣氏在中环开设香港规模最大的洋酒店“屈臣氏酒窖”。

7月，与中国教育部合作推出长江学者奖励计划。

9月，接受香港电台“杰出华人系列”专题采访。

10月23日，力排众议，赞成政府恢复卖地。

10月，北京海逸酒店正式开业。

11月20日，汕大医学院第二附属医院新院开幕暨汕头大学／香港中文大学联合国际眼科中心奠基庆典礼仪式隆重举行，李嘉诚先生及卫生部副部长殷大奎等为新院开幕主礼。

12月22日，罕有高调批评个别政客不尊重香港法治精神，破坏营商环境，并表示考虑放弃在港百亿投资计划。

1999年 3月，和黄发行五亿欧元定息债券。这是亚洲机构发行的第一批欧元长期债券，债券在法兰克福和香港的证券交易所上市。

4月，昆明海逸酒店隆重开幕。

4月3日，“长江学者成就奖”举行第一届颁奖典礼。

4月29日，长江和黄赞助“知识改变命运”纪录短片。

5月6日，与庄世平以及省市领导林兴胜、庄礼祥、周日方等校董会领导出席汕头大学医学院与香港中文大学医学院在汕大医学院第二附属医院通过卫星传输的汕港间首次远端医学会议。

6月，和记黄埔进一步投资美国Voice Stream Wireless Corporation（VSTR），以支持VSTR与Omnipoint Corporation的合并建议。此项投资总额为9.57亿美元，和黄所占合并后的新公司权益因此增至超过30%。

6月21日，美《福布斯》公布全球富豪榜，李嘉诚跻身全球十大富豪，资产127亿美元。

10月10日，Partner Communications 在NASDAQ和伦敦证券交易所上市，市值24亿美元。在公开招股后，和黄将持有Partner35.01%股权。

10月21日，宣布出售44.8%的Orange股份，获利千亿港元。

11月15日，和黄集团宣布与环球电讯（Global Crossing）组成各占半数股权的合资企业，于香港拓展固网电讯及互联网业务机会。合资企业名为和记环球电讯。

2000年 1月25日，捐赠4000万港元支持终身教育，襄助公开大学增设港岛区教学中心。

2月17日，长江实业宣布互联网旗舰TOM拟于3月1日在港上市。

2月18日，TOM接受认购申请，全港掀起互联网旋风。

2月24日，公开大学持续及社区教育中心易名“李嘉诚专业进修学院”。

3月1日，TOM在香港联合交易所创业板挂牌上市。

3月，名列美国《福布斯》杂志全球富豪榜第10名。

3月，和记黄埔港口与上海港务局、上海实业和中远太平洋签署合资合同，共同经营外高桥一期港区，李嘉诚率多名高层出席。

4月，以43.847亿英镑投得英国最大宽带的“A”级3G牌照。

5月15日，致信汕大医学院第二附属医院孔抗美院长，就二院发展提出自己的意见。

5月20日，李嘉诚基金会再捐6亿港元支持汕头大学中、港、美知名学者加入新一届校董会。

5月，和黄集团与中国联合通信有限公司（中国联通）签署合作协议，双方组成策略联盟并在中国内地的各个电讯业务领域展开合作。

6月1日，李嘉诚基金会捐赠1亿港元予香港理工大学。

7月5日，李嘉诚基金会主办“千禧万里行”活动月中启程，特首、教署、中联办及八国驻港领事代表连同李嘉诚主持出发典礼，为千名高中学生及随队教师送行。

9月16日，李嘉诚基金会“千禧万里行”专题研习报告比赛，优胜作品在中环中心展出。

9月22日，捐赠1000万美元推动中国未来互联网发展研究。

9月，李嘉诚接受《中国时报》记者专访，表示对台湾电讯业很有兴趣。

10月，和黄集团附属公司Andala　3G宣布投得意大利政府拍卖的全球流动通讯系统（UMTS）牌照。

11月7日，在汕头每年捐助五百万元资助中国扶贫医疗及唯一免费“宁养服务”。

12 月 4 日，捐资 2 亿港元支持残疾人事业。

12 月 4 日，“长江新里程计划”启动实施，李嘉诚捐款 6000 万港币重点资助中西部残疾人。

12 月 12 日，李嘉诚基金会捐款港币 4400 万元支持香港公开大学设立“港岛教学中心”。

12 月 30 日，公布李嘉诚获选为美国《商业周刊》年度“二十五位最佳管理人”之一，是香港唯一的获选者。

2001 年 2 月 13 日，李嘉诚基金会资助国内十六所重点医院建立免费宁养善终服务，计划每年捐款逾 1600 万元并逐步扩大。

5 月 17 日，在汕头大学主讲公司发展战略。

5 月 20 日，李嘉诚基金会资助国内二十所重点医院，建立免费宁养善终服务。

9 月 6 日，李嘉诚基金会捐助上海市金山众仁护理院。

9 月 12 日，理工大学新大楼命名为“李嘉诚楼”，鸣谢李嘉诚博士支持理大教育发展。

2002 年 2 月 24 日，公开大学持续及社区教育中心正式易名“李嘉诚专业进修学院”。

4 月 10 日，与和黄集团慨捐 2300 万港元，助内地与香港两地研究生赴英深造。

4 月 14 日，李嘉诚基金会赞助第七届国际人类基因组大会。

5 月 20 日，先进癌症研究中心在英国剑桥大学开幕，李嘉诚先生捐助 530 万英镑。

5 月 23 日，表示对分拆长江生命科技具信心，并认为生化科技有很大发展潜力。

5 月 28 日，李嘉诚及李泽钜两父子透过 L.F.Investment 及 H.F.Investment 两间公司，行使可转让备兑证，认购 37756 股及 4104 股加拿大赫斯基能源普通股。

6 月 25 日，获悉汕头大学附二院通过 ISO9001 国际质量认证，李嘉诚欣然命笔，致信孔抗美院长表示祝贺，并尚祈同人再接再厉，以期再创佳绩。

6月27日，汕头大学首次颁授博士学位。

6月28日，捐资7000万港元兴建国际眼科中心。

7月9日，明确表态支持旗下TOM收购亚洲电视股份。

9月9日，李嘉诚基金会及和记黄埔集团捐资新加坡管理大学新币1950万元支持图书馆及成立中港学生奖学金。

10月10日，李嘉诚基金会赞助全港首个大型“创意工业”海外交流活动。

10月30日，与北京同仁堂签订合资协议，成立北京同仁堂和黄中药公司。

12月10日，与上海市政府，就集团在当地的投资达成共识；集团将于本月内落实入股外高桥一期码头投资。

2003年 3月9日，公开呼吁广大市民捐眼角膜，为盲人做出贡献。

4月8日，李嘉诚基金会送赠一百万个鲜橙支持“一人一个橙”行动、向本港医护人员致意。

4月24日，和记环球电讯、李嘉诚基金会及长江实业（集团）有限公司携手为玛嘉烈医院及黄大仙医院免费提供“视像探病服务”让传染性非典型肺炎病人与亲友面谈。

6月16日，李嘉诚增持和黄208万股，作价48.855港元至49.1港元，涉资亿元港币。

7月2日，李嘉诚继续私人增持和黄股份，以平均每股47.5港元，购入了64万股和黄股份，涉资约3040万港元。

7月23日，会见英国首相布莱尔。

7月24日，李嘉诚基金会捐赠1000万港元大米赈灾。

8月4日，李嘉诚基金会向安徽捐赠1000万港元大米，赈灾专列实时出发。

8月15日，李嘉诚基金会赈灾大米运抵阜阳并实时分发。

8月23日，耗资13亿欧元买进荷兰的保健美容化妆品连锁店集团 Kruidvat，将旗下公司在欧洲的业务从流动电话及港口扩展至连锁保健与化妆品零售业。

9 月 4 日，捐款成立眼科研究及训练基金

9 月 9 日，李嘉诚基金会鼓励阅读 25 万港元赞助港台节目。

9 月 19 日，李嘉诚发表演讲，深信教育可使迷失的人性复归。

10 月 20 日，捐资 720 万元人民币支持潮州广济桥复修工程。

10 月 23 日，捐款 2800 万元人民币建设的上海金山众仁护理院落成启用。

10 月 26 日，联合汕头国际眼科中心展开“义诊周”，免费为同胞治疗难治眼疾。

11 月 18 日，资助内地与香港博士生赴英深造，捐款 200 万英镑设立奖学金。

11 月 23 日，李嘉诚基金会策动“爱心光明行动”义诊周，国际眼科专家在汕头免费为同胞诊疗难治眼疾。

12 月 16 日，在北京演讲，呼吁内地重视科学技术发展。

2004 年　1 月 27 日，香港正式开展“3G”服务，并率先推出 NEC c616 视像手机。

2 月 18 日，李嘉诚基金会捐资推行西部远程教育一万个示范点建设完成。

3 月 24 日，李嘉诚旗下和黄与广州白云山药业达成合作框架协议。

4 月 17 日，汕头大学策划“新潮行动”，推动潮州文化更新工程。

5 月 12 日，出售宝洁股份，套现 150 亿港元。

6 月 28 日，呼吁以慷慨宽容胸怀打造奉献文化。

7 月 21 日，和记黄埔全力支持“健康快车”促进内地香港眼科手术交流。

8 月 2 日，“长江新里程”项目进展理想。

12 月 24 日，启动“关心是潮流”慈善计划。

12 月 26 日，潮州人的新潮流李嘉诚启动“关心是潮流”计划。

12 月 28 日，和黄联同李嘉诚基金会捐出 2400 万港元协助南亚地

震海啸灾民。

2005 年 1 月 13 日，以 12 亿加元出售所持加拿大帝国商业银行股份。

1 月 17 日，旗下的屈臣氏集团宣布，斥资 55 亿港元获得法国最大香水零售商 Mari–onnaud 的控股权。

1 月 24 日，获法国总统颁授荣誉军团司令勋章。

2 月 3 日，和黄再度捐资 200 万英镑，合共 400 万英镑资助香港与内地博士生赴英深造。

2 月 22 日，李嘉诚基金会捐款 500 万港元，资助香港大学佛学研究中心成立佛学研究基金。

2 月 25 日，李嘉诚基金会捐款逾 3000 万港元资助防治禽流感及新发传染病的研究。

4 月 7 日，李嘉诚基金会宣布捐款 6000 万港元，资助中大成立健康科学研究所。

5 月 5 日，香港大学公布获李嘉诚 10 亿港元巨额捐款，此为亚洲有史以来最大之单一教育捐款。

5 月 18 日，香港大学建议将医学院命名李嘉诚医学院。

6 月 20 日，李嘉诚基金会捐出 4000 万美元予美国加州大学柏克莱学院。

6 月 27 日，出席汕头大学毕业礼，以“内心的天空”为主题发表演讲。

6 月 28 日，汕头大学演讲畅谈管理的艺术。

8 月 31 日，李嘉诚基金会设立讲座教授席 1 亿港元支持中文大学科研。

9 月 8 日，透过“李嘉诚基金会”宣布，向传统名校圣保罗男女中学捐赠 8000 万港元，以支持该校学生发展及扩建中学校舍。

9 月 25 日，参加长江商学院毕业典礼暨学位授予仪式并发表强者的有为演讲。

10 月 10 日，和黄与李嘉诚基金会合捐 50 万美元救援巴基斯坦地震灾民。

11 月，与阿诺 · 施瓦辛格在香港会面，加州州长感谢捐款予加州大学柏克莱学院。

12 月 8 日，莅临汕头大学第六届校董会第四次会议。

2006 年 1 月 1 日，香港大学医学院正式命名为“香港大学李嘉诚医学院”。

1 月 31 日，亡妻墓遭四名丧心病狂的贼盗盗掘。

2 月 24 日，新加坡管理大学李嘉诚图书馆正式启用。

3 月 30 日，通过名下的和记黄埔正式入主惠州港。

4 月，在长江中心接待三十多位内地著名企业家。

6 月 8 日，在长江 EMBA 与大师同行系列讲座中剖白赚钱之道。

8 月 24 日，宣布未来将把三分之一的个人财产捐作公益慈善之用，有关资产会放入其名下的李嘉诚基金会。

8 月 30 日，捐出自己持有的价值 24 亿港元的长江生命科技股份。

9 月 5 日，李嘉诚在新加坡举行的福布斯全球行政总裁会议上被授予终身成就奖。

10 月 21 日，旗下之长和购得陆家嘴一核心地块。

10 月，筹备多时的新一辑“杰出华人系列”播出，李嘉诚再次真情剖白自己一生。

12 月 18 日，旗下公司再度大手笔购入上海多个地块。

2007 年 3 月，向新加坡国立大学李光耀公共政策学院捐款逾 5 亿港元。

3 月 9 日，《福布斯》全球富豪榜公布，李嘉诚以 230 亿美元的身家成为排行榜前十名中唯一华人。

4 月 18 日，对捐款港大医学院并接受学院改名遭部分师生杯葛一事，强烈批评个别传媒恶意针对他。

4 月 27 日，李嘉诚基金会资助的四川大学华西宁养院昨日在华西第四医院正式开业。此次四川大学华西宁养院是李嘉诚基金会成立的第 23 家宁养院，也是西南五省的第一家。李嘉诚基金会将每年为四川的贫困癌症患者提供镇痛药品。

5 月，李嘉诚基金会连同国际著名风险投资机构红杉资本等，向全球首个提供高清网上电视服务的 Joost 网站注资约 4500 万美元。

6 月 4 日，十天内连续四度增持长江集团股份，涉资约 8.5 亿港元。

9 月 7 日，香港中文大学李嘉诚健康科学研究所揭幕。李嘉诚先后捐资 1.2 亿港元。

12 月 5 日，旗下和黄以每股 11 港元，全数回购埃及电讯商持有的 14.22% 和记电讯股份，作价 73.5 亿港元。

12 月 14 日，大幅减持中海集运与中国远洋，套现 37 亿港元。

12 月 17 日，接受台湾《商业周刊》编采团队长达五小时的专访。

2008 年 1 月 5 日，预料本年香港市表现非常理想。

1 月 7 日，表示半年内无意再减持航运股。

1 月 14 日，入股 NBA 中国分会。

1 月 15 日，旗下长江实业在事隔三年后再度入股加拿大帝国商业银行。

1 月 17 日，福布斯公布其个人资产 230 亿美元，蝉联香港首富。

1 月 24 日，指美国次按危机尚未解除，呼吁股民量力而行，不要借钱炒股。

2 月 5 日，旗下赫斯基能源纯利劲增两成至 11 亿加元。

3 月 6 日，减持和电国际股权。

3 月 7 日，福布斯富豪榜排名列全球第十一位，资产增至 265 亿美元。

3 月 12 日，旗下公司环球数码在重庆建三维动漫基地。

3 月 27 日，表示看好 Facebook，并考虑将追加投资。

3 月 28 日，称马英九胜选，放下心头大石，并冀两岸三通早日实现。

4 月 1 日，会见来港招商的河北省省长郭庚茂。

4 月 3 日，增持首长科技，成为该公司第三大股东。

4 月 16 日，表示考虑往台湾投资。

4 月 19 日，四度增持长江实业股份。

4 月 23 日，旗下赫斯基首季利润劲升三成六。

5 月 8 日，访问武汉并与湖北省委书记罗清泉与省长李鸿忠会面。

5 月 9 日，旗下长江基建与次子控股的电讯盈科遭剔除恒生指数。

5 月 21 日，旗下和记陆港以 44 亿元人民币天价出售上海写字楼世纪商贸广场。

5 月 23 日，预料内地宏观调控不受此次地震影响。

5 月 25 日，称四川地震不影响在当地投资。

2009 年 3 月 26 日，再次强烈否认离职传言。

4 月，影星梁洛施为李泽楷诞下男婴，是为李嘉诚次孙。

6 月 1 日，长江集团、和记黄埔联合向上海世博会中国馆捐赠 1 亿元人民币。

8 月 14 日，重申经济不会很快复苏，呼吁投资者谨慎小心。

2010 年 4 月，李嘉诚基金会拨捐 2800 万加元（约 2.14 亿港元）予加拿大阿尔伯特大学研究病毒感染疾病治疗方法。

5 月 13 日，李嘉诚基金会捐款 500 万英镑（约 5770 万港元）给英国牛津大学。

2011 年 3 月 26 日，李嘉诚基金会再捐资 5000 万元人民币，民政部动用彩票公益金 5000 万元人民币，双方再次携手共同投入“重生行动”项目，继续免费治疗贫困家庭的唇腭裂儿童。

4 月 12 日，李嘉诚基金会资助茅盾文学奖 500 万元人民币。

7 月 3 日，汕头大学医学院附属肿瘤医院获李嘉诚基金会捐赠顶尖科技放射治疗系统 True Beam，成为中国第一家率先引入该项先进治疗设备的医院。

7 月，李嘉诚基金会与民政部合作资助西部地区贫困家庭的疝气儿童，实施“疝气手术康复计划”，捐资 5000 万元人民币，力争在项目实施第一年治愈 6000 名患儿。

10 月 25 日，李嘉诚亲赴纽约，接受美国卡内基慈善奖。这是该奖设立十年来首次颁予华人。

12 月 7 日，李嘉诚基金会捐款 1.6 亿港元兴建的保罗男女中学庄邱碧云堂与李庄月明大楼落成。

2012 年 1 月，李嘉诚基金会赠予与香港中文大学医学院全球科技最先进、能针对随着病患者呼吸而移动的肿瘤进行高速精确治疗、价值 4000 万港元的 True Beam 系统。

1 月 11 日，李嘉诚基金会与汕头大学举行济困捐赠大米活动，为汕头市 850 户贫困家庭免费发放 17 吨爱心大米。

2013 年 4 月 24 日，雅安地震，李嘉诚基金会捐出 3000 万元人民币。

4 月 26 日，李嘉诚基金会捐助 1000 万元人民币，启动“集思公益幸福广东——支持妇女计划”，援助单亲妈妈或病童等。并携周凯旋往广州与汪洋一同主持活动开幕仪式。

4 月，李嘉诚基金会捐资逾十亿港元，协助全球知名的以色列理工学院落户中国，在汕头大学校园兴建一所全新理工学院，命名为“广东以色列理工学院”。

5 月，李嘉诚基金会捐资 2000 万英镑予牛津大学，成立“李嘉诚健康信息及研发中心”。

9 月，逾八百名中国学生获李嘉诚（加拿大）基金会捐助约 5000 万港元，负笈加拿大麦基尔大学，借此加强该所大学与中国汕头大学联系，作学术交流。

11 月，李嘉诚基金会向民政部捐款 2000 万元人民币，开展“展璞计划”，资助 3800 名女村官进行大学培训。

附录二　　李嘉诚历年部分慈善捐献

1981 年　捐款开始创办汕头大学，截止 2013 年累积捐款已逾 20 亿港元。

1984 年　捐助 3000 万港元，于威尔斯亲王医院兴建一座李嘉诚专科诊疗所。
捐赠中国残疾人基金会 100 万港元。

1987 年　捐赠 5000 万港元，在跑马地等地建立三间老人院。
捐赠中国孔子基金会 50 万港元，赞助儒学研究。

1988 年　捐赠北京炎黄艺术研究院 100 万港元。
捐赠 200 万港元资助兴建潮汕体育馆。
捐赠 1200 万港元兴建儿童骨科医院，并捐赠 1 亿港元予香港肾脏基金、亚洲盲人基金会、东华三院。

1989 年　捐款 3200 多万港元，资助香港正觉莲社兴建大坑道护理安老院，使孤寡老人能在那里安享晚年。
捐赠 1000 万港元，支持北京兴办第十一届亚运会。

1991 年　李嘉诚承其夫人庄月明之遗志，为香港大学的校舍第四期扩展计划，慷慨捐资 3500 万港元，兴建两座八层高的“庄月明楼”（物理楼、化学楼）和一座五层高的“庄月明文娱中心”。
捐赠中国残疾人基金会 500 万港元。

1992 年 捐资 500 万港元作为香港警察子女教育基金。同年又捐助卫奕信文化信托基金会及大口环根德公爵儿童书院 1900 万港元。

1993 年 捐助大屿山羌山观音寺重建工程 1000 万港元。

1994 年 捐资 1100 万港元，帮助家乡潮州贫困地区，建了五十所基础教育学校。

捐资重建明爱庄月明职业先修中学、善后服务会及香港癌症基金会，共逾 1600 余万港元。

1995 年 捐助明天更好基金会 500 万港元。

1997 年 捐资 8200 万元人民币，为北京大学建新图书馆。

1998 年 4 月，香港和记黄埔有限公司已承诺捐出一笔为数达 400 万美元的基金，在美国斯坦福大学医疗中心设立肝炎研究计划。

6 月 4 日，捐出 500 英镑作为英国剑桥大学创建一所设备先进尖端的大型医学研究中心，进一步巩固本身在全球医学研究工作上的领导地位。

1999 年 长江和黄赞助顾长卫导演的四十集《知识改变命运》励志纪录短片。

2000 年 1 月 25 日，捐 4000 万港元支持终身教育助公开大学设港岛区教学中心。

2 月 8 日，“千禧万里行”资助 1000 名品学兼优学生今夏到各地访问。

5 月 20 日，李嘉诚基金会再捐 6 亿港元支持汕头大学中、港、美知名学者加入新一届校董会。

6 月 1 日，李嘉诚基金会捐赠 1 亿港元予香港理工大学。

9 月 22 日，捐赠 2400 万美元推动中国未来互联网（Internet 2）

发展研究支持科教兴国精神暨「长江学者奖励计划」为中国延揽海内外人才，在清华大学建设国家未来互联网技术研究中心等。

11 月 7 日，向汕头每年捐助 500 万港元资助中国扶贫医疗及唯一免费宁养服务迄今受惠贫苦病人超过三万多名

12 月 4 日，“长江新里程计划”启动，捐款 6000 万港币重点资助中西部残疾人。

12 月 4 日，捐资 2 亿港元支持残疾人事业

12 月 12 日，李嘉诚基金会捐款 4400 万港元支持香港公开大学设立“港岛教学中心”。

2001 年　2 月，响应中央开发大西北策略出钱又出力，以李嘉诚基金会、长江实业及和记黄埔的名义捐款 3 亿元人民币，开展“李嘉诚基金会西部教育计划”，支持西部的教育发展及医疗项目。

2 月 13 日，李嘉诚基金会资助国内十六所重点医院建立免费宁养善终服务。

5 月 20 日，李嘉诚基金会资助国内二十所重点医院，建立免费宁养善终服务。

11 月 20 日，再次捐资奖励优秀人才。

2002 年　4 月 10 日，李嘉诚及和黄集团捐 2300 万港元助内地和香港两地研究生赴英深造。

4 月 14 日，李嘉诚基金会赞助第七届国际人类基因组大会。

5 月 20 日，先进癌症研究中心在英国剑桥大学开幕，李嘉诚先生捐助 530 万英镑。

10 月 10 日，李嘉诚基金会赞助全港首个大型“创意工业”海外交流活动。以和黄名义捐逾 2300 万港元予“和黄志奋领奖学金”，供内地和香港研究生赴英深造。

2003 年　2 月 20 日，李嘉诚基金会宣布再拨款 4000 万港元，继续支持发展长江学者奖励计划。

4 月 8 日，李嘉诚基金会送赠一百万个鲜橙给全港医护人员。

7 月 24 日，李嘉诚基金会捐赠 1200 万港元大米赈灾。

8 月 4 日，李嘉诚基金会向安徽捐赠千万港元大米。

9 月 4 日，捐款香港中文大学 800 万港元，成立眼科研究及训练基金。

10 月 23 日，捐款 2800 万人民币建设上海金山众仁护理院落成启用。

11 月 18 日，资助内地与香港博士生赴英深造捐款 200 万英镑设立奖学金。

2004 年 4 月 7 日，李嘉诚基金会宣布捐款 6000 万港元 资助中大成立健康科学研究所。

6 月 24 日，“长江澳洲毅进奖学金计划”面世，提供奖学金总额澳币 450 万元。

12 月 28 日，和黄联同李嘉诚基金会捐出 2400 万港元协助南亚地震海啸灾民。

2005 年 1 月 13 日，李嘉诚公布以 12 亿加元（约 78 亿港元）出售所持加拿大帝国商业银行（CIBC）股份，该笔巨款将拨作公益用途。

2 月 3 日，和黄再度捐资 200 万英镑，合共 400 万英镑资助香港与内地博士生赴英深造。

2 月 22 日，李嘉诚基金会捐款 500 万港元，资助香港大学佛学研究中心。

2 月 25 日，李嘉诚基金会捐款逾 3000 万港元资助防治禽流感及新发传染病的研究。

5 月 5 日，李嘉诚基金会将捐出 10 亿港元，资助香港大学。为表达对李嘉诚先生的崇高敬意，港大医学院命名为李嘉诚医学院。

6 月 20 日，李嘉诚基金会捐出 4000 万美元予美国加州大学柏克莱学院。

8 月，捐献香港中文大学 1 亿港元，资助中大展开医学研究计划。

10 月 10 日，和黄与李嘉诚基金会合捐 50 万美元救援巴基斯坦地震灾民。

11 月 30 日，李嘉诚基金会支持加拿大多伦多大学圣米高医院，“城市天使”获捐资 2500 万加元。

2006 年　2 月 20 日，李嘉诚基金会捐赠性暴力受害者支持组织“风雨兰”100 万港元。

2 月 24 日，李嘉诚基金会捐赠 1950 万新元（约 9300 万港元）予新加坡管理大学。

3 月 30 日，香港李嘉诚基金会向广东省公安民警医疗救助基金会、广东警官学院捐款 2500 万元人民币，用以支持广东公安工作和公安教育事业。

6 月 20 日，李嘉诚基金会为汕头大学“211 工程”建设项目追捐 2.15719 亿元人民币。迄今为止，李嘉诚已累计为汕头大学捐资逾 23 亿港元。

10 月 27 日，李嘉诚基金会捐款 800 万元人民币，用以协助陕西农村医疗建设。

10 月 31 日，和黄继续资助和黄志奋领奖学金，集团资助英国奖学金额累计达 650 万英镑。

2007 年　1 月 8 日，捐款 200 万英镑赞助剑桥大学设肿瘤科教授席。

1 月 23 日，李嘉诚基金会向医疗救护组织“皇家飞行医生服务”（RFDS）捐出 300 万澳元（约值 1850 万港元），用作改善南澳洲偏远地区人士健康状况，及减少偏远地区同大城市之间健康差异。

3 月 10 日，透过李嘉诚基金会捐 1 亿新元（约 5.12 亿港币）给新加坡国立大学李光耀公共政策学院。为了感谢李嘉诚的慷慨捐赠，国大也决定把校区一栋建筑物命名为“李嘉诚楼”。

4 月 2 日，由中国残疾人联合会与李嘉诚基金会合作的第二期长江新里程计划项目正式启动。李嘉诚基金会再次为中国内地残疾人捐款 1 亿港元，十余万残疾人将直接受益。

此次捐助的 1 亿港元将主要用于实施“假肢服务”、“高科技助残就业”、“脑瘫儿童康复与残疾预防”三个项目。将为 10 万例贫困下肢缺肢者装配假肢；培训 2.4 万名残疾人掌握计算机等高科技技术等。

4 月 19 日，透过李嘉诚基金会，捐款 200 万英镑（约 3100 万港元）资助牛津大学发展全球卫生计划，在亚洲地区特别是在中国内地建立全球卫生科研网络。

6 月 29 日，李嘉诚基金会捐款 300 万加元设立教授席资助卡尔加里大学推动创新教育。

9 月 8 日，中文大学获李嘉诚基金会捐款 2000 万港元，成立第二个“李嘉诚讲座教授席”。

12 月 13 日，李嘉诚基金会捐款 1500 万港元予香港大学李嘉诚医学院、香港医管局等，推行一项同时注射肺炎链球菌疫苗及流感疫苗的先导计划，以评估肺炎链球菌疫苗在长者身上的预防作用，减低长者住院及死亡率。

2008 年 1 月 18 日，李嘉诚基金会扶贫济困行善举，向潮汕 850 贫困户每户捐献 20 公斤爱心大米。

4 月 3 日，捐款 5000 万元人民币，由国家财政配套 5000 万元人民币，医治全国唇颚裂患儿。

12 月 14 日，李泽楷捐出 1200 万港元予母校圣保罗男女中学附小。

2009 年 6 月 1 日，长江集团、和记黄埔联合向上海世博会中国馆捐赠 1 亿元人民币。

2010 年 4 月，李嘉诚基金会拨捐 2800 万加元（约 2.14 亿港元）予加拿大阿尔伯特大学研究病毒感染疾病治疗方法。

5 月 13 日，李嘉诚基金会捐款 500 万英镑（约 5770 港元）给英国牛津大学。

12 月 19 日，李嘉诚基金会拨款 2800 万港元支持“Love Ideas, Love HK 集思公益计划”。

2011 年 3 月 17 日，李嘉诚基金会捐赠 100 万美元，给日本红十字会用于抗震救灾。

3 月 29 日，李嘉诚基金会透过“香港仁爱香港”捐款 4000 万港元，进一步拓展香港宁养服务“人间有情”计划。

7 月 3 日，汕头大学医学院附属肿瘤医院获李嘉诚基金会捐赠顶尖科技放射治疗系统 True Beam，成为中国第一家率先引入该项先进治疗设备的医院。

7 月，李嘉诚基金会与民政部合作资助西部地区贫困家庭的疝气儿童，实施“疝气手术康复计划”，捐资 5000 万元人民币，力争在项目实施第 1 年治愈 6000 名患儿。

12 月，捐款予“李光耀双语基金”，以推广新加坡学前双语教育。

2012 年 1 月，李嘉诚基金会赠予与香港中文大学医学院全球科技最先进、能针对随着病患者呼吸而移动的肿瘤进行高速精确治疗、价值 4000 万港元的 True Beam 系统。

1 月 11 日，李嘉诚基金会与汕头大学举行济困捐赠大米活动，为汕头市 850 户贫困家庭免费发放 17 吨爱心大米。

2013 年 4 月 18 日，为本港基层学生免费补习的“幼吾幼慈善基金 333 小老师计划”，获李嘉诚基金会等机构捐款逾 4000 万港元，三年来令 1600 名学子受惠。

4 月 24 日，雅安地震，李嘉诚基金会捐出 3000 万元人民币。

4 月，李嘉诚基金会捐资逾十亿港元，协助全球知名的以色列理工学院落户中国，在汕头大学校园兴建一所全新理工学院，命名为“广东以色列理工学院”。

5 月，李嘉诚基金会捐资 2000 万英镑予牛津大学，成立“李嘉诚健康信息及研发中心”。

9月，逾八百名中国学生负笈加拿大麦基尔大学，获李嘉诚（加拿大）基金会捐助约5000万港元，借此加强该所大学与中国汕头大学联系，作学术交流。

11月13日，李嘉诚基金会捐赠2000万港元予香港科技大学，资助学生进行国际研究、创业和服务社会，并协助大学开展其他新项目，培育具有国际视野及创新能力的新一代领袖。

11月，李嘉诚基金会向民政部捐款2000万元人民币，开展“展璞计划”，资助3800名女村官进行大学培训。

附录三　　李嘉诚历年所获部分殊荣

1981 年　3 月，被选为 1980 年香港风云人物。
5 月，荣膺非官守太平绅士衔。

1985 年　6 月，任中华人民共和国香港特别行政区基本法起草委员会委员。

1986 年　3 月，获香港大学名誉法学博士学位。
获比利时皇室颁授皇室勋章。
被比利时国王封为勋爵。
香港《信报》排出香港十大财团，长实系四家上市公司市值达 343 亿港元，名列榜首。

1987 年　李嘉诚出任汕头大学校董会名誉主席。

1989 年　4 月，获英国女王颁授 CBE 勋爵衔。
6 月，获加拿大卡加里大学名誉法学博士学位。

1990 年　2 月，获汕头市荣誉市民称号。
12 月，获 DHL 和《南华早报》合办的“商业成就奖”。

1991 年　2 月，获汕头市荣誉市民证书及金钥匙。

1992 年　3 月，被中华人民共和国国务院聘为首批港事顾问。
4 月，获北京大学名誉博士学位。

1993 年　2 月，获广州市荣誉市民称号。

7 月，出任香港特别行政区筹备委员会预委会委员。

1994 年　3 月，获广东省南海市荣誉市民称号。

6 月，获广东省深圳市荣誉市民称号。

11 月，获香港《亚洲周刊》主办的“九四年企业家成就奖”。被评选为 1993 年度香港商界“风云人物”。

1995 年　3 月，获广东省佛山市荣誉市民称号。

11 月，获香港科技大学名誉社会科学博士学位。

11 月，获潮州市荣誉市民称号。被国际潮团联谊会推举为大会名誉主席。

1996 年　被全国人大常委会任命为香港特别行政区筹委会委员。

第三期《资本》杂志公布香港华人富豪榜，长实系三间公司市值 3.250 亿港元，居华人财团榜首；个人资产 600 亿港元，并列全港华人富豪第二名。旗下和黄被评为亚洲最佳管理企业、亚洲二百家最具领导地位企业。

1997 年　7 月，美国《福布斯》杂志上，李嘉诚排名第 15 位，并被列为“全球十大最具创意和成功商人”之一。

12 月，香港中文大学授予李嘉诚荣誉博士学位。旗下和黄荣获亚洲最佳管理企业、一千家最大规模企业、全球一百家最大上市公司、全亚洲二百家最具领导地位企业、香港二十家最具领导地位公司。

1999 年　李嘉诚应董建华之邀，加入香港策略发展委员会，成为香港特区政府首脑智囊团成员之一。

旗下和黄荣获亚洲最佳管理企业、最佳管理公司、最佳亚洲公司。

1999 年　获英国剑桥大学荣誉法学博士。

旗下公司荣获亚洲最佳管理企业、一百家表现最佳公司、最佳亚洲公司。

被英文版的《亚洲周刊》，评选为亚洲区五十位最具权力人物之一。

被英国《泰晤士报》选为千禧年企业家年奖大奖。

《福布斯》（Forbes）世界富豪排名榜中位列第十，是亚洲首富。

12月，获香港公开大学颁授名誉博士学位。

2000年　在加拿大温尼伯获颁2000年“国际杰出企业家大奖”。

2001年　李嘉诚获选“全球二十五位最具影响力的商业领袖”之一。李嘉诚获选全年最佳投资者。

2002年　旗下和黄获整体最佳管理企业、全亚洲二百家最具领导地位企业、香港最佳管理企业、亚洲最佳企业管治。

2003年　旗下和黄获整体最佳管理企业、最佳财务管理、全亚洲二百家企业、亚洲最佳跨国企业、香港最佳管理企业、《福布斯》全球五百家最大公司。

2004年　旗下和黄获全球一千大企业、《财富》全球五百最大企业。

2005年　1月，李嘉诚获法国总统颁授荣誉军团司令勋章。

旗下和黄荣获亚洲一百五十家表现最佳企业、香港最佳管理企业、《福布斯》全球二千家最大公司、最佳亚洲企业大奖“最佳综合企业”。

10月，李嘉诚刚被选为全球最具影响力的华商后，当选为宁波市荣誉市民。

10月，《财富》杂志选出本年度亚洲商界最具权势的二十五人，李嘉诚居次。

11月，国家民政部在其官方网站公布首次评选的二〇〇五年“中华慈善奖”候选人名单，表彰善行。香港有十三位“善长”上榜，包括亚洲首富李嘉诚、政协副主席霍英东等。

2006年 3月，李嘉诚成为首位被英国财政大臣布朗委任为国际商业咨询委员的华人企业家。

4月，李嘉诚获民政部“十大慈善家”特别贡献奖。

6月，李嘉诚成为第一位获颁福布斯终身成就奖。

9月，李嘉诚在新加坡举行的福布斯全球行政总裁会议上被授予福布斯终身成就奖，以表彰他在全球商业领域所取得的成就。

9月，李嘉诚膺粤港澳公益捐资公益先驱人物称号。

9月，李嘉诚膺亚洲最具影响力人物。

11月，《时代》评出“亚洲英雄榜”，李嘉诚与邓小平等人入选。

12月，李嘉诚荣获中央电视台颁布的中国经济年度人物特别荣誉大奖。

12月，李嘉诚膺《福布斯》世界级电讯大亨。

2007年 2月，《福布斯》选出四十八名亚洲慈善家，李嘉诚等人入选。

3月，李嘉诚以230亿美元身价在福布斯全球亿万富豪排行榜居第九。

3月，“中华慈善奖”获奖名单揭晓，李嘉诚荣获“中华慈善奖终身荣誉奖”。

4月，世界性教育机构Teachers of English to Speakers of Other Languages, Inc，（TESOL）在美国西雅图颁发了2007年主席大奖（Presidential Award）予李嘉诚，表扬他在推动英语教育方面的贡献。

5月，《时代》公布全球百大最具影响人物榜，同时亦选出包括李嘉诚、盖茨夫妇在内的全球十四大慈善家。

7月，美国《新闻周刊》亚洲十大富豪，李嘉诚以230亿美元位居亚洲首富。

11月，美国《商业周刊》（Business Week）编撰了一个全球慈善名人榜（Philanthropists HallofFem），选出全球二十五位慈善家。李嘉诚是唯一上榜的华人。

11月，美国著名财经杂志《财富》评选全球二十五位最有影响力的商界领袖，李嘉诚为唯一上榜之华人，排名第十二位。

12 月，李嘉诚等十位知名公益人士当选为十大中华公益人物。

12 月，李嘉诚荣获南粤慈善家称号。

12 月，著名公关公司凯旋公布调查结果，李嘉诚膺全球最受敬佩行政总裁。

2008 年　2 月 28 日，膺福布斯亚洲富豪慈善家。

5 月 5 日，获北京大学颁授杰出教育贡献奖。

12 月 5 日，李嘉诚荣膺“中华慈善奖”最高奖项——“特别贡献奖”。

11 月 30 日，李嘉诚当选广东省“改革开放 30 年，华人慈善 30 人”

2009 年　3 月 13 日，李嘉诚荣登《福布斯》全球亿万富豪排行榜华人富豪。

5 月，李嘉诚荣膺中国公司形象华德奖三甲。

2010 年　2 月，李嘉诚入选《福布斯》杂志“全球最具影响力富豪”榜，名列第八位。

5 月，李嘉诚入选《福布斯》世界富豪榜白手兴家人士第二位。

12 月，李嘉诚膺“2010 华商领袖年会”领袖人物 · 特别贡献大奖。李嘉诚获 2010 年 DHL/ 南华早报香港商业奖颁发的“终身成就奖”。李嘉诚入选华尔街日报年度商界十大头条新闻人物。

2011 年　5 月，李嘉诚膺《福布斯》慈善家榜全球华人首善。

10 月，美国加州大学柏克莱学院李嘉诚生物医学和健康科学中心揭幕，李嘉诚获大学颁授最高荣誉的柏克莱奖章，感谢他对教育和医疗科学的长远贡献。

2012 年　4 月，李嘉诚基金会获国家民政部第七届“中华慈善奖”。

附录四 参考书目

李嘉诚传	夏 萍	作家出版社	1993 年
李嘉诚画传	卢琰源	新华出版社	1996 年
李嘉诚全传	陈美华	中国戏剧出版社	2004 年
香港海港及土地发展一百六十周年	何佩然	商务印书馆	2004 年
香港华资财团	冯邦彦	三联书店	1997 年
香港英资财团	冯邦彦	三联书店	1996 年
香港史话	林友兰	香港上海印书馆	1978 年
香港旧事见闻录	陈 谦	香港中原出版社	1987 年
香港家族史	何文翔	三思传播公司	1989 年
李兆基博士传	梁凤仪	三联书店	1997 年
香港史略	元邦建	中流出版社	1988 年
香港富豪列传	何文翔	香港明报出版社	1993 年
霍英东传	瞿 琮	红旗出版社	1996 年
李嘉诚成功之路	方式光	香港出版公司	1992 年
香港超级富豪列传	郭 峰	香港文艺书屋	1980 年
香港豪门的兴衰	齐以正	龙门文化	1986 年
香港巨富风云录	王 希	香港明报出版社	1994 年
李嘉诚的商业智源	梁小刚	中国社会出版社	2004 年
李嘉诚经商手段与孙子兵法	林 冲	中国电影出版社	2003 年
李嘉诚做人经商之道	方 军	中国华侨出版社	2003 年
李嘉诚的超人胆识	黄永军	线装书局	2003 年
孙子兵法与市场谋略	唐突生	青岛出版社	1994 年

李嘉诚经商自白书	达　人	群言出版社	2004 年
《孙子兵法》与企业经营战略	曹凤高	武汉大学出版社	1994 年
孙子学文献提要	于汝波	军事科学出版社	1994 年
香港人之香港史	蔡荣芬	牛津大学出版社	2001 年
谋略大典	苏晓东	黄山书社	1994 年
孙子兵法	曹书印	陕西人民出版社	1994 年
孙子兵法与现代经济运筹	李鼎文	江苏人民出版社	1995 年
孙子兵法与经营谋略	赵瑞民	黑龙江人民出版社	1995 年
孙子兵法与三十六计	孙道明	广西民族出版社	1995 年
《孙子》古本研究	李　零	北京大学出版社	1995 年
孙子兵法与经营艺术	张志祥	军事科学出版社	1995 年
商战谋略	张　平	中国物资出版社	1995 年
老子·庄子·孙子·吴子	黄寿成	辽宁教育出版社	1997 年
孙子兵法与商政谋略	王建民	蓝天出版社	1997 年
孙子商法—孙子兵法与商战谋略	姜瑞清	人民中国出版社	1998 年
孙子兵法与现代经济决策	傅文章	中国农业出版社	1998 年
孙子兵法经营管理新解	张　广	黑龙江人民出版社	1999 年
孙子兵法与商战	阮其山	上海古籍出版社	1999 年
孙子兵法与现代企业竞争谋略	李永山	河北教育出版社	2000 年
梁漱溟全集	梁漱溟	山东人民出版社	1993 年
三松堂全集	冯友兰	河南人民出版社	1986 年
中国哲学史	冯友兰	北京中华书局	1984 年
心体与性体	牟宗三	台北正中书局	1968 年
五十自述	牟宗三	鹅湖出版社	1989 年
生命的学问	牟宗三	台北三民书局	1970 年
读经示要	熊十力	台北明文书局	1984 年
中国学术思想史论丛	钱　穆	台北东大图书	1975 年
朱子哲学思想的发展与完成	刘述先	台湾学生书局	1982 年
中国历史精神	钱　穆	台北东大图书	1981 年
马斯诺心理学	（美）弗兰克·布戈尔	上海译文出版社	1987 年

美国人和中国人：两种生活方式比较 许烺光 华夏出版社 1989年
血酬定律 吴思 中国工人出版社 2003年
经济史中的结构与变迁 （美）道格拉斯 上海三联书店 1994年
就业利息和货币通论 （英）凯恩斯 商务印书馆 1983年

再版后记

李嘉诚是华人世界的神话，他不仅创造了巨大的物质财富，更创造了可以传承后世的精神财富。

在这套洋洋洒洒逾百万字的宏篇巨著中，也许一般的读者所期待和寻找的，只是李嘉诚的财富，他有多少财富，他是怎样获取这些财富的。当然，读者如果能够从财富的缝隙中，管窥到李嘉诚这个人，他的德、他的功、他的言，并从中能有所启发，有所感悟，那么，作为这套书的出版与再版，在一定意义上也就达到了作者与出版社的初衷。

《李嘉诚传》第一版于 2008 年 7 月，适逢李嘉诚八十大寿在香港出版。基于作者的历史学者身份，原著引经据典，掺杂了许多传统文化的注脚，这是作者试图从文化、历史、社会等多层面多角度解释李嘉诚现象的一种尝试。

作为一般的畅销书，可能需要更接近地气，更加通俗，更加精炼，更加可读。国际文化出版公司的简体字再版版本，成功地做到了这一点。

拙作自 2008 年出版以来，引起各方广泛关注与重视，成为迄今为止最为权威的《李嘉诚传》，亦是华人中文传记篇幅最大最详实最权威的著作。北京国家图书馆、北京大学、深圳大学、汕头大学、香港大学、香港浸会大学等学术研究机构先后指定收藏。香港大学语文学院郑雅丽教授亦正着手翻译英文版。

也正是因为这套丛书在业界、在读者心目中无可替代的分量，在第一版面世六年后，经过作者再次搜集补充李嘉诚六年来的丰功伟绩，由原来的三卷本扩充续写成四卷本，这就是摆在读者面前的《李嘉诚传》。

作者有理由相信，今天这个社会，没有对财富不感兴趣的人，更加没有对李嘉诚不感兴趣的人。想发财，想发大财，快来看看《李嘉诚传》吧。

李忠海　于香港

2014 年 12 月 8 日

电邮：Chli3333_ai@163.com